新公司法适用实务问答

358个疑难问题深度释解

张远堂　万征　李莉◎著

New company law
application practice question and answer
358 difficult problems
in-depth explanation

法律出版社 | LAW PRESS
北京

图书在版编目(CIP)数据

新公司法适用实务问答：358个疑难问题深度释解／张远堂，万征，李莉著． -- 北京：法律出版社，2024
ISBN 978-7-5197-8801-8

Ⅰ．①新… Ⅱ．①张… ②万… ③李… Ⅲ．①公司法－法律解释－中国 Ⅳ．①D922.291.915

中国国家版本馆CIP数据核字(2024)第040581号

| 新公司法适用实务问答
——358个疑难问题深度释解
XINGONGSIFA SHIYONG SHIWU WENDA
——358 GE YI'NAN WENTI SHENDU SHIJIE | 张远堂 万 征 李 莉 著 | 责任编辑 慕雪丹 章 雯
装帧设计 汪奇峰 鲍龙卉 |

出版发行 法律出版社　　　　　　　　开本 710毫米×1000毫米 1/16
编辑统筹 法商出版分社　　　　　　　印张 18　　　字数 328千
责任校对 赵明霞　　　　　　　　　　版本 2024年5月第1版
责任印制 胡晓雅　　　　　　　　　　印次 2024年5月第1次印刷
经　　销 新华书店　　　　　　　　　印刷 天津嘉恒印务有限公司

地址：北京市丰台区莲花池西里7号(100073)
网址：www.lawpress.com.cn　　　　　销售电话：010-83938349
投稿邮箱：info@lawpress.com.cn　　　客服电话：010-83938350
举报盗版邮箱：jbwq@lawpress.com.cn　咨询电话：010-63939796
版权所有·侵权必究

书号：ISBN 978-7-5197-8801-8　　　　定价：78.00元

凡购买本社图书，如有印装错误，我社负责退换。电话：010-83938349

作者简介

张远堂

北京盈科律师事务所合伙人律师、高级经济师、盈科律师事务所企业并购重组律师团队首席专家律师，"远堂资本学院"创始人和主讲人，中国人民大学法学院和亚太法学院研究生校外导师。

张远堂律师从业三十余年，始终专注于企业投融资、并购、重组、外商投资、节税策划和公司诉讼的实务操作和理论研究。经他主持完成的企业并购项目40余起，外商投资项目20余起，企业集团重组项目20余起，跨境并购项目数起。张远堂律师是精通企业资本项目法律、税务、财务的复合型实战律师，擅长企业重大疑难并购项目的方案设计，并将节税策划融入资本项目，强调通过方案设计降低当事人的税收成本。在国内首提企业资本项目"可行性、节约性、安全性"三个维度的理论。

万征

一九九二年通过全国律师统一考试，一九九三年开始执业，代理了大量的诉讼案件，并承办了众多的非诉讼项目，拥有丰富的诉讼实战经验和娴熟的项目实操技能。二〇一三年伊始，根据法律市场的深刻变化以及高端客户的迫切需求，主要业务方向为法律和财务、税务融合服务以及合同纠纷、公司诉讼等领域。一直倡导并积极践行"三师"理念，认为公司律师（或资本律师）应该成为法律之师、规范之师、平衡之师。无论是代理诉讼案件还是承办非诉讼项目，必须能够知悉诉讼或交易各方的核心诉求，充分揭示各方的风险所在，积极参与案件协商或商务谈判，正确引导各方分清主次，权衡利弊，弥合分歧，平衡利益，最终达成和解或促成交易，体现律师的专业价值。

李莉

硕士研究生，陕西合恒律师事务所律师，会计师，股权设计师，企业（高级）合规师、税务筹划师，陕西省律协财税法专委会秘书长、副主任。擅长股权顶层设计、企业重组并购、涉税刑事辩护、涉税争议解决、股权争议及公司诉讼案件代理。

序言　规则是公司的生命

公司和家庭都是集合体。家庭成员之间有婚姻和血缘关系,婚姻和血缘维系着家庭的存在。公司成员远比家庭成员要复杂得多,庞大得多:公司有若干股东,有许多高级管理人员,有更多的员工,有许多机构和部门,他们之间没有婚姻和血缘,而且都是为了私利走到一起的,那么公司是靠什么维系的呢?公司是靠规则维系的,规则是公司的生命。

在公司内部,有股东与股东之间的关系,有股东与权力机构和行政机构之间的关系,有权力机构与行政机构之间的关系,有监督机构与行政机构和权力机构之间的关系,有行政机构内的决策机构——董事会与执行机构——总经理领导下的管理班子之间的关系,有员工与公司和公司管理者之间的关系,还有债权人与公司和公司股东之间的关系。能否处理好这些关系,直接关系到公司的生存和发展。我们平时常说的公司治理就是按照规则处理这些关系。也只有按照规则处理这些关系,才能找到各方利益冲突的平衡点,才能使各个为了私利走到一起的人们相安无事,心甘情愿地在公司这个舞台上各司其职、各尽其能、各得其利,公司的各个环节才能正常运转,公司才能充满活力。

什么是规则呢?规则就是行为的准则,就是处理事务时应当遵循的规范,它直接表现为法律法规,反映的是我们中国人说的"理"。为什么中国的企业寿命短,百年老企更是寥寥无几,有些民企特别是家族企业往往昙花一现,很快就消沉甚至不复存在,究其根本原因就是没有按照规则处理公司内部的各种关系。

本书力图收集整理公司规则的方方面面,目的是给公司治理者帮助,使其更容易了解在处理公司各种事务时应当遵循的规则是什么。规则是公司的生命,只有按照规则办事,公司才能基业长青。

张远堂

目　录

第一章　总则　　001
- 1. 公司法调整的对象　　001
- 2. 公司企业制度的核心特征　　002
- 3. 关于股权的内涵　　002
- 4. 公司经营范围的授权意义　　004
- 5. 法定代表人及代表行为　　004
- 6. 公司对外担保或者为股东提供担保　　005
- 7. 公司应当严格限制对外担保　　006
- 8. 法定代表人越权签订担保合同的效力　　007
- 9. 法定代表人越权担保损失的救济　　008
- 10. 公司应当明确规范对外投资　　009
- 11. 分公司和子公司　　009
- 12. 公司应否对所投资企业的债务承担连带责任　　010
- 13. 滥用股东权利的赔偿责任　　011
- 14. 关联交易损害的赔偿责任　　012
- 15. 股东有限责任的否定　　014
- 16. 一人公司股东对公司负债的连带责任　　015
- 17. 关于公司决议无效的诉讼　　016
- 18. 关于撤销公司决议之诉　　016
- 19. 关于请求确认公司决议不成立之诉　　017
- 20. 关于公司决议无效的善后处理问题　　018

第二章　公司登记　　019
- 21. 公司登记事项　　019

22. 关于公司的名称 019
23. 注册资本和实收资本 021
24. 公司登记的种类 022
25. 变更登记事项和备案事项 022
26. 公司变更登记的时间要求 023
27. 登记地址和管理机构所在地址 024
28. 关于分公司登记 025
29. 公司登记和变更登记的意义 026
30. 谨防未作变更登记铸成大错 026

第三章　有限责任公司的设立和组织机构　　028

31. 设立有限责任公司的条件 028
32. 设立有限责任公司的文件 029
33. 股东为设立公司订立协议 029
34. 关于有限责任公司股权的类型 030
35. 公司资本认缴制及基本原则 030
36. 章程能否规定股东用公司利润出资 032
37. 怎样确定公司的注册资本额 032
38. 怎样确定股东的出资期限 033
39. 哪些公司实行注册资本实缴制 034
40. 有限责任公司的私募资本 036
41. 股权代持和代持协议 036
42. 关于股权代持的利弊分析 037
43. 关于还原股权的优先购买权问题 038
44. 股东为设立公司订立合同的责任 039
45. 关于设立公司费用的承担问题 041
46. 为设立公司致人损害的赔偿责任 042
47. 怎样制定好公司章程 042
48. 章程一经全体股东签署即为有效 043
49. 怎样使用登记机关的章程范本 044
50. 关于股东的出资价格问题 045
51. 关于用货币出资的相关问题 045
52. 关于知识产权出资的相关问题 046

53. 关于房地产出资的相关问题 046
54. 关于非货币出资的税费问题 047
55. 关于办理产权过户的期间 048
56. 关于债权出资及相关问题 048
57. 关于债权转股权及其意义 049
58. 关于股权出资及相关问题 050
59. 关于出资股权的优先购买权问题 052
60. 关于无处分权财产出资的处理 052
61. 关于有他项权利财产出资的处理 053
62. 关于空股的分类及出资前提 053
63. 空股出资怎样作价 054
64. 空股出资的实操业务流程 056
65. 使用权出资的可行性和必要性 056
66. 使用权出资需要注意的问题 057
67. 建立使用权出资的法律制度 058
68. 非货币资产出资的实操流程 058
69. 非货币出资应当注意的问题 059
70. 对不履行出资义务的行政处罚 060
71. 非货币出资评估的必要性 061
72. 评估价与协商价之间的关系 062
73. 慎重确定知识产权的出资价格 062
74. 附证照资产出资瑕疵的处理 063
75. 通过借贷解决公司资金问题 063
76. 商誉不能用来出资 064
77. 技能和劳务能否用来出资 064
78. 对评估价能否提起虚高作价之诉 065
79. 特殊资源出资的三种方法 066
80. 关于股东出资违约责任问题 068
81. 关于设立时其他股东的连带责任问题 069
82. 关于对股东出资的核查和催缴问题 070
83. 关于失权通知书和股东失权 070
84. 是选择股东失权还是选择追究其违约责任 071
85. 怎样选择对出资违约股东的权利 072

003

86. 股东对失权的救济权 072
87. 关于股东出资期限加速问题 073
88. 对出资违约股东的诉讼 073
89. 债权人对出资违约股东的诉讼 074
90. 其他股东的补缴出资连带责任 075
91. 股东抽逃出资的认定标准 075
92. 公司对抽逃出资股东的权利 077
93. 债权人对抽逃出资股东的诉讼 078
94. 股东抽逃出资时董、监、高的责任 079
95. 关于公司和股东的人格混同 080
96. 抽逃出资与人格混同的异同 080
97. 抽逃出资与职务侵占的异同 081
98. 抽逃资金超过出资额的部分如何定性 082
99. 有限责任公司股东绝对知情权 083
100. 有限责任公司股东的相对知情权 084
101. 股东对公司全资子公司的知情权 084
102. 股东通过诉讼维护知情权 085
103. 股东委托中介行使知情权 085
104. 股东行使知情权负有保密义务 086
105. 董事、高级管理人员损害股东知情权的责任 087
106. 股东需要查阅账簿凭证的情形 087
107. 股东查阅账簿凭证的不当目的 088
108. 《公司法》关于一人公司的规定 089
109. 《公司法》是否默许两合公司 090
110. 什么是风险投资基金 091
111. 关于有限责任公司的机构 091
112. 有限责任公司机构产生办法 092
113. 有限责任公司机构的职权 093
114. 在董事会中设立审计委员会 094
115. 有限责任公司机构的议事规则 095
116. 关于召开股东会临时会议 096
117. 特殊情况下股东召集和主持股东会会议 097
118. 小股东要善用自己的表决权 097

119. 应当如何分配股东的表决权　　　　　　　　　098
120. 股东会采会签文件方式通过决议　　　　　　　099
121. 股东会一般决议的范围和表决权比例　　　　　100
122. 股东会特别决议的范围和表决权比例　　　　　100
123. 关于股东会法定全数决的问题　　　　　　　　102
124. 关于股东分别决的问题　　　　　　　　　　　103
125. 因转股修改章程无须股东会决　　　　　　　　104
126. 股东控制公司股权比例的节点　　　　　　　　104
127. 股东绕开股比控制公司的方法　　　　　　　　105
128. 大股东如何控制公司　　　　　　　　　　　　107
129. 小股东如何反制大股东　　　　　　　　　　　108

第四章　有限责任公司的股权转让　　　　　　　　111

130. 股权转让权是股东的财产权　　　　　　　　　111
131. 《公司法》保留了股东的股权先买权　　　　　111
132. 其他股东同等条件下的优先购买权　　　　　　112
133. 建议在通知中增加潜在买方的名称　　　　　　112
134. 股东出让股权的业务流程　　　　　　　　　　113
135. 何时签署附优先购买权的股权转让协议　　　　114
136. 股权优先购买权的先决条件　　　　　　　　　115
137. 法院强制执行中的优先购买权　　　　　　　　115
138. 国有股交易中的优先购买权　　　　　　　　　116
139. 转股合同生效与股权的取得　　　　　　　　　117
140. 股权转让变更登记的公示效力　　　　　　　　118
141. 关于要求股转变更登记的诉讼　　　　　　　　119
142. 股东取得股权的途径和证据　　　　　　　　　119
143. 怎样救济自己的股东资格　　　　　　　　　　120
144. 转让守约空股时由受让方出资　　　　　　　　120
145. 受让违约空股的股东连带责任　　　　　　　　121
146. 关于转让空股的法律程序　　　　　　　　　　121
147. 因转股修改章程的形式要件　　　　　　　　　122
148. 股权转让与股权并购的异同　　　　　　　　　124
149. 股权并购怎样修改章程　　　　　　　　　　　124

150. 股东请求收购股权的权利　　126
151. 连续 5 年盈利符合分配条件　　126
152. 合并分立影响股东投资初衷　　127
153. 什么是公司的主要财产　　128
154. 公司收购股权的合理价格　　128
155. 通过诉讼救济股权收购权　　128
156. 股东退出公司的权利　　129
157. 关于股权的继承问题　　129

第五章　股份有限公司的设立和组织机构　　131

158. 设立股份有限公司的两种方式　　131
159. 不能通过公开募集设立公司　　131
160. 发起人和私募对象的区别　　132
161. 募集设立中私募和公募的区别　　133
162. 关于发起人及权利和责任　　133
163. 《公司法》对发起人数的规定　　134
164. 关于发起人协议　　134
165. 有面额股和无面额股　　135
166. 什么是类别股　　135
167. 特别表决权股及发行条件　　135
168. 指导意见关于优先股的规定　　137
169. 管理办法关于优先股的规定　　138
170. 股份有限公司资本实缴制　　140
171. 发起人出资方式和违约责任　　140
172. 非货币出资评估和募集设立验资　　141
173. 招股书和认股书的内容和功能　　141
174. 关于公司成立大会及意义　　142
175. 关于成立大会的法定议案　　143
176. 认股人要求返还出资的情形　　144
177. 股份有限公司与有限责任公司的异同　　145
178. 公司改制前后为同一法人　　145
179. 股份有限公司股东的绝对知情权　　146
180. 股份有限公司股东的相对知情权　　147

181. 股东会临时会议的法定情形 147
182. 股东自行召集和主持股东会 148
183. 股东会会议的通知和提案 148
184. 关于股东会临时提案权 149
185. 关于股东累积投票权 149
186. 执行董事和非执行董事 150
187. 审计委员会和其他专业委员会 151
188. 关于董事会临时会议 151
189. 关于董事对公司的赔偿责任 152
190. 股份有限公司可以不设董事会 153
191. 对公司特殊人员报酬的知情权 153
192. 股份有限公司的监事会 153
193. 上市公司股东会特别决议事项 154
194. 关于上市公司设独立董事 155
195. 独立董事制度在英美公司 156
196. 上市公司的审计委员会 157
197. 上市公司设董事会秘书 157
198. 上市公司董事回避制度 157
199. 控股子公司不得持有上市公司的股票 158

第六章 股份有限公司的股份发行和转让　　159

200. 关于无面额股及其优点 159
201. 公募股份同股同价的原则 160
202.《公司法》规定的股份有限公司发行的类别股 160
203. 类别股股东的法定特别决议权 161
204. 董事会发行新股的特别决议 161
205. 公开发行股份的法定程序 162
206. 关于股东约定限制转让的股份 162
207. 非上市股份公司可否规定股份优先购买权 163
208. 关于法定限制转让股份 163
209. 关于限售股票质押权的限制 164
210. 关于上市公司股票除权日 164
211. 股份有限公司股东要求公司收购股份的权利 165

212. 为什么限制公司的持股时间　　166
213. 关于为减资收购本公司的股份　　166
214. 为与母公司合并收购本公司股份　　167
215. 为员工持股或股权激励收购股份　　168
216. 因合并分立股东要求收购股份　　170
217. 为发行可转债收购本公司股份　　170
218. 为维护市值收购本公司股份　　171
219. 不接受公司股票为质押标的　　171
220. 限制资助他人取得本公司股份　　172

第七章　国家出资公司组织机构的特别规定　　174

221. 关于国家出资公司的范围　　174
222. 国家出资公司的股东权利　　175
223. 国有独资公司的董事会　　176
224. 发挥党组织的领导作用　　176
225. 国有控股公司的决策程序　　177
226. 国有独资公司不设监事会　　177

第八章　公司董事、监事、高级管理人员的资格和义务　　178

227. 董、监、高的忠诚勤勉义务　　178
228. 关于董、监、高不得为事项　　178
229. 规范董、监、高与公司的交易　　179
230. 限制董、监、高与公司的同业竞争　　180
231. 不得谋取公司的商业机会　　181
232. 董、监、高"三违"的赔偿责任　　181
233. 什么是公司诉讼　　182
234. 什么是股东代表诉讼　　182
235. 什么是股东共益诉讼　　184
236. 什么是股东自益诉讼　　186
237. 对董、监、高侵占公司财产的诉讼　　187
238. 对关联交易损害公司利益的诉讼　　188
239. 对董、监、高有不得为事项的诉讼　　189
240. 对股东损害公司利益的诉讼　　189

241. 他人损害公司利益的诉讼 　　190
242. 股东对给全资子公司造成损失的诉讼 　　190
243. 控股股东或实际控制人的连带责任 　　191
244. 股东代表诉讼的管辖问题 　　191
245. 股东代表诉讼的时效问题 　　192

第九章　公司债券　　193

246. 债券是证明债权债务的凭证 　　193
247. 权益资本和借贷资本的异同 　　193
248.《企业债券管理暂行条例》规定的企业债券 　　196
249.《证券法》规定的公司债券 　　196
250. 公司发行债券的程序 　　197
251. 公司发行债券的办法 　　198
252. 关于公司债券的转让问题 　　199
253. 可转换为股票的公司债券 　　200
254. 转换债券持有人的选择权 　　201
255. 公司债券上市交易申请 　　201
256. 债券暂停或终止上市的情形 　　201
257. 债券持有人会议 　　202
258. 债券受托管理人 　　202

第十章　公司财务、会计　　203

259. 依法建立财务会计制度 　　203
260. 应当编制财务会计报告 　　203
261. 上市公司公告财务会计报告 　　204
262. 公司不得另立会计账簿 　　205
263. 关于公司分配利润的流程 　　205
264. 对违法分配利润的处理 　　207
265. 关于公司分配利润的时限 　　207
266. 法定公积金和任意公积金 　　208
267. 公司资本公积金的来源 　　208
268. 关于公积金的使用 　　209
269. 公司持有的股份不分配利润 　　210

270. 关于不按股比分配利润　　210
271. 股东能否要求固定回报率　　211
272. 关联借贷损失的赔偿责任　　211

第十一章　公司合并、分立、增资、减资　　213

273. 公司合并的传统分类　　213
274. 公司合并的实操分类　　214
275. 非交易性合并的规则和适用　　214
276. 交易性合并的规则和适用　　216
277. 关于公司合并决议　　217
278. 关于特殊母子公司合并　　218
279. 关联交易性合并股东分别决　　218
280. 货币对价不超百分之十的合并　　219
281. 关于债权人的反制权问题　　220
282. 关于公司合并的承继问题　　220
283. 关于公司合并的意义　　221
284. 交易性合并的操作流程　　221
285. 关于合并后公司的类型　　224
286. 关于合并后公司的注册资本　　224
287. 关于不同地点公司的合并　　225
288. 交易性合并可能成为并购　　225
289. 关于公司分立的传统分类　　226
290. 关于公司分立的实操分类　　226
291. 非交易性分立的规则和适用　　227
292. 交易性分立的规则和适用　　228
293. 关于公司分立决议　　229
294. 公司分立的多数决和分别决　　229
295. 债权人有知情权没有反制权　　230
296. 分立前债务的连带责任及除外　　231
297. 交易性分立的业务流程　　232
298. 分立后各公司的注册资本　　233
299. 关于分立后各公司的类型　　234
300. 公司分立与对外投资的区别　　234

301. 关于增资的实操分类	234
302. 非交易性增资的特征和规则	235
303. 如何确定非交易性增资的出资额	235
304. 交易性增资的特征和规则	236
305. 交易性增资的资本配比规则	237
306. 资本配比规则示例两则	238
307. 关于增资的股东会决议	238
308. 关于个别股东增资的分别决问题	239
309.《公司法》规定的优先增资权	239
310. 股份有限公司的优先增资权	240
311. 公司增资适用的情形	240
312. 交易性增资的实操流程	241
313. 关于公司减资的实操分类	242
314. 名义减资的特征与适用	243
315. 为消灭出资义务减资的示例	244
316. 名义减资需要履行减资程序	244
317. 实际减资的特征与适用	245
318. 交易性减资的特征和规则	245
319. 个别股东从公司减资的示例	246
320. 非交易性减资的特征和规则	247
321. 非交易性减资的示例	247
322. 交易性减资的价格问题	248
323. 关于公司减资决议	249
324. 关于减资的多数决和分别决问题	250
325. 关于对债权人利益的保护	250
326.《公司法》新增的特殊减资	250
327. 对违法减资的处理	252
328. 实际减资与抽逃资本的区别	252

第十二章 公司解散和清算　　253

329. 因经营期限届满解散	253
330. 因股东会决议解散	254
331. 因合并或者分立解散	254

332. 因行政决定解散	255
333. 因法院判令解散	255
334. 股东解散公司之诉	256
335. 解散之诉和清算之诉	256
336. 董事是清算的义务人	257
337.《公司法解释（二）》对清算责任的规定	258
338.《九民会议纪要》对清算责任的规定	259
339. 清算组的职责	260
340. 债权人申报债权	261
341. 补充申报债权的处理	262
342. 清算方案制订与批准	262
343. 对债权人清偿的开始	263
344. 公司负债的清偿顺序	263
345. 清算组成员的赔偿责任	264
346. 清算期间公司的主体资格	264
347. 关于公司由清算转破产	265
348. 关于清算过程中的和解	265
349. 公司简易注销登记	266
350. 强制注销公司登记	267

第十三章　外国公司的分支机构　　268

351. 外国公司的分支机构	268
352. 申请登记分支机构	268
353. 分支机构遵守中国法律	269

第十四章　法律责任　　270

354. 对骗取登记公司的处罚	270
355. 对出资违约行为的处罚	270
356. 对违反财会制度的处罚	271
357. 对公司重组不履行通知义务的处罚	271
358. 对公司违法清算规定的处罚	271

第一章 总　则

1. 公司法调整的对象

《公司法》(指2023年12月29日修订通过、2024年7月1日起施行的《公司法》,本书下同)第一条规定,为了规范公司的组织和行为,保护公司、股东、职工和债权人的合法权益,制定本法。笔者认为,公司企业制度所规范的对象,是股东之间的共同投资关系和股东与董事、监事、高管之间的财产委托经营关系。股东的出资义务、尊重公司财产的独立性、限制关联交易和同业竞争、不得抽逃出资、不得损害公司及其他股东利益、按照股权比例分配剩余财产,以及股东对公司的财产权收益权、参与重大决策权、选择管理者的权利等都是股东共同投资关系的核心内容;董、监、高的资格、待遇、忠诚勤勉义务,以及不得损害公司及股东利益,董事会、监事会和高管层等各机构的职权、议事规则以及公司的住所、名称、经营范围、经营期限、财务会计都是关于股东与董、监、高之间财产委托经营关系的核心内容。当然公司法也在一定范围内调整债权人与公司、股东与公司、公司与其他民事主体之间的关系,但这并不影响公司法所规范的对象主要是股东与股东之间的共同投资关系,股东与公司董、监、高之间的财产委托经营关系。

虽然公司是响当当的民事主体,但是说到底公司只是为董、监、高从事受托事业所设立的企业平台,与其说公司是公司法律关系的主体不如说公司是公司法律关系的产物。只要我们抓住股东与股东之间的共同投资关系和股东与公司董、监、高之间的财产委托经营关系这个公司法律关系的核心,就找到了打开公司法这个迷宫大门的钥匙。

2. 公司企业制度的核心特征

公司是一种现代企业形式。《公司法》第三条第一款规定，公司是企业法人，有独立的法人财产，享有法人财产权。公司以其全部财产对公司的债务承担责任。《公司法》第四条第一款规定，有限责任公司的股东以其认缴的出资额为限对公司承担责任；股份有限公司的股东以其认购的股份为限对公司承担责任。这是《公司法》对公司企业制度核心特征的高度概括。

无论是有限责任公司还是股份有限公司，以及由其衍生的各种类型的公司都具有共同的本质特征，概括为法人财产制度和股东有限责任制度。法人财产制度，是指股东的财产一旦完成委托就独立于股东而存在，转化为公司的财产，或者说股东的财产一经对公司出资或者购买公司的股份就转变为公司的财产，为公司独立所有。股东有限责任制度，是指股东仅以其认缴的出资额或者购买的股份为限对公司承担责任，公司以其拥有的全部财产为限对自己的债务承担责任，除非有法律规定的特殊情形公司的债权人不可向股东追及，有些部门提供的公司章程范本要求股东按照股权比例对公司的负债或者亏损承担责任是不对的。公司法人财产制度和股东有限责任制度是公司企业制度的核心特征，也是公司企业制度的优越性和生命力所在。

3. 关于股权的内涵

《公司法》第四条第二款规定，公司股东依法对公司享有资产收益、参与重大决策和选择管理者等权利。股东之所以要将自己的财产委托给公司的董事、监事和高管经营，目的就是获得更好的利益，股东之所以放弃自己的财产换取公司的股权，是因为股权的内涵对股东有诱惑力。股权的内涵，即股东凭借股权对公司享有的权利包括以下各项内容。

（1）财产权利。这是股东享有的一项最重要的权利，其内容包括：第一，利润分配权。利润分配权是股东享有的一项重要财产权利，以公司有利润可分为前提，一般按照股东的持股比例分享权利，但也有例外的，以公司章程另有规定为前提，比如优先股权。第二，优先增资权。优先增资权，是指在有限责任公司增资扩股的情况下，公司既有股东享有先于外人增资的权利。当然如果公司的股东会通过了同意股东以外的人向公司增资的决议，则股东的优先增资权丧失。第三，股权处分权。股权是股东的财产，股东作为财产的所有人当然享有处分财产的权利。股东转让股权的权利也会受到两个方面的限制：其一是由于股权带有共有财产份额的属性，有限责任公司为了维护公司股东的人合属性，在股东转让股权时其他股东享有同等条件下的优先购买权，不过也仅仅是同等条件下的优先购买权；其二是由于某些股权自其产生时就带有依附性，比如接受股权激励取得的股权或者公司内部发行的股权，这类股东的股权转让权也将受到限制。股东对自己持有股权的处分权还包括股权质押权和托管权等。第四，股权优先购买权。有限责任公司的股东出让公司股权时，公司的其他股东享有同等条件下的优先购买权利，但股东的这项权利以公司章程有约定为前提。第五，在特定情况下，要求公司收购股权的权利。第六，剩余财产分配权。在公司清算时，公司需要首先用其资产偿还负债，在偿还负债后所余的财产称为剩余财产，通常情况下股东按照持股比例进行分配，但公司章程另有约定的除外。第七，股权继承权。股权是股东的财产，当然可以作为遗产继承，不过如果公司章程另有约定，继承人就只能转让股权取得对价，不能成为公司的股东。

（2）参与重大事项决策权。公司的财产从民商法律角度来说是公司的，公司以自己的财产为限承担负债；但从所有制角度来说又是股东的，是股东委托公司董、监、高经营的，因此，公司的重大事项仍然应当由委托者股东决策，受托者董、监、高执行。至于哪些是重大事项，《公司法》第五十九条推荐了9项，具体由公司章程规定。根据《公司法》第六十条的规定，一人公司因没有共同投资关系其重大事项由股东自己作出决定，拥有二人以上股东的公司的重大事项由股东会以决议方式作出决定，股东参加股东会会议对重大事项行使表决权。通常情况下，股东按照持股比例行使表决权，但是如果公司章程另有规定则从其规定，比如A股、B股。

（3）人事权。股东作为财产的委托者当然享有选择受托者的权利。股东的人事权主要包括三方面的内容：其一是提名权，即对公司董事、监事和高级管理人员及特殊岗位人员的提名权；其二是选举权，即通过投票选举公司董事、监事和高级管理人员的权利；其三是董、监、高的委派权，在有限责任公司中的董、监、高可以通过选择产生，也可以通过分配名额由股东直接委派产生。人事权是股东享有的一项重要权利。

（4）知情权。股东作为公司财产的委托者当然享有了解公司经营情况的权利。《最高人民法院关于适用〈中华人民共和国公司法〉若干问题的规定（四）》（以下简称《公司法解释（四）》）第九条明确规定："公司章程、股东之间的协议等实质性剥夺股东依据公司法第三十三条、第九十七条规定查阅或者复制公司文件材料的权利，公司以此为由拒绝股东查阅或者复制的，人民法院不予支持。"股东知情权是一项绝对性的权利。

（5）诉讼权。股东的诉讼权包括：第一，对其他股东违反关于共同投资关系的法律规定或者约定或者实施损害公司利益的行为，股东有权以股东身份提起诉讼；第二，公司董、监、高违反法律、行政法规和公司章程的规定在履行职务时给公司造成了损失或者实施了损害公司利益的行为，在公司不提起诉讼的情况下股东有权以股东身份提起诉讼；第三，他人损害公司利益，在公司不提起诉讼的情况下，股东有权以股东身份提起诉讼。根据《公司法》第一百八十九条的规定，有限责任公司的股东均享有股东诉讼权；股份有限公司要求连续180日以上单独或者合计持有公司1%以上股份的股东才能享有股东诉讼权。

4. 公司经营范围的授权意义

《公司法》第九条规定，公司的经营范围由公司章程规定。公司可以修改公司章程，变更经营范围。公司的经营范围中属于法律、行政法规规定须经批准的项目，应当依法经过批准。公司的经营范围在公司内部，在公司股东与公司董、监、高的财产委托经营关系中，有股东对公司董、监、高授权经营事项的意义。也就是说，公司董、监、高只能在公司章程中载明的经营范围之内利用公司财产进行经营活动，超越公司章程载明的经营范围从事经营活动给公司造成损失的，公司股东可以董、监、高的行为违反法律、行政法规或者公司章程的规定给公司造成损失为由，要求董、监、高承担赔偿责任。笔者曾在网上看到类似判例，提请股东和董、监、高给予注意。

5. 法定代表人及代表行为

《公司法》第十条规定："公司的法定代表人按照公司章程的规定，由代表公司执行公司事务的董事或者经理担任；担任法定代表人的董事或者经理辞任的，视为同时辞去法定代表人。法定代表人辞任的，公司应当在法定代表人辞任之日起三十日内确定新的法定代表人。"第十一条规定，法定代表人以公司名义从事的民事活动，其法律后果由公司承受。公司章程或者股东会对法定代表人职权的限制，不得对抗善意相对人。法定代表人因执行职务造成他人损害的，由公司承担民事责任。公司承担民事责任后，依照法律或者公司章程的规定，可以向有过错的法定代表人追偿。

公司对外从事民事活动，必须有人代表公司对外表示意思，法定代表人是根据其岗位职责对外代表公司表示意思的人。法定代表人也可以委托其他人代理公司对外表示意思进行民事活动。公司章程和股东会可以限制法定代表人的职权，但是这种限制是公司的内部规定，不能完全对抗外部约定。法定代表人的越权行为会被认定为有效，公司需要依法承担相应的责任。公司因法定代表人越权实施的民事法律行为遭受的损失，可以依据法律、公司章程和公司的有关规章制度向法定代表人追偿。

这里的关键在于民事行为的相对人是否构成善意相对人。参考《民法典》第一百七十二条关于行为人没有代理权、超越代理权或者代理权终止后，仍然实施代理行为，相对人有理由相信行为人有代理权的，代理行为有效的规定。法定代表人的行为是否有效取决于相对人是否构成善意相对人，构成善意相对人的行为有效，不构成的行为无效。而相对人是否构成善意相对人的关键在于其是否知道或者应当知道法定代表人没有代表权、超越代表权或者代表权终止后为代表行为。如果相对人明知法定代表人超越权限进行民事行为，仍与之为民事行为，相对人就有主观上的故意或者恶意，就不构成善意相对人，所为的民事行为就不能得到法律的支持，就是无效行为。

6. 公司对外担保或者为股东提供担保

《公司法》第十五条规定，公司向其他企业投资或者为他人提供担保，按照公司章程的规定，由董事会或者股东会决议；公司章程对投资或者担保的总额及单项投资或者担保的数额有限额规定的，不得超过规定的限额。公司为公司股东或者实际控制人提供担保的，应当经股东会决议。前款规定的股东或者受前款规定的实际控制人支配的股东，不得参加前款规定事项的表决。该项表决由出席会议的其他股东所持表决权的过半数通过。公司为其他企业提供担保，除专事投资或者担保的公司外都是公司的重大特别事项，风险高、责任大，由股东会决定、由董事会决定、还是由管理层决定，依据公司章程的规定；如果公司章程对担保的总额及单项投资或者担保的数额有限额规定的，不得超过规定的限额。对此，起草公司章程者应当给予充分的注意，要根据公司的实际情况在公司章程中作出相应的明确的规定。

公司为股东或者实际控制人提供担保的，无论公司章程有无规定，都应当经股东会决议，而且该股东或者受该实际控制人支配的股东不得参加股东会关于担保决议的表决,股东会关于担保的决议由其他股东所持表决票的过半数通过。这是一项强制性规定,无论公司章程有无规定及如何规定,除一人公司外都必须执行。如果公司章程有不同的规定,如果公司为股东或者实际控制人提供担保,没有按照公司法的规定通过股东会,其他股东可以向法院提起诉讼,请求确认担保行为无效;如果公司股东会没有按照公司法的规定通过股东会决议,其他股东可以向法院提起诉讼,请求确认股东会决议因表决程序不合法而不成立。

7. 公司应当严格限制对外担保

公司为股东提供担保的形式包括保证担保、抵押担保和质押担保。担保的主债多是借贷,在许多情况下,股东也为公司提供担保,所以股东和公司之间交叉担保的现象比较多见。如果是股东和公司之间交叉提供担保,在道理上可谓情有可原,但也应当履行必要的程序,把事情摆在桌面上。如果控股股东或者实际控制人安排公司单方面为自己或者自己的关联企业提供担保,不但从情理上说不过去,而且会置公司资产于风险之中,极有可能直接损害公司、间接损害股东的利益。如果公司为股东或者股东的关联企业提供担保,债务人不能履行债务或者发生当事人约定的情形时,公司就可能被迫代偿债务。虽然公司享有追偿权,但实现的可能性低,而且费用高。公司为股东提供担保不仅置公司财产于风险之中,而且由大股东私自安排的担保势必影响公司股东之间的团结,造成股东之间离心离德,极易导致公司僵局。

根据《公司法》第十五条的规定,有限责任公司为他人提供担保,按照公司章程的规定,由董事会或者股东会决议;公司章程对担保的总额及单笔担保的数额有限额规定的,不得超过规定的限额。公司为公司股东或者实际控制人提供担保的,必须经股东会决议。前款规定的股东或者受前款规定的实际控制人支配的股东,不得参加前款规定事项的表决。该项表决由出席会议的其他股东所持表决权的过半数通过。关联担保不宜一律禁止,关键是如何限制和规范关联担保。要限制和规范关联担保,关键在于公司章程应当对关联担保作出严格的限制和明确的规范:第一,公司为股东或者股东的关联企业提供担保,有关董事、高级管理人员必须书面向公司董事会或者监事会报告关联关系;第二,公司对外提供担保的债务的金额累计不得超过公司同期净资产额的百分之多少(或者累计不得超过多少金额);第三,公司对外提供担保必须首先经董事会批准,向股东或者其关联企业提供担保的,有关联关系的董事应当回避表决;第四,向股东或者其关联企业提供担保的董事会决议应当报股东会审议批准,有关联关系的股东应当回避表决;第五,公司对外提供担保应当要求债务人提供反担保;第六,公司应当及时了解债务人的生产经营情况和债务偿还情况。只有对对外担保特别是关联担保进行严格的限制和明确的规范,才能最大限度地减控其消极性,有效地防范公司的财产风险和道德风险。

8. 法定代表人越权签订担保合同的效力

关于公司法定代表人越权签订对外担保合同的效力问题,2019年《全国法院民商事审判工作会议纪要》(以下简称《九民会议纪要》)有比较详细的论述。

(1)违反《公司法》(2018年修正)第十六条(2023年修订后《公司法》第十条)构成越权代表。为防止法定代表人随意代表公司为他人提供担保给公司造成损失,损害中小股东利益,《公司法》(2018年修正)第十六条(2023年修订后《公司法》第十条)对法定代表人的代表权进行了限制。根据该条规定,担保行为不是法定代表人所能单独决定的事项,而必须以公司股东会、董事会等公司机关的决议作为授权的基础和来源。法定代表人未经授权擅自为他人提供担保的,构成越权代表,人民法院应当根据《合同法》第五十条(现为《民法典》第五百零四条)关于法定代表人越权代表的规定,区分订立合同时债权人是否善意分别认定合同效力:债权人善意的,合同有效;反之,合同无效。

(2)善意的认定。善意是指债权人不知道或者不应当知道法定代表人超越权限订立担保合同。《公司法》(2018年修正)第十六条(2023年修订后《公司法》第十条)对关联担保和非关联担保的决议机关作出了区别规定,相应地,在善意的判断标准上也应当有所区别。一种情形是,为公司股东或者实际控制人提供关联担保,《公司法》(2018年修正)第十六条(2023年修订后《公司法》第十条)明确规定必须由股东会决议,未经股东会决议,构成越权代表。在此情况下,债权人主张担保合同有效,应当提供证据证明其在订立合同时对股东会决议进行了审查,决议的表决程序符合《公司法》(2018年修正)第十六条(2023年修订后《公司法》第十条)的规定,即在排除被担保股东表决权的情况下,该项表决由出席会议的其他股东所持表决权的过半数通过,签字人员也符合公司章程的规定。另一种情形是,公司为公司股东或者实际控制人以外的人提供非关联担保,根据《公司法》(2018年修正)第十六条(2023年修订后《公司法》第十条)的规定,此时由公司章程规定是由董事会决议还是股东会决议。无论章程规定是否对决议机关作出规定,也无论章程规定决议机关为董事会还是股东会,根据《民法典》第六十一条第三款关于"法人章程或者法人权力机构对法定代表人代表权的限制,不得对抗善意相对人"的规定,只要债权人能够证明其在订立担保合同时对董事会决议或者股东会决议进行了审查,同意决议的人数及签字人员符合公司章程的规定,就应当认定其构成善意,但公司能够证明债权人明知公司章程对决议机关有明确规定的除外。债权人对公司机关决议内容的审查一般限于形式审查,只要求尽到必要的注意义务即可,标准不宜太过严苛。公司以机关决议系法定代表人伪造或者变造、决议程序违法、签章(名)不实、担保金额超过法定限额等事由抗辩债权人非善意的,人民法院一般不予支持。但是,公司有证据证明债权人明知决议系伪造或者变造的除外。需要提请注意的是,公司为控股股东或者实际控制人提供担保,与公司为非关联方提供担保,认定债权人是否为善意相对人的标准是不一样的。

(3)无须机关决议的例外情况。存在下列情形的,即便债权人知道或者应当知道没有公司机关决议,也应当认定担保合同符合公司的真实意思表示,合同有效:

第一种情况,公司是以为他人提供担保为主营业务的担保公司,或者是开展保函业务的银行或者非银行金融机构;

第二种情况,公司为其直接或者间接控制的公司开展经营活动向债权人提供担保;

第三种情况,公司与主债务人之间存在相互担保等商业合作关系;

第四种情况,担保合同系由单独或者共同持有公司2/3以上有表决权的股东签字同意。

据上,除无须机关决议的例外情况外,确定法定代表人越权签订担保合同的效力,关键看债权人是否构成善意相对人,构成的有效,不构成的无效。在判断债权人是否构成善意相对人时,关联担保和非关联担保的标准是不一样的,关联担保从严,非关联担保从宽。

9. 法定代表人越权担保损失的救济

根据《九民会议纪要》的规定,担保合同有效,债权人请求公司承担担保责任的,人民法院依法予以支持。法定代表人的越权担保行为给公司造成损失,公司请求法定代表人承担赔偿责任的,人民法院依法予以支持。公司没有提起诉讼,股东依据《公司法》(2018年修正)第一百五十一条(2023年修订后《公司法》第一百八十九条)的规定请求法定代表人承担赔偿责任的,人民法院依法予以支持。如果因债权人构成善意相对人使越权合同有效给公司很损失的,公司可以要求法定代表人赔偿,可以向法院提起诉讼请求法院判令法定代表人赔偿。公司没有起诉的,公司股东可以提起股东代表诉讼。

根据《九民会议纪要》的规定,担保合同无效,债权人请求公司承担担保责任的,人民法院不予支持,但可以按照担保法及有关司法解释关于担保无效的规定处理。公司举证证明债权人明知法定代表人超越权限或者机关决议系伪造或者变造,债权人请求公司承担合同无效后的民事责任的,人民法院不予支持。担保合同无效,债权人的损失在债权人、担保人、债务人之间进行分配,如果公司有证据证明债权人明知法定代表人超越权限或者机关决议系伪造或者变造,公司可以不参加赔偿责任的分配。

10. 公司应当明确规范对外投资

公司可以对外投资,包括设立自己的全资子公司、与他人组成合资公司、向其他公司增资、收购其他公司的股权或者资产等,但是公司对外投资对公司的风险极高,有时也可能与公司控股股东或者实际控制人的私利有关。故此,2023年修订前,《公司法》(2018年修正)第十六条第一款、第十五条第一款均规定,公司向其他企业投资,依照公司章程的规定,由董事会或者股东会决议;公司章程对投资的总额及单项投资的数额有限额规定的,不得超过规定的限额。

对外投资是公司扩张发展的主要途径,但是对外投资是公司的重大事项,虽然没有直接列明在公司股东会的职权范围内,但是可由公司章程将其纳入股东会的职权范围。鉴于对外投资对公司的重要性和风险性,一般情况下,公司会由董事会先制定投资方案,然后报股东会批准,再授权董事会或者董事执行。公司应当建立公司对外投资的规章制度,严格限制对外投资、明确规范对外投资,既可以把公司做大,又能有效地防范投资风险。

11. 分公司和子公司

《公司法》第十三条第二款规定,公司可以设立分公司。分公司不具有法人资格,其民事责任由公司承担。分公司没有章程、没有注册资本、没有股东、没有法定代表人,是本公司的一部分,其财产也是本公司拨付给它使用的,其也是本公司财产的一部分。公司之所以要设立分公司,缘于我国工商、税务等的属地管辖,也就是说,管理企业的工商、税务等部门实行属地管理的原则,只对辖区内的企业行使管理权力。公司在公司登记的行政区划以外从事生产经营活动时,为了适应属地管辖的需要,就需要在从事生产经营活动的所在地设立一个接受管理的平台,这就是分公司。分公司使用本公司的资产,在本公司的授权范围内从事生产经营活动。分公司可以雇佣劳动者,也可以采购机器设备和原材料,还可以销售产品,核算盈亏,其盈利或者亏损并入本公司。分公司的债权人可以起诉分公司,也可以起诉本公司,还可以将本公司和分公司作为被告一并提起诉讼。本公司的债权人可以申请执行分公司的财产。

分公司在划小核算管理单位,实现公司结构的扁平化,贯彻集中决策分工执行管理模式方面具有独特的作用和意义。

《公司法》第十三条第一款规定,公司可以设立子公司,子公司具有法人资格,依法独立承担法律责任。子公司就是公司,只不过为了区分投资者和被投资者时,我们为方便起见将公司区分为子公司和母公司。子公司和母公司一样有章程规定,有注册资本,有股东,有法定代表人,有独立的财产,是企业法人。子公司的财产虽然也是母公司投入的,但是这种投入不同于前面说的划拨,投资财产的所有权转移,而划拨财产的所有权不转移。母公司将财产投资给子公司,财产的所有权就从母公司转移至子公司,母公司非经依法清算不能取回,母公司相应地获得对子公司的权益,也就是我们常说的股权。母公司的债权人不可以向子公司追及母公司用于出资的财产,但可以将母公司因投资行为获得的股权作为执行的对象;子公司的债权人也不可以随意向母公司主张权利,这就是法人财产的独立性。

公司可以采取设立子公司的方法实现扩张,建设自己的企业集团。公司也可以通过设立子公司的方法阻断债权人对出资财产的追及权,故此,出资设立子公司还有阻断风险的功效。

12. 公司应否对所投资企业的债务承担连带责任

《公司法》第十四条规定,公司可以向其他企业投资。法律规定公司不得成为对所投资企业的债务承担连带责任的出资人的,从其规定。《公司法》(2018

年修正)第十五条规定,公司可以向其他企业投资;但是,除法律另有规定外,不得成为对所投资企业的债务承担连带责任的出资人。这两个条款存在本质上的区别,新公司法将公司对其所投资企业的债务承担连带责任作为常态规定,将不承担连带责任作为一种特例,以法律有规定为前提;《公司法》(2018年修正)将公司不对所投资企业债务承担连带责任作为一种常态规定,将不承担连带责任作为一种特例,以法律有规定为前提。笔者更倾向《公司法》(2018年修正)的提法。之所以公司对所投资企业的债务不承担连带责任应当是一种常态,是因为公司企业制度的有限责任包括两点:一是股东以出资为限对公司的债务承担有限责任,二是公司以全部资产为限对自己的债务承担责任,这是公司企业制度的两块基石。如果公司所投资企业的债权人不需要法律规定的特别情形就可以向公司主张债权,势必将击碎公司以全部资产对自己债务承担有限责任这块基石。这样相对人在与公司进行交易时,不仅要看公司的净资产多少,公司的责任财产多少,还要看公司对外投资有多少,所投资企业有多少负债。这势必会增加交易的难度,增添交易的风险。

根据现行公司法和有关司法解释的规定,只有在股东公司与所投资企业混同(包括经营混同和清算混同)的情况下,公司才对所投资企业的债务承担连带责任。即使是抽逃出资也是有限责任,即以返还本息为限承担责任。《公司法》的规定戳穿了法人财产的界限和独立性,削弱了法人责任的独立性,提请读者关注并在实务中注意防范风险。

13. 滥用股东权利的赔偿责任

《公司法》第二十一条规定,公司股东应当遵守法律、行政法规和公司章程,依法行使股东权利,不得滥用股东权利损害公司或者其他股东的利益。公司股东滥用股东权利给公司或者其他股东造成损失的,应当承担赔偿责任。这是一个规范股东与股东之间共同投资关系的口袋条款,在股东与股东的共同投资关系中,在股东处理公司事务行使股东权利的过程中,股东必须遵守法律、行政法规和公司章程,否则就可能构成滥用股东权利,给公司或者其他股东造成损失的应当依法赔偿。这里构成股东赔偿责任的要件有两个:一个是股东的行为违反法律、行政法规和公司章程;另一个是股东的行为给公司造成了损失。比如,A公司有两个股东,甲股东持有60%的股权,乙股东持有40%的股权,甲股东向A公司发出停产的通知,甲股东没有召开A公司股东会或者董事会,不顾乙股东的反对利用自己派入A公司的董事和高管,强行使A公司停产三年之久,给A公司造成了巨额的经济损失。这就是一起典型的股东滥用权利损害公司利益的案件。

从实务来看,滥用股东权利损害公司利益的股东主要是公司的控股股东或者实际掌控公司的股东。滥用股东权利主要是滥用股东的财产权、人事权和表决权,损害其他股东的利益主要是损害其他股东的财产权、表决权和知情权。比如股东利用掌控公司的机会,长期占用资金不负利息;与公司进行关联交易低价购买公司产品或者高价向公司出售商品;应当向股东分配利润不分配;低价向股东自己增发股权等,这些都是损害公司或者股东财产权的行为。再如控股股东利用自己控制公司的有利地位,不向其他股东披露公司的财务会计报表;不向股东披露公司的生产经营计划;不向股东披露公司的股东会决议和董事会决议等,这些都是损害股东的知情权的行为。总之,控股股东特别是实际控制公司的股东,应当约束自己的行为,考虑其他股东的感受,秉公办事,严于律己,切勿做损人利己的事情。

股东是公司财产的委托人,对公司享有各种权利,但是股东行使自己的权利,必须遵守法律、行政法规和公司章程,包括程序和实体两个方面。股东作为公司决策的参与者或者主导者,可能因决策失误导致公司损失,只要在程序上或者实体上不违反法律、行政法规和公司章程,就不应当承担赔偿责任。从实务中看,股东滥用股东权利基本都是直接损害公司利益,间接损害其他股东利益。对股东滥用股东权利损害公司利益的行为,公司可以提起赔偿之诉,在公司不提起诉讼的情况下,股东也可以提起代表诉讼,要求加害股东赔偿公司的损失。根据最高人民法院关于《公司法司法解释(四)》第二十五条的规定,股东依据《公司法》(2018年修正)第一百五十一条(2023年修订后《公司法》第一百八十九条)第二款、第三款规定直接提起诉讼的案件,胜诉利益归属于公司。股东请求被告直接向其承担民事责任的,人民法院不予支持。根据该解释第二十六条的规定,股东依据《公司法》(2018年修正)第一百五十一条第二款、第三款规定直接提起诉讼的案件,其诉讼请求部分或者全部得到人民法院支持的,公司应当承担股东因诉讼支付的合理费用。

14. 关联交易损害的赔偿责任

前面谈到的是股东滥用股东权利损害公司利益的赔偿责任,现在讨论的是股东利用关联交易损害公司利益的赔偿责任。根据《公司法》第二百六十五条的规定，关联关系，是指公司控股股东、实际控制人、董事、监事、高级管理人员与其直接或者间接控制的企业之间的关系，以及可能导致公司利益转移的其他关系。但是，国家控股的企业之间不仅因为同受国家控股而具有关联关系。《公司法》第二十二条规定，公司的控股股东、实际控制人、董事、监事、高级管理人员不得利用关联关系损害公司利益。违反前款规定，给公司造成损失的，应当承担赔偿责任。

法律并不全面反对关联交易，只是反对利用关联交易转移公司利益，公司法反对利用关联交易转移公司利益是从维护小股东利益角度出发的，税法反对利用关联交易转移公司利益是从维护国家税收利益出发的。关联交易既有积极的作用，也有消极的作用。大企业集团之所以有较强的竞争力，能够取得规模效益，主要在于其内部的关联交易，比如可以通过共用品牌、共同采购、共同培训、共同销售、统一标准、上下游直供等降低成本。只要公平地分配关联交易带来的利益，法律是乐见其成的。关联交易的消极作用在于它可能成为大股东或者实际控制人侵占公司利益的工具。比如，甲公司有 7 名股东，A 股东持有公司51%的股权，其他 6 名股东合计持有 49%的股权，公司的运营完全由 A 股东把持。A 股东利用自己控股股东的地位不经任何决策程序和竞价程序，长期安排甲公司以高于市场价格约10%的价格购买乙公司的产品作为原料，而乙公司是 A 股东的全资子公司。如此使甲公司每年上千万元的利益转移到乙公司，使甲公司处于亏损的边缘。

关联交易可能为公司赋能，成为公司发展的资源，也可能为公司泄力，导致股东矛盾，因此，对关联交易要扬长避短，防避其缺点，光大其优点。为此公司应当在章程中对关联交易进行严格的规范和限制：第一，所有的关联交易的关联方必须事先如实向公司董事会或者监事会书面报告关联关系；第二，关联交易的价格应当通过招投标形成或者通过询价产生，以保证关联交易的价格等同于非关联交易的价格；第三，凡关联交易须报经董事会决议批准，在董事会表决时有关联关系的董事应当回避表决；第四，达到一定金额的关联交易须报经股东会批准，在股东会表决时有关联关系的股东应当回避表决；第五，未经董事会或者股东会批准公司不得进行关联交易，任何人不得安排或者批准公司进行关联交易；第六，关联交易隐瞒关联关系的追究关联的董事和高管的责任。只要公司在从事关联交易时履行了这些程序，就能保证关联交易不致损害公司利益，把关联交易变成好事。要想做到这一点就应当把对关联交易的规范和限制写入公司章程，让公司章程成为规范和限制关联交易的法律保障。

15. 股东有限责任的否定

股东有限责任是公司企业制度的核心特征,也是法律给予公司投资人的一项特殊权利。在股东有限责任的情况下,公司以其全部财产偿还公司的债务,公司财产不能受偿的债权人不能向公司股东追及。但是股东有限责任也不是绝对的,也是附有条件的,这个条件可以概括为:第一,股东依法全面履行出资义务;第二,股东不得抽逃出资;第三,股东尊重公司人格和财产的独立性。如果股东违反了这三个条件之一,就会导致股东有限责任的否定,就可能被迫对公司的负债承担连带责任,这就是我们常说的"戳穿公司面纱"。

《公司法》第二十三条第一款、第二款规定,公司股东滥用公司法人独立地位和股东有限责任,逃避债务,严重损害公司债权人利益的,应当对公司债务承担连带责任。股东利用其控制的两个以上公司实施前款规定行为的,各公司应当对任一公司的债务承担连带责任。

《最高人民法院关于适用〈中华人民共和国公司法〉若干问题的规定(二)》(以下简称《公司法解释(二)》)第二十二条规定,公司解散时,股东尚未缴纳的出资均应作为清算财产。股东尚未缴纳的出资,包括到期应缴未缴的出资,以及依照《公司法》第二十八条和第八十二条的规定分期缴纳尚未届满缴纳期限的出资。公司财产不足以清偿债务时,债权人主张未缴出资股东,以及公司设立时的其他股东或者发起人在未缴出资范围内对公司债务承担连带清偿责任的,人民法院应依法予以支持。《最高人民法院关于适用〈中华人民共和国公司法〉若干问题的规定(三)》(以下简称《公司法解释(三)》)第十三条第二款、第三款规定,公司债权人请求未履行或者未全面履行出资义务的股东在未出资本息范围内对公司债务不能清偿的部分承担补充赔偿责任的,人民法院应予支持;股东在公司设立时未履行或者未全面履行出资义务,依照本条规定提起诉讼的原告,请求公司的发起人与被告股东承担连带责任的,人民法院应予支持。《公司法解释(三)》第十四条第二款规定,股东抽逃出资,公司债权人请求抽逃出资的股东在抽逃出资本息范围内对公司债务不能清偿的部分承担补充赔偿责任、协助抽逃出资的其他股东、董事、高级管理人员或者实际控制人对此承担连带责任的,人民法院应予支持。

《九民会议纪要》明确,公司人格与股东人格是否存在混同,最根本的判断标准是公司是否具有独立意思和独立财产,最主要的表现是公司的财产与股东的财产是否混同且无法区分。在认定是否构成人格混同时,应当综合考虑以下因素:第一,股东无偿使用公司资金或者财产,不作财务记载的;第二,股东用公司的资金偿还股东的债务,或者将公司的资金供关联公司无偿使用,不作财务记载的;第三,公司账簿与股东账簿不分,致使公司财产与股东财产无法区分的;第四,股东自身收益与公司盈利不加区分,致使双方利益不清的;第五,公司的财产记载于股东名下,由股东占有、使用的;第六,人格混同的其他情形。控股股东或实际控制人控制多个子公司或者关联公司,滥用控制权使多个子公司或者关联公司财产边界不清、财务混同,利益相互输送,丧失人格独立性,沦为控制股东逃避债务、非法经营,甚至违法犯罪工具的,可以综合案件事实,否认子公司或者关联公司法人人格,判令承担连带责任。

股东应当知道有限责任的法律待遇是有条件的,如果股东违反有关条件,就会导致股东有限责任的否定和公司独立人格的否定,使债权人对公司的权利及于股东,使债权人对股东的权利及于公司。

16. 一人公司股东对公司负债的连带责任

《公司法》第二十三条第三款规定,只有一个股东的公司,股东不能证明公司财产独立于股东自己的财产的,应当对公司债务承担连带责任。《公司法》(2018年修正)设专节规定一人公司,新《公司法》撤销了专节,有关内容散落在各章节中。之所以一人公司的股东不能证明公司财产独立于股东自己的财产的,应当对公司债务承担连带责任,是因为,在一人公司的情况下,公司只有一个股东,只有股东与董、监、高之间的财产委托经营关系(一个自然人股东的公司也比较弱),不存在股东之间的共同投资关系,以及这个投资关系包含的互相监督、互相制衡的利益冲突关系。股东对公司的人格支配地位和财产支配地位是空前的,甚至完全由他一人说了算。这些都为股东侵占公司财产创造了有利的条件,且外部不易发现,更难举证。为了鞭策一人公司的股东尊重公司财产的独立性,也为保护相对人的利益,为达成特殊情况下的利益平衡,公司法规定一人公司股东不能证明公司财产独立于股东个人财产的,对公司债务承担连带责任是完全正当的。

据此,一人公司的股东应当特别注意规范自己的行为,依法依规处理公司事务,在公司财产和股东个人财产之间建立明确的界限。公司占用股东的财产,或者股东占用公司的财产都要履行法律手续,做好会计记录,建立、保存好公司财产独立于股东个人财产的证据。做到这些就可以有效地防范一人公司给股东自己带来的风险,而享受一人公司给股东带来的利益。

17. 关于公司决议无效的诉讼

《公司法》第二十五条规定,公司股东会、董事会的决议内容违反法律、行政法规的无效。《公司法解释(四)》第一条规定,公司股东、董事、监事等请求确认股东会或者股东大会、董事会决议无效或者不成立的,人民法院应当依法予以受理。

如果公司的股东、董事、监事认为公司股东会决议或者董事会决议的内容违反法律或者行政法规,可以向人民法院提起诉讼,请求法院确认公司决议无效,从而阻止决议的履行。提起这类诉讼的原告可以是公司的股东,也可以是公司的董事或者监事,这类诉讼以公司为被告,有利害关系的人可以申请作为第三人参加诉讼。请求法院认定公司决议无效,必须是有关决议的内容违反法律或者行政法规,如某有限责任公司股东会通过决议批准全体股东在实际缴付出资后三天之内以借款名义将全部出资从公司转出,被法院认定该股东会决议因违反法律,构成股东抽逃出资而无效。如果不是内容违反法律和行政法规,而是有关股东会或者董事会会议的召集程序和表决方式存在问题,那就只能提起撤销公司决议之诉或者公司决议不成立之诉,而不能提起请求确认公司决议无效的诉讼。

18. 关于撤销公司决议之诉

《公司法》第二十六条规定,公司股东会、董事会的会议召集程序、表决方式违反法律、行政法规或者公司章程,或者决议内容违反公司章程的,股东自决议作出之日起60日内,可以请求人民法院撤销。但是,股东会、董事会的会议召集程序或者表决方式仅有轻微瑕疵,对决议未产生实质影响的除外。未被通知参加股东会会议的股东自知道或者应当知道股东会决议作出之日起60日内,可以请求人民法院撤销;自决议作出之日起1年内没有行使撤销权的,撤销权消灭。

这里说的公司决议包括股东会决议和董事会决议。撤销公司决议的诉讼主要应对的是,通过有关决议的股东会会议或者董事会会议的召集程序和表决方式违反法律、行政法规、公司章程的规定,或者决议的内容违反公司章程的有关规定。这类诉讼以股东、董事或者监事为原告,以公司为被告,诉讼请求是撤销有关公司的决议。当然,如果股东会会议或者董事会会议的召集程序和表决方式只有轻微的瑕疵,不至于影响有关决议通过的,法院不会支持原告的诉讼请求。比如,按照甲公司章程的规定,公司召开股东会会议应当提前15天通知股东,由于工作人员的过失晚通知了A股东两天,A股东如期参加了会议并且对股东会决议投了票,事后A股东向法院提起诉讼,以股东会会议召集程序违反公司章程为由,请求法院判令撤销有关股东会会议决议,法院就可能认为只是召集程序上的轻微瑕疵,不会支持原告的诉讼请求。

这里关于撤销公司决议诉讼的时效采用的是撤销之诉的一般诉讼时效,等待期间只有60天,但是《公司法》吸取了本次修改前公司法的教训,增加了股东或者董事没有被通知参加有关会议的例外情形,例外情形的诉讼时效起算时间为知道或者应当知道有关决议时。另外一个需要注意的问题是,无效之诉的公司决议被法院确认无效之后,公司不得再行通过内容相同的决议;而撤销之诉的公司决议被法院撤销之后,公司可依合法程序通过内容相同的决议。

19. 关于请求确认公司决议不成立之诉

《公司法》第二十七条规定:"有下列情形之一的,公司股东会、董事会的决议不成立:(一)未召开股东会、董事会会议作出决议;(二)股东会、董事会会议未对决议事项进行表决;(三)出席会议的人数或者所持表决权数未达到本法或者公司章程规定的人数或者所持表决权数;(四)同意决议事项的人数或者所持表决权数未达到本法或者公司章程规定的人数或者所持表决权数。"

公司决议不成立是《公司法》吸纳最高人民法院《公司法解释(四)》中的内容。《公司法解释(四)》第一条规定,公司股东、董事、监事等请求确认股东会或者股东大会、董事会决议无效或者不成立的,人民法院应当依法予以受理。《公司法解释(四)》第五条规定:"股东会或者股东大会、董事会决议存在下列情形之一,当事人主张决议不成立的,人民法院应当予以支持:(一)公司未召开会议的,但依据公司法第三十七条第二款或者公司章程规定可以不召开股东会或者股东大会而直接作出决定,并由全体股东在决定文件上签名、盖章的除外;(二)会议未对决议事项进行表决的;(三)出席会议的人数或者股东所持表决权不符合公司法或者公司章程规定的;(四)会议的表决结果未达到公司法或者公司章程规定的通过比例的;(五)导致决议不成立的其他情形。"

公司决议不成立之诉以公司股东、董事、监事为原告,以公司为被告。公司决议不成立之诉是《公司法解释（四）》的重要内容，主要用于弥补撤销之诉在诉讼时效上的缺憾，可以摆脱60天的限制适用三年的诉讼时效，其诉讼理由与公司决议撤销之诉基本相同，都是因为召集程序或者表决方式存在严重瑕疵。而且《公司法》增加了董事会会议有效召开和有效通过决议的条件，与公司决议不成立之诉起到了相呼应的效果。

总之，为了应对公司股东会或者董事会会议召集程序和表决方式上存在的问题，为了实现阻止公司决议的目的，公司股东、董事、监事可以提起公司决议不成立之诉。

20. 关于公司决议无效的善后处理问题

《公司法》第二十八条规定，公司股东会、董事会决议被人民法院宣告无效、撤销或者确认不成立的，公司应当向公司登记机关申请撤销根据该决议已办理的登记。股东会、董事会决议被人民法院宣告无效、撤销或者确认不成立的，公司根据该决议与善意相对人形成的民事法律关系不受影响。本次公司法修改采纳了《公司法解释（四）》第六条的规定，股东会或者股东大会、董事会决议被人民法院判决确认无效或者撤销的，公司依据该决议与善意相对人形成的民事法律关系不受影响。《公司法》对接了《民法典》中善意相对人保护制度，是对本次修改前公司法的一项重要补正。

据此，如果公司尚未根据有关决议进行登记变更或者形成民事法律关系，公司决议被人民法院宣告无效、撤销或者确认不成立，公司不得申请进行变更登记或者进行民事法律行为；如果公司已经根据有关决议完成登记或者形成民事法律关系，公司决议被人民法院宣告无效、撤销或者确认不成立，公司应当向登记机关申请撤销登记，公司已经与相对人形成民事法律关系的，相对人构成善意相对人的，与公司之间的民事法律关系有效，应当继续履行；不构成善意相对人的，民事法律关系无效，不应当履行。这里需要注意的是，如果相对人是公司的股东或者实际控制人，有关决议是同意进行关联交易、关联拆借、关联担保的决议，构成善意相对人的条件应当从严，因为相对人明知交易的特殊性。在相对人构成善意相对人的情况下，公司因执行相关决议遭受的损失可以考虑向负有责任的股东或者董事追偿。

总之，实务中应当注意，即使在公司决议被法院宣告无效、撤销或者确认不成立的情况下，法律仍然维护善意相对人的合法利益。

第二章 公司登记

21. 公司登记事项

根据《公司法》第三十二条第一款的规定,公司登记事项包括:名称;住所;注册资本;经营范围;法定代表人的姓名;有限责任公司股东、股份有限公司发起人的姓名或者名称;共六项。公司的营业执照是公司取得民事主体资格的法律证明。营业执照上载明的事项包括公司的名称、住所、注册资本、经营范围、法定代表人姓名。

公司登记必须实事求是,否则将承担法律责任。《公司法》第三十条第一款规定,申请设立公司,应当提交设立登记申请书、公司章程等文件,提交的相关材料应当真实、合法和有效。

《公司法》第二百五十条规定:"违反本法规定,虚报注册资本、提交虚假材料或者采取其他欺诈手段隐瞒重要事实取得公司登记的,由公司登记机关责令改正,对虚报注册资本的公司,处以虚报注册资本金额百分之五以上百分之十五以下的罚款;对提交虚假材料或者采取其他欺诈手段隐瞒重要事实的公司,处以五万元以上二百万元以下的罚款;情节严重的,吊销营业执照;对直接负责的主管人员和其他直接责任人员处以三万元以上三十万元以下的罚款。"

《公司法》第三十九条规定,虚报注册资本、提交虚假材料或者采取其他欺诈手段隐瞒重要事实取得公司设立登记的,公司登记机关应当依照法律、行政法规的规定予以撤销。

22. 关于公司的名称

公司名称应当符合国家的有关规定。公司只能使用一个名称。经公司登记机关核准登记的公司名称受法律保护。设立公司应当申请名称预先核准。法律、行政法规或者国务院决定规定设立公司必须报经批准，或者公司经营范围中属于法律、行政法规或者国务院决定规定在登记前须经批准的项目的，应当在报送批准前办理公司名称预先核准，并以公司登记机关核准的公司名称报送批准。申请名称预先核准，应当提交下列文件：（1）公司名称预先核准申请书；（2）指定代表或者共同委托代理人的证明；（3）国家市场监督管理总局规定要求提交的其他文件。

根据《企业名称登记管理规定》的规定，企业名称应当使用规范汉字。民族自治地方的企业名称可以同时使用本民族自治地方通用的民族文字。企业名称由行政区划名称、字号、行业或者经营特点、组织形式组成。跨省、自治区、直辖市经营的企业，其名称可以不含行政区划名称；跨行业综合经营的企业，其名称可以不含行业或者经营特点。企业名称中的行政区划名称应当是企业所在地的县级以上地方行政区划名称。市辖区名称在企业名称中使用时应当同时冠以其所属的设区的市的行政区划名称。开发区、垦区等区域名称在企业名称中使用时应当与行政区划名称连用，不得单独使用。企业名称中的字号应当由两个以上汉字组成。县级以上地方行政区划名称、行业或者经营特点不得作为字号，另有含义的除外。企业名称中的行业或者经营特点应当根据企业的主营业务和国民经济行业分类标准标明。国民经济行业分类标准中没有规定的，可以参照行业习惯或者专业文献等表述。企业应当根据其组织结构或者责任形式，依法在企业名称中标明组织形式。

企业名称冠以"中国""中华""中央""全国""国家"等字词的，应当按照有关规定从严审核，并报国务院批准。国务院市场监督管理部门负责制定具体管理办法。企业名称中间含有"中国""中华""全国""国家"等字词的，该字词应当是行业限定语。使用外国投资者字号的外商独资或者控股的外商投资企业，企业名称中可以含有"（中国）"字样。企业分支机构名称应当冠以其所从属企业的名称，并缀以"分公司""分厂""分店"等字词。境外企业分支机构还应当在名称中标明该企业的国籍及责任形式。企业集团名称应当与控股企业名称的行政区划名称、字号、行业或者经营特点一致。控股企业可以在其名称的组织形式之前使用"集团"或者"（集团）"字样。有投资关系或者经过授权的企业，其名称中可以含有另一个企业的名称或者其他法人、非法人组织的名称。

公司在设立时应当起好名称，在公司名称中字号是公司所独有的，其他都是通用的。字号也叫商号，属于公司的无形资产，是公司名称的核心部分，其他内容则可以与他人相同。因此，起好公司的名称关键在于起好公司的字号。公司可以使用母公司的字号,可以独立起字号,也可以自然人的名为字号。一般情况下,公司的字号最好与公司主品牌的名称相同,特别是对生产大众消费品的公司来说,这一点更为重要,因为这样做可以节约宣传资源,达到企业名称和产品名称互为宣传的效果。

公司名称应在订立公司章程前向市场监督管理部门申请核准,经市场监督管理部门核准的名称方可登记为公司的名称。申请公司名称预先核准,应当填写《公司名称预先核准申请书》,申请书由有限公司的全体股东或股份公司的全体发起人签字,并附有关资料。公司名称经核准的,市场监督管理部门发给《公司名称预先核准通知书》。由于公司名称是公司章程中的一项重要内容,因此在公司起草章程之前就应该由股东或发起人就公司名称达成一致,并提请市场监督管理部门核准,以便在股东或发起人签署公司章程时,不至于因为公司名称未经核准而为难。另外,如果根据法律、法规规定设立公司需报经批准的、或公司的经营范围中包含有报经审批项目的,申请人也须以市场监督管理部门核准的公司名称申报。因此在公司的设立过程中,公司名称应尽早落实。根据有关规定,经核准的公司名称将为申请人保留6个月。

23. 注册资本和实收资本

《公司法》第三十二条规定,公司的登记事项包括公司的注册资本;第三十三条规定,公司的营业执照应当载明公司的注册资本;第四十条规定,公司应当通过统一企业信息公示系统公示公司的注册资本和实收资本。注册资本是一个法律概念,仅载明于公司章程和营业执照上,并不反映在公司的财务会计账册中,在公司注册资本完全认缴制的情况下,它仅代表股东认缴的出资额,或者说是股东承诺的出资额,并不代表股东的实际出资额,也不代表公司自有资金的多少和偿债能力的大小。实收资本是一个财务会计概念,它仅反映在公司的财务会计账册中,不反映在公司章程和营业执照上,它代表股东对公司的实际出资额,是股东对公司实际履行出资义务的财务会计记录,是公司财产的最初来源,也在一定程度上代表公司的偿债能力。

注册资本和实收资本的双轨制,使我们对公司资产的规模和偿债能力的判断,有一种雾里看花的感觉。也有少数股东盲目地追求公司的形象,脱离自己的实际能力认缴注册资本,结果害人又害己。在公司注册资本完全认缴制的今天,我们万万不可仅凭公司的营业执照判断它的实际能力,一定看会计账册和财务报表,看公司的实收资本和股东权益的多少,看公司是盈利还是亏损。

24. 公司登记的种类

根据《公司法》的规定,公司登记包括:

(1)设立登记,指为成立公司向公司登记机关申请登记,取得公司营业执照之日为公司成立之时,设立登记工作完成;

(2)注销登记,指为解散公司向公司登记机关申请登记,包括因解散清算进行注销登记和因破产清算进行注销登记,也包括因被吊销营业执照后进行清算注销登记,注销登记完成之日为公司作为民事主体消灭之时;

(3)变更登记,指为变更公司登记事项而向公司登记机关申请登记,凡是登记事项发生变更的,都应当在规定的时间内向公司登记机关申请变更登记;

(4)撤销变更登记,指公司向公司登记机关申请撤销依据被法院生效判决认定无效、撤销、不成立的公司决议作出的变更登记事项,使公司登记事项恢复至原状;

(5)分公司登记,指为成立分公司而向公司登记机关申请登记,分公司是本公司的一部分,分公司经向公司登记机关申请登记领取营业执照,在本公司授权的范围内从事生产经营活动;

(6)合并登记,指为使两个以上公司合并为一个公司而向公司登记机关申请登记,包括存续合并中的存续公司变更登记和新设合并中的新设公司设立登记以及解散公司的注销登记;

(7)分立登记,指为使一个公司分立为两个以上公司而向公司登记机关申请登记,包括存续分立中被分立公司的变更登记和新公司的设立登记,新设分立中的新设公司的设立登记及被分立公司的注销登记;

(8)变更类型登记,有限责任公司变更为股份有限公司,股份有限公司变更为有限责任公司,应当向公司登记机关申请变更登记,变更公司名称中的组织形式,换发新的营业执照。

25. 变更登记事项和备案事项

《公司法》第三十四条规定,公司登记事项发生变更的,应当依法办理变更登记。公司登记事项未经登记或者未经变更登记,不得对抗善意相对人。第三十六条规定,公司营业执照记载的事项发生变更的,公司办理变更登记后,由公司登记机关换发营业执照。根据《公司法》的规定,公司的如下事项发生变化的需要向公司登记机关申请变更登记:(1)公司名称变更的;(2)公司变更住所地的;(3)公司变更法定代表人的;(4)公司变更注册资本的;(5)公司变更经营范围的;(6)公司变更类型的;(7)有限责任公司变更股东的;(8)股份有限公司发起人的名称或姓名变更的。

公司申请变更登记应当向登记机关报送的文件有:(1)公司法定代表人签署的公司变更申请书;(2)公司权力机关或决策机关作出变更的决议或决定;(3)确定变更所需的合同及法律文件;(4)涉及公司章程修改的应当提供修改后的章程或公司章程修改案;(5)需要提交政府审批文件的。

公司发生如下情形的需要向公司登记机关备案:(1)公司章程修改未涉及登记事项的,公司应当将修改后的章程或章程修改案报公司登记机关备案;(2)公司董事、监事、经理发生变动的,应当向登记机关备案。

26. 公司变更登记的时间要求

根据《公司法》的规定,公司变更事项完成公司内部变更程序的,在公司内部发生法律效力,但对外不能对抗善意相对人。所以公司变更事项在完成内部变更程序后应当及时向公司登记机关申请变更登记。《公司法》第三十四条规定,公司登记事项发生变更的,应当依法办理变更登记。公司登记事项未经登记或者未经变更登记,不得对抗善意相对人。《公司法》第三十五条规定,公司申请变更登记,应当向公司登记机关提交公司法定代表人签署的变更登记申请书、依法作出的变更决议或者决定等文件。公司变更登记事项涉及修改公司章程的,应当提交修改后的公司章程。公司变更法定代表人的,变更登记申请书由变更后的法定代表人签署。《公司法》第三十六条规定,公司营业执照记载的事项发生变更的,公司办理变更登记后,由公司登记机关换发营业执照。

过去根据《公司登记管理条例》的规定,对公司变更登记的时间大致要求如下,现在条例废止了,但有关时间要求仍可以作为参考。

(1)公司变更名称的,应当自变更决议或者决定作出之日起30日内申请变更登记。

(2)公司变更住所的,应当在迁入新住所前申请变更登记,并提交新住所的使用证明。公司变更住所跨公司登记机关辖区的,应当在迁入新住所前向迁入地公司登记机关申请变更登记，迁入地公司登记机关受理的，由原公司登记机关将公司登记档案移送迁入地公司登记机关。

（3）公司变更法定代表人的，应当自变更决议或者决定作出之日起30日内申请变更登记。

（4）公司增加注册资本的，应当自变更决议或者决定作出之日起30日内申请变更登记。

（5）公司减少注册资本的，应当自公告之日起45日后申请变更登记，并应当提交公司在报纸上登载公司减少注册资本公告的有关证明和公司债务清偿或者债务担保情况的说明。

（6）公司变更经营范围的，应当自变更决议或者决定作出之日起30日内申请变更登记。变更经营范围涉及法律、行政法规或者国务院决定规定在登记前须经批准的项目的，应当自国家有关部门批准之日起30日内申请变更登记。公司的经营范围中属于法律、行政法规或者国务院决定规定须经批准的项目被吊销、撤销许可证或者其他批准文件，或者许可证、其他批准文件有效期届满的，应当自吊销、撤销许可证、其他批准文件或者许可证、其他批准文件有效期届满之日起30日内申请变更登记或者办理注销登记。

（7）公司变更类型的，应当按照拟变更的公司类型的设立条件，在规定的期限内向公司登记机关申请变更登记，并提交有关文件。

（8）有限责任公司变更股东的，应当自变更之日起30日内申请变更登记，并应当提交新股东的主体资格证明或者自然人身份证明。有限责任公司的自然人股东死亡后，其合法继承人继承股东资格的，公司应当依照前款规定申请变更登记。有限责任公司的股东或者股份有限公司的发起人改变姓名或者名称的，应当自改变姓名或者名称之日起30日内申请变更登记。

（9）公司登记事项变更涉及分公司登记事项变更的，应当自公司变更登记之日起30日内申请分公司变更登记。

（10）变更登记事项涉及《企业法人营业执照》载明事项的，公司登记机关应当换发营业执照。

27. 登记地址和管理机构所在地址

公司法规定公司以其主要办事机构所在地为住所。笔者认为，公司机构的所在地可以不是一个，所以，公司法才规定公司应当将其主要办事机构的所在地登记为公司的住所地。公司法规定的办事机构,应理解为对外开展业务,如通信联络、收款、开票、发货的机构。因此,在公司决策机构、管理机构、办事机构地址不一致的情况下,公司应将自己对外联络业务、收款、开票、发货机构的所在地,登记为公司的住所地,而不应将决策机构、管理机构的所在地登记为住所地。这里的问题发生于公司机构的地址不一致与我国市场监督管理部门、税务机关的属地管辖原则之间。如果公司不将其对外联络业务、收款、开票、发货机构的所在地,登记为公司的住所地,就有可能逃避市场监督管理部门、税务机关对公司的管辖。在现实经济生活中确有一些公司的决策机构或管理机构的所在地与公司登记的住所地不一致,根据公司法关于公司住所地的规定,这应当是允许的。只要公司的决策机构或管理机构未进行收款、开票、发货这些实际经营行为,就不构成无照经营,市场监督管理部门不能以无照经营为由对公司登记地址以外的公司决策机构和管理机构进行查处。

28. 关于分公司登记

(1)如果公司在其登记的住所地以外开展生产经营活动,就需要设立分公司,并以分公司为企业平台从事相关的生产经营活动。比如,甲公司登记地址在 A 市,与 B 市的乙公司签订合同,在 A 市开票、收款、发货,将产品销售给 B 市的乙公司,就无须在 B 市设立分公司,因为甲公司的产品虽然销售到 B 市,但其经营行为仅仅发生在 A 市。如果甲公司为了方便其在 B 市的销售,更好地为 B 市的客户服务,打算在 B 市设立库房,在 B 市开票、收款、付货,这就需要在 B 市设立销售分公司,因为其经营行为将发生在 B 市,应当接受 B 市市场监督管理部门、税务机关的管理。

(2)设立分公司,首先必须根据公司章程的规定由公司的权力机构作出决议;其次要选定分公司的住所,取得使用住所的权利;最后向分公司所在地的公司登记机关提出设立申请。申请设立分公司应当提交的文件有:公司法定代表人签署的设立分公司的申请书;公司章程以及加盖公司印章的公司营业执照的复印件;分公司营业场所的使用证明;如果分公司的经营范围有涉及批准内容的,同时应提供政府有关批文。

(3)根据《公司法》第三十一条的规定,公司设立分公司,应当向公司登记机关申请登记,领取营业执照。分公司不具有法人资格,其民事责任由公司承担。分公司不是另外的一个独立的公司,只是本公司的一个组成部分,因此,本公司是独立的法人,分公司就不能再是独立的法人。之所以本公司的这个组成部分要登记为分公司,是因为市场监督管理部门、税务等采取的是属地管辖。在某些情况下,公司的生产经营活动不但要在其登记的住所地进行,还需要在住所地以外的某地进行,为了满足当地市场监督管理部门、税务及有关部门对本公司在外地进行的生产经营活动的有效管辖,就需要在当地进行企业登记,这就是分公司。根据《公司法》的规定,登记机关核发给公司的是公司法人营业执照,核发给分公司的是营业执照。由于分公司只是本公司的一个组成部分,因此,它没有法定代表人、注册资本和章程。分公司的登记事项包括名称、营业场所、负责人、经营范围。分公司的经营范围不能超出本公司的经营范围,分公司的名称由本公司的名称加所在地名和分公司字样组成。

29. 公司登记和变更登记的意义

笔者认为,公司登记和变更登记有两层含义:第一,核准,是指公司登记机关在法律的授权下对公司设立者依法申请登记和变更登记的事项予以核准。应当注意,核准不是批准,批准带有决定与否的意思,而公司登记和变更登记事项的决定权不在公司登记机关,而在公司的设立者或者在公司的权力机关;核准者仅从是否合法合规的角度予以审核,合法合规的就应当准许。第二,备案公示。公示大致有三种方法:(1)传媒公示,指通过电视、报纸、张贴公告等方法进行公示;(2)备案公示,指将公示事项做成文件,报存有关机构,相关者可到该机构查阅;(3)桌面公示,指将公示事项做成文件,放置于指定位置,供人查阅。公司根据法律规定向公司登记机关报审文件并将这些文件备存于登记机关,供社会公众查阅,就是一种备案公示。《公司法》规定公司登记机关应当将公司登记事项、公司章程等信息通过统一的企业信用信息公示系统向社会公示。公司应当按照规定通过统一的企业信用信息公示系统公示下列事项:(1)有限责任公司股东认缴和补缴出资额、出资时间、出资方式,股份有限公司发起人认购的股份数;(2)有限责任公司股权转让等股权变更信息;(3)行政许可取得、变更、注销等信息;(4)法律、行政法规规定的其他信息。

30. 谨防未作变更登记铸成大错

笔者在实务中曾遇到一些公司的董事会成员变更后,只有公司股东会的文件,未及时向公司登记机关履行变更登记或备案,使变更后的董事会的决议的效力受到质疑。甚至有个别公司法定代表人变更后,几年时间未向公司登记机关申请变更登记,使公司处于极大的风险之中。因为公司法定代表人属于公司的法定登记事项,在未作变更登记的情况下,已经离职的法定代表人从登记公示的角度说仍为公司的法定代表人,他的签字仍然可以代表公司,即使公司不盖公章对公司也会产生法律效力。所以,公司的登记事项发生变更的,特别是公司的法定代表人或分公司的负责人发生变更的,应当及时进行变更登记,以免对公司造成危害。由于登记、备案是公示,其效力大于公司的内部文件,笔者提醒实务者重视公司登记、变更登记和备案工作,切不可粗心大意,酿成大错。

第三章 有限责任公司的设立和组织机构

31. 设立有限责任公司的条件

根据《公司法》的有关规定,设立有限责任公司,应当符合下列条件:

(1)股东人数符合法律规定,不得超过50人。

(2)全体股东认缴的出资额之和等于公司章程规定的注册资本,且公司章程必须明确载明全体股东认缴的出资额由股东按照公司章程的规定自公司成立之日起5年内缴足。法律规定实行注册资本实缴制的,股东已经实际缴付全部注册资本,并通过验资取得验资报告。

(3)股东共同制定公司章程,即公司章程经设立公司的全体股东签字或者盖章。

(4)有经核准的公司名称,并建立符合公司法规定的有限责任公司要求的组织机构。

(5)有公司住所。

关于股东符合法定人数。《公司法》第四十二条规定:"有限责任公司由一个以上五十个以下股东出资设立。"股东超过50人的,不能设立为有限责任公司。设立有限责任公司只要股东有认缴的出资额、符合法律规定的出资期限和出资方式即可,并不要求必须有实际缴付的出资。公司章程既是股东之间就公司设立和运营过程中的权利义务协商一致的契约,也是处理股东、公司、股东会、董事会、监事会、公司高级管理人员之间权利义务关系所必须遵循的法律文件,是公司设立和存续必备的法律基础,申请设立有限责任公司必须提交经全体股东签署的公司章程。关于公司住所,现在不要求必须有实体住所,虚拟住所即将公司登记在企业孵化楼也是可以的。

32. 设立有限责任公司的文件

设立有限责任公司,应当由全体股东指定的代表或者共同委托的代理人向公司登记机关申请设立登记。设立国有独资公司,应当由国务院或者地方人民政府授权的本级人民政府国有资产监督管理机构作为申请人,申请设立登记。法律、行政法规或者国务院决定规定设立有限责任公司必须报经批准的,应当自批准之日起90日内向公司登记机关申请设立登记;逾期申请设立登记的,申请人应当报批准机关确认原批准文件的效力或者另行报批。

申请设立有限责任公司,应当向公司登记机关提交下列文件:

(1)公司法定代表人签署的设立登记申请书;

(2)全体股东指定代表或者共同委托代理人的证明;

(3)公司章程;

(4)股东的主体资格证明或者自然人身份证明;

(5)载明公司董事、监事、经理的姓名、住所的文件以及有关委派、选举或者聘用的证明;

(6)公司法定代表人任职文件和身份证明;

(7)企业名称预先核准通知书;

(8)公司住所证明;

(9)国家市场监督管理总局规定要求提交的其他文件。

法律、行政法规或者国务院决定规定设立有限责任公司必须报经批准的,还应当提交有关批准文件。

33. 股东为设立公司订立协议

本次修订前公司法在有限责任公司设立部分没有提及股东为设立公司签订协议,明确各方在设立公司过程中的权利义务问题。《公司法》新增加了相关内容,第四十三条规定,有限责任公司设立时的股东可以签订设立协议,明确各自在公司设立过程中的权利和义务。从公司设立的实务来看,虽然本次修订前的公司法没有规定股东在设立公司时可以签订设立协议,但在是许多情况下,设立公司的投资人还是会就设立公司签订协议的,名称有叫合作协议的,也有叫投资协议的。从其功能上看,主要是规定各方在设立公司中的权利义务,在公司章程生效之前作为确定各方权、责、利的法律文件,作为公司章程条款的基础。

在公司设立之初，由股东签订设立协议明确各方的权利义务及对公司的基本设想，可以起到以下作用：

(1) 明确公司的基本设想，能加快公司结构的形成尽快完成公司设立工作；

(2) 明确股东人数、基本情况和持股安排；

(3) 明确各自在公司设立中承担的职责和享有的权利；

(4) 明确设立费用的管理和承担。

34. 关于有限责任公司股权的类型

同股同权是有限责任公司股东权利的常态，但是，根据《公司法》第六十五条的规定，有限责任公司章程可以规定股东参加股东会会议不按照出资比例行使表决权；根据《公司法》第二百一十条的规定，有限责任公司全体股东可以约定不按照出资比例分配红利。据此，有限责任公司经全体股东同意可以根据自己的实际情况在章程中规定以下类型的股东：第一类，在分配股利上享有优先权，在表决权上受到一定限制的股东；第二类，在分配股利上受到一定的限制，在决策权和管理权上享有更大权利的股东；第三类，在利润分配上各股东依据其持股比例，但在表决权上持有特殊股权的股东享有超过持有相同比例普通股权股东的权利。这就是说有限责任公司的股东对公司的某些权利可以不是按照持股比例等齐划一的，不必坚守同股同权的原则，可以根据公司的具体情况选择自己的股东类型，以求既能有利于公司融资，又有利于公司的决策和经营。前提是无论是在设立公司时实施，还是通过修改公司章程实施，必须经全体股东一致同意。对有限责任公司来说，只要全体股东一致同意，在公司章程中作出明文规定即可。

总之，有限责任公司属于"私人"公司，可以根据公司的实际情况对股东进行分类，在融资上、在公司治理上、表决权上、在人事权上、在利润分配上、在剩余财产分配上享受更大的自由度，在法律允许的范围内重新组合股东的各项权利。

35. 公司资本认缴制及基本原则

公司资本认缴制，是指根据一国公司法的规定，股东在设立公司时，不必实际向公司缴付出资,只要在公司章程中明确公司资本的总额及各股东的出资额和出资期限即可,股东不实际出资也可以先拿到公司的营业执照。公司资本实缴制,是指根据一国公司法的规定,股东要设立公司必须先行缴付出资并完成验资,之后才能取得公司的营业执照。

我国1993年公司法采用的就是实缴制,股东只有先缴付出资并取得验资报告后,才能申请公司营业执照;2013年(2014年3月1日开始实施)改为认缴制和实缴制相结合,股东必须先行缴付全部出资的20%,其余部分可以在公司成立后2年内缴付;2018年修改公司法改为完全认缴制。本次修订后的《公司法》仍然实行有限责任公司注册资本认缴制,但规定了实际缴付的期限为自公司成立之日起5年。《公司法》第四十七条规定,有限责任公司的注册资本为在公司登记机关登记的全体股东认缴的出资额。全体股东认缴的出资额由股东按照公司章程的规定自公司成立之日起5年内缴足。法律、行政法规以及国务院决定对有限责任公司注册资本实缴、注册资本最低限额、股东出资期限另有规定的,从其规定。

有限责任公司的注册资本为在公司登记机关登记的全体股东认缴的出资额。目前,我们国家除金融及类金融行业以外的有限责任公司实行注册资本认缴制。归纳《公司法》和有关司法解释的规定,公司注册资本认缴制度的基本原则如下。

(1)公司注册资本额法律不作限定,由全体股东商定,并载明在公司章程中,作为股东的对世承诺;

(2)公司全体股东必须认足公司章程规定的公司注册资本额,以确定公司注册资本有明确的来源,否则不能登记成立公司;

(3)股东实际缴付出资的期限由公司章程规定,但不能超越公司法规定的最长期限,以便确定公司资本有明确的到位时间;

(4)在公司成立后,股东必须按照公司章程规定的股东实际缴付出资的数额和期限向公司履行出资义务,以获得公司注册资本的法律保障;

(5)在公司成立后,股东不得抽逃出资,不得将公司财产与股东财产混同,不得为逃避债务修改公司章程延长其履行出资义务的期限,但可以按照法定程序通过减资消灭自己尚未履行的出资义务;

(6)股东逾期出资或者未足额出资,或者抽逃出资,或者将公司财产与股东财产混同的,应当对公司不能偿还的债务承担补充赔偿责任或者连带清偿责任;

(7)股东出资期限尚未届满,但公司已经没有财产偿还到期负债,可以加速

股东出资期限的到来,由股东对公司不能偿还的负债承担补充赔偿责任;

(8)股东出资期限尚未届满,公司清算财产不足以清偿负债或者破产的,股东尚未履行的出资为公司财产。

有限责任公司的股东应当正确认识公司注册资本认缴制度,依法享有自己的权利,依法履行自己的义务。

36. 章程能否规定股东用公司利润出资

有人认为,在公司注册资本认缴制的情况下,股东可以先认缴资本成立公司,在公司章程中规定股东以从公司分配的利润履行实际缴付出资的义务。这样做行不行呢?笔者认为不行。笔者认为公司章程这样规定股东的出资义务是无效的,是不能开脱股东的出资义务的。

的确,股东可以用公司的税后利润向公司增资,我们称为转增资;也可以用从公司分配所得的利润反过来向公司履行实缴出资义务。但是在设立公司时,如果公司章程可以规定股东用将来从公司分配的利润向公司履行出资义务,就等于将公司的资本置于可有可无、可早可晚,非常不确定的状态。因为公司能否取得利润,什么时候能够取得利润,能够取得多少利润是不确定的。允许在公司章程中规定股东用公司利润缴付认缴的出资,就等于允许将公司资本置于不确定的状态,这与公司资本认缴制度的基本原则相悖。因此,公司章程不能规定股东用本公司的利润履行实际缴付出资的义务,即使有相关的规定也是无效的。

在公司注册资本完全认缴制的今天,股东可以为自己实际履行出资义务设定期限,享有期限利益,但不能为自己实际履行出资义务设定条件,设定也无效。用公司利润缴付股东出资,不是出资的期限,是出资的条件,当属无效条款。当然,如果在公司章程规定的股东实际履行出资义务的期限届满前,公司有利润可分并向股东分配了利润,股东可以用该利润向公司履行自己的出资义务;股东也可以用利润转资本的方法直接完成自己对公司的出资义务。

37. 怎样确定公司的注册资本额

《公司法》第四十九条第一款规定,股东应当按期足额缴纳公司章程规定的各自认缴的出资额。公司注册资本额的多少制约着每个股东认缴出资额的多少,而每个股东认缴出资额的多少决定了每个股东的出资义务。股东在确定公司注册资本额时应当综合考虑以下因素。

(1)公司资本额过大,需股东认缴的出资额就大,这会增加股东的出资负担,挤压股东的流动性,还可能导致公司资本过剩,甚至引发股东出资违约。在公司成立后,如果公司需要追加资本,股东可以通过决议向公司增资,所以初创公司的注册资本额不宜过大。

(2)公司资本额过小,对公司的形象不好,不利于公司的成长。在公司成立后虽然可以增加公司的注册资本,但需要股东会通过特别决议,甚至在个别公司中小股东享有一票否决权,有难易之分。

(3)股东应当预测公司成立后业务的规模及对资金的需求,或者委托中介机构预测公司成立后业务的规模及对资金的需求,以及公司对外进行借贷性融资的可能性和现实性、对内向股东借贷性融资的可能性以便确定公司的注册资本额。公司不仅可以通过股东实际履行出资义务获得权益资本,还可以通过向股东借贷获得借贷资本,两种资本都可以满足公司对资金的需求。

(4)一般来说,公司业务确定、股东人数较少、股东人合性强、易于通过增资决议等都是考虑公司资本注册额较小的因素;而公司业务不确定、股东人数较多、股东人合性差、不易通过增资决议等都是考虑公司资本额较大的因素。这就是说除非预测公司很难通过决议增加注册资本,否则尽量不要把公司的注册资本额搞得过大。

(5)公司注册资本额过大,是一把"双刃剑",有利于公司的外在形象,不利于股东防控创业风险。

38. 怎样确定股东的出资期限

《公司法》第四十九条第一款、第二款规定,股东应当按期足额缴纳公司章程规定的各自所认缴的出资额。股东未按期足额缴纳出资的,除应当向公司足额缴纳外,还应当对给公司造成的损失承担赔偿责任。第五十条规定,有限责任公司设立时,股东未按照公司章程规定实际缴纳出资,或者实际出资的非货币财产的实际价额显著低于所认缴的出资额的,设立时的其他股东与该股东在出资不足的范围内承担连带责任。第五十一条第一款规定,有限责任公司成立后,董事会应当对股东的出资情况进行核查,发现股东未按期足额缴纳公司章程规定的出资的,应当由公司向该股东发出书面催缴书,催缴出资。第五十二条第一款规定,股东未按照公司章程规定的出资日期缴纳出资,公司依照前条第一款规定发出书面催缴书催缴出资的,可以载明缴纳出资的宽限期;宽限期自公司发出催缴书之日起,不得少于60日。宽限期届满,股东仍未履行出资义务的,公司经董事会决议可以向该股东发出失权通知,通知应当以书面形式发出。自通知发出之日起,该股东丧失其未缴纳出资的股权。

股东必须按照公司章程规定的期限向公司实际履行出资义务,否则要承担出资违约责任。在公司资本完全认缴制的情况下,股东的出资期限显得格外重要,股东必须在公司章程规定的出资期限届满前向公司实际缴付出资,否则就构成出资违约。如果公司章程规定的股东出资期限过长,公司就会因得不到资本而制约其业务的开展和成长。因此,股东应当综合考虑以下因素,确定合理的出资期限。

(1)股东出资期限规定得过远,无法满足公司业务开展和成长对资金的需求,会制约公司的成长,甚至迫使大股东单独提前出资;

(2)股东出资期限规定得过近,不仅会加重股东的出资负担,而且可能使公司资本过剩,极易导致股东出资违约;

(3)一般而言,在公司设立时股东应当对公司成立后的业务(干什么)、经营模式、经营规模以及对资金的需求做好测算,并据此在公司章程中规定股东实际缴付出资的期限;

(4)除非预测公司无法通过股东会特别决议修改章程加速股东的出资期限,否则股东的出资期限不宜过近,在公司提前需要资金时可以通过股东会决议修改章程规定全体股东提前向公司履行出资义务。

如果股东不能按照公司章程规定的期限履行出资义务,原公司法规定对其他股东承担违约责任,在公司成立的情况下既不现实,也有悖于公司企业制度的要求。《公司法》将其修改为股东未按期足额缴纳出资的,除应当向公司足额缴纳外,还应当对给公司造成的损失承担赔偿责任,着实是一个进步。《公司法》第五十二条对股东不按照约定足额履行出资义务失权作出了规定,有利于鞭策股东及时履行出资义务。

39. 哪些公司实行注册资本实缴制

根据国务院关于印发注册资本登记制度改革方案的通知,在2014年3月1日《公司法》修正后暂不实行注册资本认缴制的行业的公司见表1,这些行业公司的注册资本、实收资本仍执行原有的规定,实行实缴制。

表1 暂不实行注册资本认缴制的行业公司表

序号	名称	依据
1	采取募集方式设立的股份有限公司	《公司法》
2	商业银行	《商业银行法》
3	外资银行	《外资银行管理条例》
4	金融资产管理公司	《金融资产管理公司条例》
5	信托公司	《银行业监督管理法》
6	财务公司	《银行业监督管理法》
7	金融租赁公司	《银行业监督管理法》
8	汽车金融公司	《银行业监督管理法》
9	消费金融公司	《银行业监督管理法》
10	货币经纪公司	《银行业监督管理法》
11	村镇银行	《银行业监督管理法》
12	贷款公司	《银行业监督管理法》
13	农村信用合作联社	《银行业监督管理法》
14	农村资金互助社	《银行业监督管理法》
15	证券公司	《证券法》
16	期货公司	《期货交易管理条例》
17	基金管理公司	《证券投资基金法》
18	保险公司	《保险法》
19	保险专业代理机构、保险经纪人	《保险法》
20	外资保险公司	《外资保险公司管理条例》
21	直销企业	《直销管理条例》
22	对外劳务合作企业	《对外劳务合作管理条例》
23	融资性担保公司	《融资性担保公司管理暂行办法》
24	劳务派遣企业	2013年10月25日国务院第28次常务会议决定
25	典当行	2013年10月25日国务院第28次常务会议决定
26	保险资产管理公司	2013年10月25日国务院第28次常务会议决定
27	小额贷款公司	2013年10月25日国务院第28次常务会议决定

40. 有限责任公司的私募资本

私募是一种相对于公募而言的资本募集方式。公募是指公开向社会公众募集资本,私募是指不公开地向特定人募集资本。根据《公司法》第四十二条的规定,设立有限责任公司的股东不得超过 50 人。私募和非法集资的区别主要在于是否面向社会公众集资,是否通过公开宣传和广告的方法募集资金。如果募资人数超过 200 人,并转移至个人账户,将被认定为非法集资。设立有限责任公司的过程也可以说是一个私募资本的过程,只能由发起股东私下联络投资人,大家一起认缴出资设立有限责任公司,不能通过网络、宣传单、广告等方式公开招募投资者。

41. 股权代持和代持协议

在设立有限责任公司的过程中,经常发生股权代持的问题。股权代持一直是法律的灰色地带,直到 2014 年最高人民法院颁布《公司法解释(三)》,股权代持才有了司法层面的相关规定。该解释第二十四条第一款、第二款明确,有限责任公司的实际出资人与名义出资人订立合同,约定由实际出资人出资并享有投资权益,以名义出资人为名义股东,实际出资人与名义股东对该合同效力发生争议的,如无《合同法》第五十二条(现已失效)规定的情形,人民法院应当认定该合同有效。实际出资人与名义股东因投资权益的归属发生争议,实际出资人以其实际履行了出资义务为由向名义股东主张权利的,人民法院应予支持。名义股东以公司股东名册记载、公司登记机关登记为由否认实际出资人权利的,人民法院不予支持。

据上,在股权代持的情况下,如何才能认定股权为代持股权,怎样才能维护实际投资者的利益呢?关键看投资者和显名股东是否签订了合法有效的股权代持协议。股权代持协议是法院认定代持关系,保护投资人利益的核心证据。所以,在实务中无论出于什么原因安排股权代持,也无论投资者和显名股东是什么关系,都要签订代持协议。没有代持协议,投资者的利益难以得到法律的保护。实务中即使有转款证据,没有代持协议也难以区别是借钱投资还是股权代持,如果股权涨价了,代持人就会主张是借钱投资,如果股权跌价了,代持人就会主张是代持关系。没有代持协议的代持人被迫承担股东责任后,也难以向投资人追偿。故此,股权代持协议对确定股权代持关系,依法维护双方的权利义务至关重要。一般而言，股权代持协议应当包括以下主要内容。

（1）投资者和代持人的姓名和信息；

（2）代持股权的信息，包括公司名称、股权比例、股权取得方式、是认缴还是实缴，如果是实缴，实缴的金额及支付方式等；

（3）代持股权的取得方式，包括是出资取得还是受让取得，如果是出资取得，要明确出资款的支付方式，如果是受让取得，要明确出让人的信息，价款支付方式等；

（4）关于代持人不得以出让、转让、抵押、质押、托管等任何方式处分代持股权及有关合同和交易无效的约定；

（5）代持股权的利润分配权、剩余财产分配权、股权优先认购权、股权优先购买权、股东知情权、股东人事权的归属及实际投资人如何实际享有的约定；

（6）代持人按照投资者的指令参加股东会行使表决权的约定或者委托实际投资人参加股东会会议行使表决权的约定；

（7）关于代持人报酬及因代持股权所致损失时实际投资人赔偿责任的约定；

（8）投资人的其他权利和义务；

（9）代持人的其他责任和权利；

（10）关于解除股权代持关系及股权还原的约定；

（11）其他条款。

42. 关于股权代持的利弊分析

从实务中看，股权代持有利也有弊，其积极的一面主要表现如下。

（1）有利于公司吸纳投资。通过股权代持安排让某些受到法律或者其他条件限制不能对公司投资的人，把资金投入公司成为公司的隐名股东，有利于公司吸纳各种资金。

（2）有利于集中公司的表决权和控制权。通过股权代持安排，控股股东的家人、亲属、朋友或者机构投资者的股权由公司的控股股东代持，从而提高公司股权的集中度，是帮助主要股东超越投资比例控制公司的好方法之一，特别对成长阶段的公司更是如此。

（3）把一人公司变成两个以上股东的公司。在本次修订公司法之前，一人公司股东的风险高，且一个自然人的公司不能对外再投资设立一人公司。但一人公司股东不会闹矛盾,不会出现公司僵局,所以有人就利用股权代持的方法,把本来一个自然人成立的公司,通过代持关系注册成为二个以上股东的公司。这样做既可以享受两个以上股东公司的法律待遇,又能实现一人操控公司。

股权代持消极的一面主要表现如下。

(1)容易导致股权归属的争议,使公司股权结构甚至公司控股股东及实际控制人处于不确定的状态,属于股权不清晰的情形。故此,在公司被并购或者首发并上市时往往需要还原代持股权。

(2)如果没有签订股权代持协议或者代持协议被法院认定无效,实际投资者可能丧失自己的权益;如果代持股权为认缴的股权或者股东已经抽逃出资,代持人将被迫承担返还出资或者对公司债务承担补充赔偿责任。

(3)在还原代持股权时,会被认定为股权转让,如果公司的估值已经增加,就需要为还原股权缴纳所得税。税务机关对股权转让的纳税享有监管的权力,一般情况下,股权转让价格不能低于公司净资产的份额,这是税务机关对股权转让价格监管的标准。股权转让的应税所得额为股权转让价格减股权的计税成本和合理的费用。比如,甲在A公司成立时出资50万元持有A公司10%的股权,安排由乙代持,5年后A公司拟上市,要求还原代持的股权,这时A公司的净资产已经达到10000万元,经向税务机关咨询,股权还原的价格最低为1000万元。随后甲和乙签订了股权转让协议,由乙将代持股权以1000万元的价格转让给甲,经A公司半数以上股东签署同意声明书后,进行了工商变更登记。甲和乙之间没有履行价款支付义务,但根据股权转让协议及A公司的资产负债表,乙被确定缴纳个人所得税190万元(1000万元-50万元=950万元×20%=190万元)(全部由甲承担)。我们经常见到的情况是,安排股权代持时公司刚刚成立,出资价格或者受让股权的价格普遍比较低,可是股权还原时由于公司经营业绩的上升,公司净资产普遍有较大幅度的增长,导致股权转让税收价格居高不下,股东为还原股权而承担高额税负,甚至因纳不起税而无法还原。这是股权还原经常遇到而且比较棘手的问题。

据上,建议代持股权如果需要还原或者能够还原的,应当在公司净资产较少时趁早还原。

43. 关于还原股权的优先购买权问题

代持股权还原就是代持人退出,实际投资人显名登记为公司的股东。根据最高人民法院《公司法解释（三）》的有关规定，将实际投资者登记为公司的显名股东，需要经公司半数以上股东同意，否则不能还原。注意这里的半数以上股东，是按照股东人数计算的，不是按照股东的股权比例计算的。这里最高人民法院是将代持股权还原当作股权对外转让对待的，是为了维持有限责任公司股东的人合属性。根据《九民会议纪要》，如果公司半数以上股东知道股权代持关系，且对投资人享有股东权利没有提出异议的，法院应当支持实际投资人关于股权还原的诉讼请求。

关于代持股权还原时其他股东是否享有优先购买权问题，目前法律、行政法规没有相关规定，各方的观点也不统一。一种观点认为，隐名股东显名不能等同于股权转让，其他股东不享有优先购买权。持这一观点的人认为代持股权还原与股权对外转让的法律效果不同。实际出资人显名登记是实际权利人与外观权利人复归同一人，实现名实相符。实际出资人显名登记的表现形式虽然与股权转让中的股权变更登记表现形式相同，但并不是名义股东在向实际出资人转让股权，否则将引发逻辑矛盾。这种观点更强调股权还原的实质（来源《人民司法》2019年第17期）。另一种观点认为，隐名股东显名与股东对外转让股权并无本质上的区别，其应当参照适用股权外部转让的规则，其他股东应具有优先购买权。有限公司股东之间合作的基础是对彼此的信任。为了保护这种人合性，在隐名股东基于股权代持协议要求显名时，如果仅赋予其他股东同意或不同意的权力是远远不够的，应当认定其他股东具有同等条件下的优先购买权。

笔者认为，从维护有限责任公司人合属性角度来说，代持股权还原应当视同股权对外转让，公司的其他股东享有同等条件下的优先购买权；从代持股权还原的实质上说，不具备股权转让的内涵，无法确定同等条件下的股权转让价格，无法落实优先购买权。据此，实际投资人最好通过代持人要求在公司章程中明确规定还原代持股权公司的其他股东不享有优先购买权，或者以其他合理并可举证证明的方式让其他股东明知股权代持关系。

44. 股东为设立公司订立合同的责任

公司作为民事主体需要通过签订合同从事经营活动，但是在许多情况下，在公司未取得营业执照前，需要由股东为公司订立合同，因此，股东为即将成立的公司订立合同，也是公司设立的行为之一。在公司成立之前，股东以自己的名义为即将成立的公司订立合同,股东将面临公司不成立,或者公司成立后不认可股东签订的合同所带来的风险。关于股东为即将成立的公司订立合同一事,最高人民法院在《公司法解释(三)》第二条和第三条中有这样的规定,发起人为设立公司以自己名义对外签订合同,合同相对人请求该发起人承担合同责任的,人民法院应予支持;公司成立后合同相对人请求公司承担合同责任的,人民法院应予支持。发起人以设立中公司的名义对外签订合同,公司成立后合同相对人请求公司承担合同责任的,人民法院应予支持。公司成立后有证据证明发起人利用设立中公司的名义为自己的利益与相对人签订合同,公司以此为由主张不承担合同责任的,人民法院应予支持,但相对人为善意的除外。《公司法》基本吸纳了《公司法解释(三)》的上述内容,在第四十四条第一款、第二款、第三款规定,有限责任公司设立时的股东为设立公司从事的民事活动,其法律后果由公司承受。公司未成立的,其法律后果由公司设立时的股东承受;设立时的股东为二人以上的,享有连带债权,承担连带债务。设立时的股东为设立公司以自己的名义从事民事活动产生的民事责任,第三人有权选择请求公司或者公司设立时的股东承担。

　　根据《公司法》和最高人民法院的司法解释,股东为即将成立的公司订立合同有两种情况:第一种是股东以自己的名义为即将成立的公司订立合同,即合同的一方主体为股东,由股东在合同书上签字或者盖章;第二种是虽然合同是股东谈的,条款是股东商定的,但作为合同一方主体的不是股东,而是还没有成立的公司。对这两种情况订立的合同该司法解释的态度是有差异的:股东以自己的名义为即将成立的公司订立的合同,合同相对人可以直接要求股东承担履行合同的责任,在公司成立之后,也可以要求公司承担履行合同的责任;股东以公司的名义为即将成立的公司订立的合同,如果公司没有成立,股东的责任和合同相对人的权利不确定,如果公司成立了由公司承担履行合同的责任。但也有例外,如果公司有证据证明股东是为自己的利益以公司的名义与相对人订立的合同,公司可以不承担履行合同的责任,股东和合同相对人的权利义务不确定。但如果合同相对人订立合同是善意的,公司仍须履行合同,但公司履行合同的损失可以向签订合同的股东追偿。《最高人民法院关于适用〈中华人民共和国民事诉讼法〉的解释》第六十二条规定:"下列情形,以行为人为当事人:(一)法人或者其他组织应登记而未登记,行为人即以该法人或者其他组织名义进行民事活动的;(二)行为人没有代理权、超越代理权或者代理权终止后以被代理人名义进行民事活动的,但相对人有理由相信行为人有代理权的除外;(三)法人或者其他组织依法终止后,行为人仍以其名义进行民事活动的。"据此，如果公司成立后不承认股东为其签订的合同，合同责任就只能由签订合同的股东个人承担了。

据上，股东为即将成立的公司订立合同，除非是一人公司，否则应当取得其他股东的同意，甚至最好取得其他股东的授权，必要时应当向其他股东通报合同的核心内容。因为不管在合同上签字盖章的是谁，最终履行合同的都应当是公司，公司才是合同责任和利益的践行者。如果其他股东不知道签订合同事宜，或者不知道合同的主要内容，在公司成立后公司是否履行合同的问题上，就会引发歧义甚至矛盾。如果其他股东对合同有想法、有意见，甚至认为缔约股东在其中得到了什么好处，公司在履行合同中遭受了损失，都会使公司为难，甚至引发诉讼导致公司分裂。发起人股东为即将成立的公司订立合同是必要的，但是应当规范，即取得其他发起人股东的同意或者授权。

45. 关于设立公司费用的承担问题

设立公司会发生费用，包括交通费、打字复印费、房租费、评估费、律师费、招待费、公关费等，因此，如何筹措这些费用，将来如何处理这些费用也是设立公司的一项内容。一人公司的设立费用只能由股东垫付，在公司成立后凭发票可以由公司报销，这些费用公司可以作为开办费摊销处理。两个以上股东的有限责任公司的开办费在公司成立前也只能由股东先行垫付，或者暂时赊欠，在公司成立后由公司处理。因此，共同发起设立有限责任公司应当对设立费用有一个大致的预估和原则规定，做到该花的则花，该省的则省，并且最好有一个记账的发起人。笔者曾遇到一个共同创办公司总花费几十万元，合伙人看法不一，有的同意公司承担，有的不同意公司承担，最后引起诉讼的案例。一般情况下，虽然设立公司的费用不会太多，但是也以先说清楚然后再花为好。如果创业者们对设立费用哪些该花，哪些不该花没有达成统一意见，无论公司是否如期成立，都可能引起发起人股东之间的矛盾。如果有大笔公关费用，这种费用往往又没有凭据或者发票，没有事先合意更容易引起纷争。因此，最好由发起人股东签订一份协议，以明确公司设立费用或者其他事项。

关于公司未成立如何处理公司设立费用问题，最高人民法院在《公司法解释（三）》第四条中规定，公司因故未成立，债权人请求全体或者部分发起人对设立公司行为所产生的费用和债务承担连带清偿责任的，人民法院应予支持。部分发起人依照前款规定承担责任后，请求其他发起人分担的，人民法院应当判令其他发起人按照约定的责任承担比例分担责任;没有约定责任承担比例的,按照约定的出资比例分担责任;没有约定出资比例的,按照均等份额分担责任。因部分发起人的过错导致公司未成立,其他发起人主张其承担设立行为所产生的费用和债务的,人民法院应当根据过错情况,确定过错一方的责任范围。《公司法》第四十四条第二款规定,公司未成立的,其法律后果由公司设立时的股东承受;设立时的股东为二人以上的,享有连带债权,承担连带债务。

据上,在公司没有成立的情况下,按照如下原则处理公司的设立费用和因设立公司发生的债务:

第一,公司发起人约定了公司设立费用分担比例的,按照约定由全体发起人分担;

第二,公司发起人没有约定公司设立费用分担比例的,按照约定的股权比例分担;

第三,公司发起人没有约定股权比例的,全体发起人平均分担;

第四,如果是因部分发起人过错致公司未成立的,根据过错对公司未成立影响的程度,加大有过错发起人的承担比例,甚至由其承担全部设立费用和债务。

故此,债权人可以对全体或者部分发起人提起连带责任诉讼,请求法院判令被告对设立公司的债务承担连带清偿责任;清偿或者垫付公司设立费用的发起人可以对其他发起人提起诉讼,请求法院判令其他发起人承担其应当分担的费用。

46. 为设立公司致人损害的赔偿责任

有限责任公司的发起股东承担设立公司的职责,没有股东的设立行为,公司就不能诞生。《公司法》第四十四条第四款规定,设立时的股东因履行公司设立职责造成他人损害的,公司或者无过错的股东承担赔偿责任后,可以向有过错的股东追偿。公司设立时的股东为了设立公司以自己的名义从事民事活动而产生的责任,包括损害赔偿责任,第三人有权请求公司或者设立公司时的股东承担。公司或者无过错的股东承担赔偿责任后,可以要求因过错致人损害的股东赔偿自己的损失。

47. 怎样制定好公司章程

公司章程是公司赖以存在的法律基础,公司章程的主要内容是规定股东之间的共同投资关系和股东与公司董、监、高之间的财产委托经营关系,对股东,公司,董、监、高具有约束力。制定公司章程是公司设立过程中的一项重要工作,能否制定一份好的公司章程,直接关系到股东,公司,董、监、高的切身利益和凝聚力。要制定好公司章程首先要由公司的主要创始人或者核心股东,根据全体股东的具体情况和公司的发展目标,对章程应当载明的事项拟定自己的意见,然后提交律师执笔起草公司章程。创始人或者核心股东意见的重点主要包括以下内容。

（1）公司的字号和经营范围；
（2）注册资本额、缴付期限和出资方式；
（3）股权类别和分配方案；
（4）股东会、董事会（或执行董事）、监事会（或监事）、高级管理人员的组成、产生办法、职权和议事规则；
（5）法定代表人的人选和产生办法；
（5）对同业竞争和关联交易的限制和规范；
（7）对关联拆借和关联担保的限制和规范；
（8）从业股东的薪酬；
（9）其他重要事项。

创始人或者核心股东应当在股权分类及组合,董、监、高名额分配和议事规则、规限同业竞争和关联交易、规范关联拆借和关联担保上做足功课。受聘律师应当根据公司创始人或者核心股东的意见起草公司章程的文稿,然后提请公司创始人或者核心股东审核修改,再提交全体股东讨论完善,最后安排全体股东签署。不建议使用市场监督部门提供的公司章程范本,这种章程只遵守法律,没有考虑公司及股东的实际情况,不足以解决实际问题。

48.章程一经全体股东签署即为有效

公司章程是股东之间建立共同投资关系的法律文件,是注册公司的前提条件。《公司法》第四十五条规定,设立有限责任公司,应当由股东共同制定公司章程;《公司法》第四十六条第二款规定,股东应当在公司章程上签名或者盖章。公司章程需要经全体发起人股东签署,在注册成立公司时需要向市场监督部门备案,那么,公司章程生效的时间点在哪呢？是一经全体股东签署就生效呢？还是在市场监督部门备案后才生效呢？

公司章程一经全体股东签署就生效，即使未在市场监督部门备案，经全体股东签署的章程对全体股东具有约束力，只是对外的效力因未公示而受到影响。公司章程经全体股东签署自始生效，如果不是全体股东签署就不生效，比如，公司章程载明公司共有5名股东，现只有3名股东在章程上签了字，其他2名股东尚未签字，章程就不生效，对全体5名股东均不生效，对签字的3名股东也不生效。

如果公司未成立，那么公司章程对股东是否有效呢？公司章程是公司的宪法，在公司成立后对股东、公司、董、监、高均有约束力。在公司未成立的情况下，公司章程对公司，对董、监、高的效力无从实施。但是在公司未成立的情况下，已经全体股东签署的公司章程对全体股东是有效的。在公司未成立的情况下，股东可以依据公司章程处理以下问题：

（1）如果是因某一股东未履行出资义务或者其他过错致使公司未成立，可以凭公司章程追究出资违约或者过错者的责任；

（2）可以根据公司章程分摊公司设立的费用，或者对拒绝分摊费用的发起人提起诉讼。

49. 怎样使用登记机关的章程范本

在许多地方，市场监督部门为新注册公司提供了章程范本，这是一件好事。但是不能强制使用，一旦强制使用好事就变成坏事了。公司章程是股东建立共同投资关系的合同，其内容并非完全相同，法律允许股东在法律规定的原则内自由协商，应当是当事人的意思合一。市场监督部门仅负责对公司章程进行形式审查，不负责内容审查，因此，应当允许申请人以投资者自由协商的公司章程注册成立公司。面对市场监督部门强制使用的要求，为了既能顺利注册成立公司，又能体现投资者们的共同意思，发起股东可以考虑采取下面的方法予以应对。

按照投资者共同商定的核心条款，委托律师起草公司章程，由全体投资者签署。在该章程中增设一个特别声明条款，其内容为："签署本章程的全体股东在此特别声明：本章程的全部条款是全体股东真实的共同意思，在任何情况下，公司的全体股东必须受本章程的约束；如因公司注册需要使用市场监督部门提供的公司章程范本，使用该范本签署的公司章程，仅为注册之需，不能对抗本章程。"如此，在公司注册时就使用市场监督部门提供的公司章程范本，而在处理公司、股东、董事会、监事会和高管的权利义务时，则使用本章程。

50. 关于股东的出资价格问题

出资价格即股东取得公司一定比例的股权需要支付的对价。一般而言，上市公司的股东同股同价，有限责任公司的股东也是同股同价，但是对有限责任公司来说，其募集资本的过程属于私募的范畴，也允许同股不同价，即同是设立公司的发起股东，获得公司相同比例股权的出资额可以不相同，只不过这需要全体股东一致同意。

这就是说对一个设立中的有限责任公司来说，甲股东取得公司50%股权的出资额为100万元，乙股东取得公司50%股权的出资额可以是100万元，也可以是50万元，还可以是200万元，唯以全体股东一致同意为要。同一个公司，同是设立公司的发起股东，出资价格不同，一定要求得全体股东的一致同意，不仅需要出资价格低的股东同意，也需要出资价格高的股东同意。另一个需要注意的问题是，对这种出资价格不同的情况，在公司章程中和公司财务账上，应当以出资价格最低的出资额为基准确定公司的注册资本，高出的部分确认为公司的资本公积金。也就是说在有关协议中要约定各股东的投资额和投资额中确定为注册本的金额是多少（投资额可以全部确认为注册资本，也可以部分确认为注册资本）。比如在上述例子中，如果甲股东出资100万元取得公司50%的股权，乙股东同时出资100万元取得公司50%的股权，公司的注册资本就是200万元，属于同价发行，股东的全部投资额确认为注册资本，没有资本公积；如果甲股东投资100万元取得公司50%的股权，乙股东投资50万元取得公司50%的股权，公司对甲属于溢价发行，甲投资的100万元中有50万元确认为注册资本，有50万元确认为公司的资本公积金，公司对乙股东是平价发行股权，乙股东投资的50万元全部确认为注册资本，公司的注册资本就是100万元，甲、乙两股东各持股50%；如果甲股东投资100万元取得公司50%的股权，乙股东投资200万元取得公司50%的股权，公司对甲股东是平价发行，甲股东投资的100万元全部确认为公司的注册资本，公司对乙股东是溢价发行，乙股东投资的200万元中有100万元确认为注册资本，有100万元确认为公司的资本公积金，此时，公司的注册资本是200万元，甲、乙两股东各占50%的股权。

总之，设立有限责任公司是私募资本，不受同股同价的限制。

51. 关于用货币出资的相关问题

货币是一般等价物，货币出资是被普遍接受的出资方式，也是最简单的出资方式。《公司法》第四十九条第二款规定,股东以货币出资的,应当将货币出资足额存入有限责任公司在银行开设的账户。股东以货币出资只要股东将货币汇入公司在银行开立的账户即视为出资完成。用于出资的货币可以是人民币,也可以是外币,但是外币应当是在中国可以自由兑换的外币。这里需要注意的是:(1)公司采用哪种货币为公司注册资本的本位币,即用什么货币来表示公司的注册资本,比如用人民币还是用美元;(2)当股东用于出资的货币与公司注册资本的本位币不一致时,就会涉及汇率问题。过去允许约定汇率,现在要求即期汇率,即按照缴付当日的汇率进行货币折算。汇率的变化可能影响货币出资股东的利益,股东应当注意汇率变化可能给自己带来的风险。

52. 关于知识产权出资的相关问题

知识产权包括商标权、专利权、著作权、企业字号、专有技术和商业秘密等。知识产权可以用货币估价并且可以转让,符合公司法关于出资方式的规定,可以用来向公司出资。根据《公司法》第四十八条的规定,股东以非货币财产作价出资的,对作为出资的非货币财产应当评估作价,核实财产,不得高估或者低估作价。股东以非货币财产出资的,应当依法办理财产权的转移手续。知识产权出资为非货币财产出资,应当经全体股东或者全体发起人协商同意,并在评估的基础上协商作价。出资的知识产权名称及作价额应当载于发起人协议之中。知识产权中的商标权和专利权为有证照的资产,因此,用其出资的股东应当办理产权过户手续,其他无证照的以交付为出资的完成。由于知识产权为无形资产,用其出资应当注意以下问题。

(1)出资人是否可以继续使用该知识产权,应当明确并载于公司章程或者发起人协议之中;

(2)出资的知识产权是否有对外许可及如何处理,应当明确并载于公司章程或者发起人协议之中;

(3)商标权和专利权带有地域性,因此用其出资时应当就地域协商一致,并载于公司章程或者发起人协议之中。

53. 关于房地产出资的相关问题

房地产包括土地使用权和房屋建筑物,股东用房地产向公司履行出资义务时,首先,要进行法律尽职调查解决其客观可能性问题,包括但不限于:(1)房地产在性质上必须是可以依法转让的,不能转让的房地产不能用来出资,比如农村集体土地的流转受到限制;(2)没有设立他项权利或者权利负担,比如抵押、质押、限制转让等;(3)相关规划、土地用途、房产设计和用途应当满足公司的需要;(4)出资人是房屋建筑物的所有人或者以出让方式持有国有土地使用权。其次,要通过谈判达成主观合意,并签订房地产出资协议,明确:(1)出资房地产的位置、数量、状况、证照等情况;(2)价格在评估的基础上协商一致;(3)费用和纳税义务协商一致;(4)交付期限、条件、过户协商一致。出资方应当像卖方一样向公司履行义务。如果公司拟利用出资的土地进行经营性房地产开发,就只能是股东以出让方式取得的国有土地使用权,而不能是农村集体土地使用权。另外,由于土地使用权是一种期间权利,并且附有用途的限制,因此,公司设立者在研商土地使用权出资时必须考虑土地使用权的期限与公司经营期限的关系,考虑公司对土地的用途与土地使用权取得合同对土地用途的规定以及土地使用规划的限制,还要考虑可否对土地使用权的期限和用途作出变更,由谁负责变更,其变更费用由谁负担等问题。

根据《公司法》第四十八条和第四十九条的规定,以房地产出资的,不仅应当实际交付,还应当办理过户才算出资完成。根据最高人民法院的《公司法解释(三)》的有关规定,约定股东用房地产向公司履行出资义务,只交付未过户的为出资瑕疵,应当限期过户,否则不能享受股东权利;只过户未交付的为出资违约,应当限期交付,违约期间不能享受股东权利。房地产出资只过户未交付的公司不能使用该资产,为股东实质性未履行出资义务;只交付未过户,虽然公司可以使用该资产,但公司不能利用该资产的他项物权。

54. 关于非货币出资的税费问题

非货币出资不仅比货币出资手续繁杂,而且会发生许多税费,比如房地产出资公司方面会发生的契税;股东方面会发生的增值税、附加税、土地增值税、所得税;还会发生评估费、测量费等。在实务中如何处理这些税费,笔者认为:(1)税赋应依照国家税法规定的纳税义务人确定由谁负担;(2)费用应当有规定的从规定,没有规定的由出资人负担。必须指出的是,从公平的角度说,因非货币出资发生的财产权转移的税、费均应由出资人负担,但这可能与税法中关于纳税义务人的规定相冲突,所以股东或发起人在协商非货币出资资产的价时,应当将税、费考虑在出资资产的价格之中,使全体股东或发起人的出资条件平等。比如,某一出资人以土地使用权向公司出资,公司需要承担契税、测量费、办证的工本费等,其他股东或发起人应当预估该等费用的总额,在出资土地使用权的价格中剔除。

55. 关于办理产权过户的期间

在实务中经常遇到某些公司接受股东的不动产或知识产权出资,但产权过户手续由谁负责办理不明确,费用由谁负担没说法。结果资产迟迟不过户,或过户费用只好由公司负担。究其原因虽复杂多样,但公司设立之初过于草率,相关法律文件不支持为通病。虽然《公司法》第四十九条第二款规定,股东以非货币财产出资的,应当依法办理产权转移的手续。但是,在实务中非货币财产的过户绝不像交付货币那样简单容易,而且产权过户只能在公司登记完成后才能办理,并且像房产、商标等的过户也需要较长的时间。因此,在实务中对非货币财产出资不仅应当约定出资资产实际交付的期限,还应当约定产权过户的期限,并及时要求出资人履行产权过户义务。

56. 关于债权出资及相关问题

2023年修订前,《公司法》(2018年修正)第二十七条规定,股东可以用货币出资,也可以用实物、知识产权、土地使用权等可以用货币估价并可以依法转让的非货币财产作价出资;但是,法律、行政法规规定不得作为出资的财产除外。《公司法》第四十八条规定,股东可以用货币出资,也可以用实物、知识产权、土地使用权、股权、债权等可以用货币估价并可以依法转让的非货币财产作价出资;但是,法律、行政法规规定不得作为出资的财产除外。本次修订公司法明确了债权可以作为股东出资的标的。

《民法典》第五百四十五条规定,债权人可以将债权的全部或者部分转让给第三人。据此,债权符合《公司法》(2018年修正)第二十七条的规定,可以作为出资的标的;但在实务中债权出资一直是个法律盲点,2023年《公司法》修订后,债权可以名正言顺地作为投资的标的了。下面我们讨论债权出资法律关系的本质、债权出资的法律程序、债权出资与债权转股权的区别。

(1)关于债权出资法律关系的本质。债权出资就是出资股东将自己享有的对第三人的债权转让给公司,用其转让所得的价款向公司履行出资义务。第一,债权出资实际上是将债的请求权作价出资,对于公司而言,并没有得到货币,只是得到一定金额的货币的请求权;第二,债的标的额和债的转让价格并非一回事,500万元的债权,根据债务人的偿债能力、债的期限、有没有担保、有没有利息、实现债权的难易和费用等,可以作价400万元、500万元或者600万元;第三,假如500万元的债权出资作价为450万元,那么,股东的出资额就是450万元,公司获得对债务人的债权请求额却是500万元,公司实际受偿额大于450万元的为公司债权清收收益,小于450万元的为公司债权清收损失;第四,债权作价出资之后,债权债务关系依然存在,公司代替出资股东加入债的关系,成为债权人,投资者退出债的关系,成为公司的股东,债务人没有变化。

(2)关于债权出资需要履行的法律程序。债权出资需要履行公司法和民法两个方面的程序。公司法方面的程序包括:第一,债权出资为非货币出资,需要经过公司其他股东同意;第二,作为非货币出资需要通过评估作价程序。民法方面的程序包括:第一,确认出资债权是可以转让的债权;第二,通知债务人;第三,从权利一并转让;第四,债务人对原债权人的抗辩权可以向新债权人主张。

(3)关于债权出资和债权转股权的区别。第一,债权出资完成后债权债务关系仍然存在,只是债权人发生了变更,而债权转股权出资完成后,债权债务关系消灭,股权投资关系生成,出资人由债权人转化为股东;第二,债权出资的债权是投资人对第三人的债权,而债权转股权的债权只能是投资人对公司的债权;第三,债权出资是非货币出资,而债权转股权则应当认定为货币出资。

57. 关于债权转股权及其意义

债权转股权的债权是出资人对公司的债权,不同于债权出资的债权是出资人对第三人的债权,因此,债权转股权只会发生在债权人(投资者)与债务人(公司)之间。在绝大多数情况下,债权转股权是一种增资出资方式,而不能是一种设立出资方式,因为债权转股权以债务人已经存在为前提。债权转股权法律关系和税务关系的实质是债权人获得了债务人的清偿,并以清偿所得作为对公司(债务人)的出资。因此,债权转股权的交易结果并不是债权人的变更,而是债权关系的消灭,投资关系的生成,投资人从公司的债权人转变为公司的股东。关于债权转股权的出资方式,原国家工商行政管理总局在《公司债权转股权登记管理办法》中曾规定为非货币出资,后来被废止了。笔者个人更倾向于是货币出资。

面对一个经营业绩很差甚至无力偿债的公司,债权人是继续持有债权好,还是通过债权转股权持有股权好呢?回答这个问题只能具体问题具体分析:如果债权人不能通过债权转股权使债务人起死回生,则以保留债权为好,因为在债务人清算或者破产的情况下,债权人先于股东得到清偿;如果债权人通过债权转股权,在自己成为债务人的股东甚至控股股东的情况下,通过自己的管理以及再投入,能够使债务人的经营业绩回升,并且能够保证尽力偿还对自己的剩余债务的情况下,则以实行债权转股权为好。这里能够看到债权转股权的直接意义在于能够使债权人以股东身份控制债务人,从而改变债务人的经营状况并消除债权风险。据此,债权转股权应当以能够使债权人控制债务人为要。如果债权转股权后债权人仍不能控制债务人,对债权人来说债权转股权的意义就不大。另外,将多少债权转为股权,仍然保留多少债权,也应当以实现对债务人的控制为限。对于债权人来说,债权转股权的意义在于能够使自己以股东的身份控制债务人,从而使债务人起死回生,使自己的债权得到清偿。

58. 关于股权出资及相关问题

虽然本次修订前的《公司法》第二十七条规定的出资方式中没有提及股权出资,但是股权一直作为非货币出资的重要标的。最高人民法院在《公司法解释(三)》第十一条中明确规定:"出资人以其他公司股权出资,符合下列条件的,人民法院应当认定出资人已履行出资义务:(一)出资的股权由出资人合法持有并依法可以转让;(二)出资的股权无权利瑕疵或者权利负担;(三)出资人已履行关于股权转让的法定手续;(四)出资的股权已依法进行了价值评估。股权出资不符合前款第(一)、(二)、(三)项的规定,公司、其他股东或者公司债权人请求认定出资人未履行出资义务的,人民法院应当责令该出资人在指定的合理期间内采取补正措施,以符合上述条件;逾期未补正的,人民法院应当认定其未依法全面履行出资义务。股权出资不符合本条第一款第(四)项的规定,公司、其他股东或者公司债权人请求认定出资人未履行出资义务的,人民法院应当按照本规定第九条的规定处理。"也就是人民法院应当委托具有资质的评估机构对股权进行评估,并根据评估结果认定出资人是否全面履行了出资义务。股权出资是一种最复杂的出资方式,下面我们讨论股权出资的工作流程和工作范围。

（1）在公司拟接受股权出资后，应当对拟出资股权及指向的公司进行尽职调查，了解出资股权指向公司的资产、负债、股东权益及经营情况，识别出资股权是否履行了全部出资义务，是否有抽逃出资及出资违约和损害公司利益的情形，出资股权是否设立了他项权利或者存在转让的障碍，出资股权的各种权利是否受到限制，判断接受股权出资可能给公司带来的风险，以资确定是否接受股权出资；

（2）对拟出资股权进行评估作价，并在评估的基础上议定出资的价格，出资价格可以等于评估值或者低于评估值，但不能高于评估值；

（3）出资股东在出资股权指向公司内部根据公司章程的规定履行股权转让的相关手续，包括通知其他股东股权出资的作价额，征求其他股东是否行使股东优先购买权，取得其他股东放弃优先购买权的书面声明或者推定意思；

（4）由出资股东与公司签订股权作价出资的协议，其内容包括出资股权、出资股权指向的公司、出资股权作价额、出资股权过户责任及期限、公司对出资股权指向公司享有的各项权利等；

（5）修改出资股权指向公司的章程，变更出资股权指向公司的股东，调整其组织机构和人员，向新股东发放股权证书，对出资股权进行工商变更登记，将融资公司登记为出资股权指向公司的股东。

股权出资交易过程示意图，见图1。

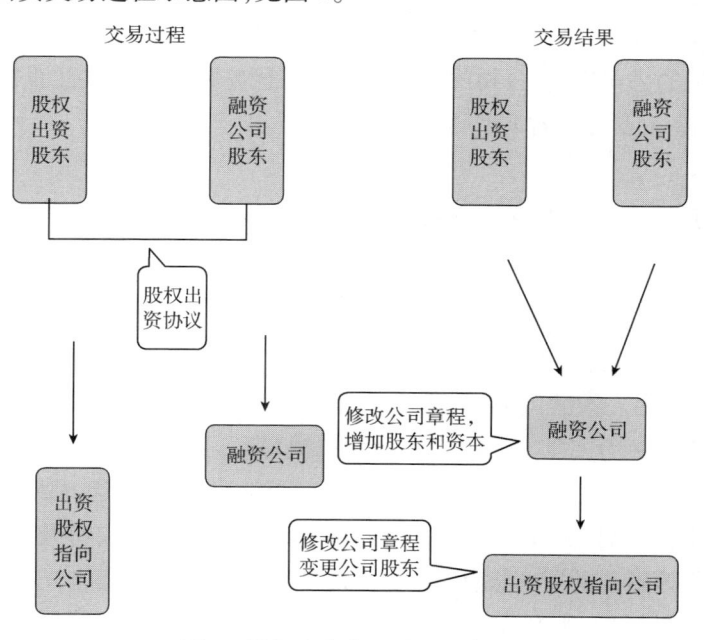

图1　股权出资交易过程示意图

股权出资虽然法律关系复杂,工作内容多,操作困难,但是经济意义大,是资源重组的好形式,且国家有相关的税收优惠政策。

59. 关于出资股权的优先购买权问题

有限责任公司的股东用其持有的其他公司股权向公司出资,其他公司的其他股东是否有同等条件下的优先购买权问题,没有明确的法律规定;不过,最高人民法院在《公司法解释(三)》第十一条中明确规定:"出资人以其他公司股权出资,符合下列条件的,人民法院应当认定出资人已履行出资义务:……(三)出资人已履行关于股权转让的法定手续……"一般认为,关于股权转让的法定手续应当主要包括其他股东对出资股权的同等条件下的优先购买权,笔者也同意这种观点。

股东对外转让股权其他股东优先购买权制度设计的目的就是维护有限责任公司股东的人合性,股东用其持有的股权对外出资,其结果必须是出资股权退出公司,新股东加入公司,打破公司股东的人合性。因此,股东优先购买权应当及于股权出资。股权出资有价格,且价格应当公允,故可以贯彻股东优先购买权的制度。笔者认为,股东在用其他公司的股权向公司出资时,应当按照公司法的规定或者公司章程的规定对公司的其他股东履行通知程序,尊重其他股东的优先购买权。如果在公司章程中规定股东以股权对外出资,或者股东以股权对其控制的公司出资,公司的其他股东没有优先购买权可以防止出现前述尴尬的局面,这一点对集团类型的公司更为重要。

60. 关于无处分权财产出资的处理

如果出资人用不享有处分权的资产,比如租赁他人的财产向公司履行了出资义务,该出资行为是否有效,应当如何处理?根据最高人民法院《公司法解释(三)》第七条第一款的规定,出资人以不享有处分权的财产出资,当事人之间对于出资行为的效力产生争议的,参照《物权法》第一百零六条(现为《民法典》第三百一十一条)的规定处理。《民法典》第三百一十一条规定,无处分权人将财产转让给受让人的,所有权人有权追回;除法律另有规定外,符合下述情形的,受让人取得该财产的所有权:(一)受让人受让该财产是善意的;(二)以合理的价格转让;(三)转让财产需要登记的已经登记,不需要登记的已经交付。所有权归买受人的,原所有权人有权向无处分权人请求损害赔偿。

据上,出资人用无处分权的财产向公司出资,如果公司不知情,作价合理,无证照的已经交付给公司或者附证照的已经办理了产权过户,即使有人对出资人出资行为的有效性提出质疑,法院也应当维持投资行为的有效性,维护公司及其股东的合法权益,原所有权人不能追回出资的财产;至于原所有人的损失可以向出资人请求赔偿。

61. 关于有他项权利财产出资的处理

设有他项权利是指资产上附有抵押权、质押权或者其他他项物权。他项物权的存在限制了所有权人对财产的处分权,原则上说这样的财产在解除他项物权前不能用于向公司出资。根据最高人民法院《公司法解释(三)》第八条的规定,公司、其他股东或者公司的债权人主张用设有权利负担的财产出资的股东未履行出资义务的,人民法院应当责令出资人在合理期限内解除出资资产的权利负担,逾期未解除的,认定出资人未依法全面履行出资义务。

据上,如果出资人已经将有权利负担的资产交付给了公司,公司、公司的其他股东或者公司的债权人向法院起诉主张出资人没有履行出资义务的,法院应当给出资人合理的期限责令其解除出资资产的权利负担,不能解除或者给公司造成损失的应当由出资人承担赔偿责任。权利人提起诉讼的可以申请执行被告因出资行为获得的股权,尽量不要损及公司财产的完整性。

62. 关于空股的分类及出资前提

这里说的空股是指股东已经认缴出资但尚未实际履行出资义务的股权。在公司资本完全认缴制的今天,"股权"一词既包括已经实际履行出资义务的股权,我们称为实股;也包括没有实际履行出资义务的股权,我们称为空股。我们前文讨论的股权出资说的是实股出资,现在我们讨论空股出资问题。

讨论空股出资问题,必须首先讨论清楚空股的分类问题,以便确定哪类空股可以用来出资,哪类空股不能用来出资。根据《公司法》第四十七条关于有限责任公司的注册资本为在公司登记机关登记的全体股东认缴的出资额。全体股东认缴的出资额由股东按照公司章程的规定自公司成立之日起 5 年内缴足的规定,以及《公司法》第四十九条关于股东应当按期足额缴纳公司章程规定的各自所认缴的出资额的规定,空股可以分为守约空股和违约空股。守约空股是指公司章程规定的缴付出资时间尚未到来的空股;违约空股是指虽然公司章程规定的缴付出资时间已经过去,但股东仍未实际缴付出资的空股。根据《公司法》第四十五条关于设立有限责任公司应当由股东共同制定公司章程,以及《公司法解释(三)》第十六条关于股东未履行或者未全面履行出资义务,公司根据公司章程或者股东会决议对其利润分配请求权、新股优先认购权、剩余财产分配请求权等股东权利作出相应的合理限制,该股东请求认定该限制无效的,人民法院不予支持的规定,空股又可以分为有权空股和限制权利空股。有权空股是指虽然股东尚未实际履行空股项下的出资义务,但持有该空股的股东享有股东的各项权利;限制权利空股是指因股东没有实际履行空股项下的出资义务,股东的权利受到限制的空股。根据《公司法解释(三)》第十六条的规定和《九民会议纪要》的精神,空股股东权利的限制可能源于公司章程,也可能源于股东会决议。据此,空股分为守约空股和违约空股、有权空股和限制权利空股四类。

在上述四类空股中,只有守约空股可以用来向公司履行出资义务;违约空股和限制权利空股不能向公司履行出资义务,因为这两种空股股东的权利、义务不确定,如果接受其向公司履行出资义务,对公司的风险太大。在公司注册资本完全认缴制和股东有限责任两个规则的作用下,从理论上说实股的价值应当大于或者等于零,不会小于零(股东有限责任),空股的价值可能大于零或者等于零,也可能小于零(因股东尚未履行出资义务)。根据《公司法》第四十八条的规定,能够用来出资的财产必须是能够用货币估价并可以依法转让的财产,而估值为零或者小于零的空股不符合这一要求,不能用来向公司出资。能够用来向公司履行出资义务的空股必须符合以下几个条件:第一,空股的估值为正;第二,空股为有权空股;第三,空股指向的公司不存在明显不能清偿债务的情况;第四,空股指向的公司不存在破产清算或者解散清算的情形;第五,空股出资按照法律或者公司章程规定履行了转让股权的程序;第六,约定空股项下的出资义务由公司一方履行。

63. 空股出资怎样作价

能够用来向公司出资的空股必须是估值为正的空股(大于零),那么,如何验证空股的估值是正还是负呢?这里向读者推荐一个验证空股价值的公式,空股价值 = 空股指向公司的估值 − 空股指向公司的实收资本。如果得数为正则空股的估值为正,可以用来向公司出资;如果得数为负则空股的估值为负,不能用来向公司出资。比如,甲公司由 A、B、C 三个股东设立,公司注册资本 1000 万元,实收资本 500 万元,尚存 50% 的空股。现甲公司的三个股东拟以其所持的甲公司 50% 的空股作为出资与 D 和 E 一起设立乙公司,出资后由乙公司向甲公司履行空股项下的出资义务。在评估的基础上 A、B、C、D、E 同意甲公司估值 2000 万元。如此,根据验证公式:空股指向公司的估值 2000 万元 - 空股指向公司的实收资本 500 万元 = 1500 万元,空股的价值为正,可以用来向乙公司出资。再如,甲公司由 A、B 两个股东设立,公司注册资本 1000 万元,实收资本 500 万元,尚存 50% 的空股。现甲公司的两个股东拟以其持的甲公司 50% 的空股作为出资与 D 和 E 一起设立乙公司,出资后由乙公司向甲公司履行空股项下的出资义务。因甲公司处于亏损状态,在评估的基础上 A、B、D、E 同意甲公司估值 200 万元。如此,根据验证公式:空股指向公司的估值 200 万元 - 空股指向公司的实收资本 500 万元 = -300 万元,空股的价值为负不能用来向乙公司出资。因为用估值为负的空股出资,不是把资产交付给公司,而是把负债转嫁给公司,与《公司法》的规定相悖。

  上面的公式只能用来验证空股的价值是正还是负,用来判断空股能否用来向公司出资。要用空股向公司出资,还必须确定空股的价格,空股的价格就是空股出资的作价额,没有空股的价格就没有空股的出资作价额,就无法用来向公司出资。股东用其持有的空股向公司履行出资义务,从法律关系的本质上说,就是股东将空股转让给公司,用转让价格向公司履行出资义务,并由公司向空股指向的公司履行空股项下的出资义务。《公司法》第八十八条第一款规定,股东转让已认缴出资但未届出资期限的股权的,由受让人承担缴纳该出资的义务。那么,应当怎样确定出资空股的出资作价额呢? 这里也向读者推荐一个公式:(空股出资作价额 = 空股指向公司的估值 - 空股指向公司的实收资本) × 出资空股所占的股权比例。比如,在上例中甲公司由 A、B、C 三个股东设立,公司注册资本 1000 万元,实收资本 500 万元,尚存 50% 的空股。现甲公司的三个股东拟以其持的甲公司 50% 的空股作为出资与 D 和 E 一起设立乙公司,出资后由乙公司向甲公司履行空股项下的出资义务。在评估的基础上 A、B、C、D、E 同意甲公司估值 2000 万元。如此,根据确定空股出资作价额的公式:(空股指向公司的估值 2000 万元 - 空股指向公司的实收资本 500 万元) × 出资空股所占的股权比例(50%) = 空股出资作价额为 750 万元。如此,A、B、C 三个股东以占甲公司全部注册资本 50% 的空股出资的作价额为 750 万元。再如,A、B、C 三个股东以占甲公司全部注册资本 30% 的空股出资,确定空股的出资作价额,根据确定空股出资作价额公式:(空股指向公司的估值2000万元－空股指向公司的实收资本500万元)×出资空股所占的股权比例(30%)＝空股出资作价额为450万元。如此,A、B、C三个股东以占甲公司全部注册资本30%的空股出资的作价额为450万元。空股之所以能够用来出资,源于空股指向公司创业的成功,从而使接受空股出资的公司分享了创业利益,获得了空股指向公司的平价出资权。如果创业没有成功,空股就没有价值,就不能用来出资。需要特别提请注意的是,空股的出资作价额是空股本身的价值,不要与空股项下的出资义务混淆。比如在上例中,当乙公司以融资方式获得甲公司30%的股权(空股)时,会计处理为借长期股权投资(甲公司)450万元,当乙公司按照甲公司章程的规定向甲公司履行出资义务时,追加会计处理借长期股权投资甲公司300万元。乙公司获得甲公司30%的股权的成本为750万元。

64. 空股出资的实操业务流程

请参考本书"58.关于股权出资及相关问题"的内容,这里再次提请注意:

(1)不是所有的空股都可以用来出资,能够用来出资的空股必须是守约空股,必须是有价值的空股;

(2)股东用其所持有的其他公司的空股出资后,由公司履行空股项下的出资义务,在确定空股出资作价额时要注意这个问题,并且在有关出资协议中明确;

(3)履行空股项下出资义务的期限和方式应当按照空股指向公司章程的规定确定,当然也可以通过修改该章程进行变更;

(4)必须修改出资空股指向公司的章程将接受空股出资的公司登记为股东;

(5)应当对出资空股指向公司的机构和组成人员进行调整,使公司能够行使股东权利;

(6)用空股出资其他股东也有优先购买权,出资股东应当履行相关程序。

65. 使用权出资的可行性和必要性

使用权出资,是指股东不转让资产的所有权,但将资产的使用权、经营权和收益权转让给公司。能够以使用权出资的资产必须是能够长期反复使用的财产,符合这个要求的资产主要有土地使用权、房屋建筑物和知识产权。

(1)以房地产和知识产权的使用权作价出资,符合《公司法》第四十八条关于出资的非货币财产可以用货币估价并可以依法转让的规定;

(2)土地使用权可以作价出资,房地产和知识产权的使用权不能作价出资,在法理上说不通,房地产租赁和知识产权使用许可都是转让房地产或者知识产权的使用权;

(3)房地产和知识产权使用权出资有其客观需求,特别适合于经营期限较短的项目公司;

(4)公司的经营期限有长有短,许多公司设计的寿命短于知识产权和房地产的寿命,所以知识产权和房地产的使用权出资可以满足公司经营期限的需求;

(5)有的地方市场监督部门专门出台了房地产使用权出资指引;

(6)使用权出资可以更好地达成物尽其用的社会效果,方便资产的流通和资源分配,房地产和知识产权使用权作价出资是一件利国利民的好事。

66. 使用权出资需要注意的问题

(1)使用权出资的资产的寿命一般应当大于公司的经营期限,但是如果在公司经营期间内,使用权到期或者财产的寿命终止,只要约定的使用权出资期限已经届满,不能要求使用权出资的股东再出资,而且该股东的股权比例不变。比如,甲股东以一套房产三年的使用权作价100万元向公司出资,持有公司20%的股权,三年期间届满甲有权收回使用权出资的房产,但甲对公司100万元的出资额没有改变,也没有抽走,他仍然持有公司20%的股权。

(2)公司清算时使用权出资的资产,只要约定的使用期限已经届满,应当无偿归还出资人,不列入公司的清算财产,使用权出资的股东按照持股比例分配公司清算的剩余财产。比如,甲以一套房产10年的使用权作价500万元向公司出资,持有公司30%的股权,公司章程规定公司的经营期限为10年,在公司清算时,甲股东有权无偿收回自己使用权出资的房产,并以持有公司30%股权的股东身份参加公司剩余财产的分配。

(3)使用权出资属于非货币出资,应当通过评估进行公平作价。

(4)财产使用权出资额应当按照约定的累计使用年限的租赁费和许可费之和折现计算。

(5)如果公司在约定的使用权出资年限届满前清算,剩余年限的使用权由出资股东以原价格赎回,赎金为清算财产。

(6)出资方应当与公司签订使用权让与合同和知识产权使用许可合同,出资方相当于出租人或者许可人,公司相当于承租人或者被许可人。

(7)出资方应当向公司开具合格的使用权转让增值税发票,以便公司进行会计处理。

(8)房地产使用权出资投资方和公司应当约定房地产的维修维护责任,知识产权使用权出资应当约定知识产权的续期责任。

(9)知识产权使用权出资的期限不宜过长,双方要约定知识产权的升级迭代问题。

67. 建立使用权出资的法律制度

对此笔者建议:

(1)适用买卖不破租赁的原则保护公司对使用权出资的房地产和知识产权的使用权;

(2)通过《民法典》规定的物权预约登记制度保护公司对房地产和知识产权的使用权;

(3)需要执行出资股东财产时,可以将股东以财产使用权出资取得的股权及在使用权期限届满后的财产作为被执行的对象,即由申请执行人取得出资股东在公司的全部权利,做到既不影响民事案件的执行,也不阻碍资源的流转。

68. 非货币资产出资的实操流程

《公司法》第四十八条规定,股东可以用货币出资,也可以用实物、知识产权、土地使用权、股权、债权等可以用货币估价并可以依法转让的非货币财产作价出资;但是,法律、行政法规规定不得作为出资的财产除外。对作为出资的非货币财产应当评估作价,核实财产,不得高估作价或者低估作价。法律、行政法规对评估作价有规定的,从其规定。《公司法》第四十九条第一款、第二款规定,股东以货币出资的,应当将货币出资足额存入有限责任公司在银行开设的账户;以非货币财产出资的,应当依法办理财产权的转移手续。货币是一般流通物,是普遍可以接受的出资方式,以货币为出资方式的,只要将出资货币足额转入公司的银行账户,股东即完成出资义务。非货币财产作为一种特殊的出资方式,其出资程序也有其特殊性和复杂性。

非货币财产出资,包括债权出资和股权出资在内的普遍程序和工作内容大致如下。

(1)拟以非货币财产出资的股东就拟出资的财产向其他股东或者融资公司股东进行说明,股东之间就股东以非货币财产出资达成初步共识。

(2)设立公司的其他股东或者融资公司对拟出资的非货币财产进行必要的尽职调查,以房地产、知识产权出资的尽职调查更为必要。比如以土地使用权作价出资,要了解拟出资的土地使用权是什么性质的、是工业用地还是房地产开发用地、取得时间和剩余年限、取得价格、是否缴付全部土地出让金、是否办妥土地证和规划许可证、容积率是多少、限高是多少、是否存在违规开发的情况、是否存在被行政处罚的情况、周围环境和交通情况等。

(3)对拟出资的非货币财产进行评估作价,在评估的基础上议定出资价格。

(4)全体股东同意按照议定价格接受非货币出资,非货币出资股东与其他股东或者融资公司签订非货币财产作价出资协议,明确非货币出资财产的名称、规格型号、质量标准、作价金额、交付期限、办理产权转移的期限、费用负担、纳税义务等,并与公司章程中规定的股东出资金额、出资方式、出资期限相衔接。

(5)公司登记成立,取得企业法人营业执照。

(6)按照出资协议的约定向公司移交出资财产,使公司实现对出资财产的占有权、管理权、收益权,双方履行与资产买卖相同的标的交付手续。

(7)凡是需要登记的,进行出资财产权属转移登记,使公司对出资财产享有所有权、处分权和他项物权。

(8)根据《公司法》第五十一条、第五十二条的规定,董事会对股东非货币财产出资进行核查,发现股东用于出资的非货币财产的实际价值显著低于出资作价额的,应当向该股东发出书面催缴书,限定期限补缴出资。限定期限自公司发出催缴之日起不得少于60日,股东未在期限内补缴出资的,公司向其发出书面失权通知书,自通知书发出之日起,该股东丧失未出资股权。

69. 非货币出资应当注意的问题

第一,非货币财产出资要明确、具体、可行。在实务中,出于关系、亲情和急于注册公司的想法,公司的设立者往往对此重视不够,导致出资的资产既不明确也不具体的事例比较多见。结果公司已经成立数年,但根本说不清哪些是公司的财产,哪些是股东的财产。因此,对出资的非货币资产一定要定性准确,范围清楚,出资完成要件及相关义务明确,最好以章程附件或股东协议的方式作出详尽、明确的约定。

第二,要对公司有用。以货币出资的股东一定要考虑其他股东非货币出资的财产对公司的可用性,只有对公司有用的才同意出资,没有用的最好不同意用来向公司出资,并从有用性和市场价格两方面进行协商作价,否则自己的利益就会受到伤害。

第三,要通过评估作价。评估要委托有资格的评估机关进行,要附出资资产明细表,要保存资产评估报告。

第四,要严格履行资产移交和产权过户手续,使公司对资产完全行使占有、收益、处分权利及各项他项物权。

70. 对不履行出资义务的行政处罚

注册资本是公司得以成立的法定条件之一,也是公司从事生产经营活动和承担责任的物质条件,其来源为全体股东的出资。股东出资责任包括股东出资的数额、期限、方式等内容,股东必须如数、按期以约定的方式履行出资义务。无论是设立出资还是增资出资,股东都应当履行自己的出资义务。股东的出资责任是一种设定责任,即因出资人签订协议或公司章程认缴出资或认购股份而生成的一种责任;股东出资责任是一种对世责任,即股东不履行出资责任将被视为对社会公众和债权人的不尽责,应当招致追究和处罚;股东出资责任是一种有限责任,即责任以股东认缴的出资额为限。股东必须实际缴付出资,否则将承担法律后果。《公司法》第二百五十条规定:"违反本法规定,虚报注册资本、提交虚假材料或者采取其他欺诈手段隐瞒重要事实取得公司登记的,由公司登记机关责令改正,对虚报注册资本的公司,处以虚报注册资本金额百分之五以上百分之十五以下的罚款;对提交虚假材料或者采取其他欺诈手段隐瞒重要事实的公司,处以五万元以上二百万元以下的罚款;情节严重的,吊销营业执照;对直接负责的主管人员和其他直接责任人员处以三万元以上三十万元以下的罚款。"第二百五十二条规定:"公司的发起人、股东虚假出资,未交付或者未按期交付作为出资的货币或者非货币财产的,由公司登记机关责令改正,可以处以五万元以上二十万元以下的罚款;情节严重的,处以虚假出资或者未出资金额百分之五以上百分之十五以下的罚款;对直接负责的主管人员和其他直接责任人员处以一万元以上十万元以下的罚款。"

在公司注册资本认缴制度下,上述行政处罚的主要对象是仍实行注册资本实缴制公司的股东,事实根据是未履行出资义务或者虚假出资;上述行政处罚也适用于对注册资本实行认缴制公司的股东,事实根据是未按照公司章程规定的期限缴付出资。因此,即使实行注册资本认缴制度的公司的股东,也应当注意不履行出资义务的行政责任问题。

71. 非货币出资评估的必要性

《公司法》第四十八条第二款规定,对作为出资的非货币财产应当评估作价,核实财产,不得高估或者低估作价。法律、行政法规对评估作价有规定的,从其规定。对非货币财产出资需要评估作价除《公司法》第四十八条有明确的规定外,证监会在《上市公司重大资产重组管理办法》中也有相关的规定,国资委在有关国有资产管理的文件中也有相关规定。如果公司股东以非货币财产作价向公司履行出资义务,没有按照法律和行政法规的规定对出资资产进行评估作价,未来公司首发上市、被并购或者进行重组都可能成为障碍。根据最高人民法院《公司法解释(三)》第九条的规定,出资人以非货币财产出资,未依法评估作价,公司、其他股东或者公司债权人请求认定出资人未履行出资义务的,人民法院应当委托具有合法资格的评估机构对该财产评估作价。评估确定的价额显著低于公司章程所定价额的,人民法院应当认定出资人未依法全面履行出资义务。所以还是应当坚持对非货币财产出资进行评估作价;如果确实不便评估作价,也可以考虑股东用货币出资,然后公司再买入拟出资的资产,从而绕开非货币财产出资评估作价的法律规定。

另外,在对非货币财产进行评估作价时,对某些特殊财产的评估应当注意有关法规的规定。国家土地管理局于1996年下发的《规范股份有限公司土地估价结果确认工作若干问题》第二条规定,股份有限公司所涉及的地价评估,必须经由省级以上土地管理部门认证的,具有土地估价资格的机构进行。第十一条规定,经土地管理部门确认的土地估价结果,是进行土地资产处置、土地变更登记和土地管理的依据。土地估价结果自评估基准期日起半年内有效。第十二条规定,有限责任公司涉及的土地估价及其他须经土地管理部门确认的土地估价结果,参照本规定进行确认。以土地使用权资产出资的,必须经符合要求的地价评估机构评估方可。对土地使用权的评估需经国土管理部门确认,才为有效评估,才可作为土地出资作价的依据。国家专利局于1996年下发的《关于加强专利资产评估管理工作若干问题的通知》中规定,以知识产权资产作价出资成立有限责任公司或股份有限公司的,应当进行资产评估。知识产权评估应当依法委托经财政部门批准设立的资产评估机构进行。原国土资源部于1999年颁布的《探矿权采矿权评估管理暂行办法》规定,在中华人民共和国领域及管辖的其他海域,对国家出资形成的探矿权、采矿权进行出让、转让、作价出资,必须依法进行评估,并由国务院地质矿产部门或委托省级地质矿产部门对评估结果进行确认。对非国家出资形成的探矿权、采矿权的转让、作价出资的评估可参照执行。

72. 评估价与协商价之间的关系

虽然评估是非货币财产出资的法定程序,但评估不能代替股东对非货币出资的协商作价,即技术手段不能高于当事人意志。因为对非货币出资财产的作价不仅关系到股东与公司债权人之间的利益,也关系到非货币财产出资股东与其他股东之间的利益,是共同投资关系的内容之一,应当由股东各方协商一致。况且股东最了解非货币资产对公司的价值,作价高了相当于非货币出资股东侵占了货币出资股东的利益,作价低了则相当于货币出资股东侵占了非货币出资股东的利益。但如果股东们协商的价格高于评估的价格,就有可能被认定为出资不实,这是因为从公司法的立法精神看评估带有对股东非货币出资作价公众审核的意义。所以,笔者认为,在实务中应当允许股东对出资的非货币财产在不高于评估价格的前提下进行协商作价,并以该协商价格作为股东的出资额,只要协商确定的价格不高于评估的价格即可。对此,应当从评估是公众监督,股东协商作价是当事人权益的角度认识和处理评估与股东协商作价的关系。这样做有利于防止个别股东与评估机构串通以高估作价的方法,侵害其他股东的利益,有利于发挥货币出资股东的监督作用,有利于对公司注册资本的监管。

73. 慎重确定知识产权的出资价格

知识产权出资价格是一个比较复杂的问题,比如商标,在甲地非常知名,知名度高、美誉度好,但是在乙地可能根本没有任何知名度和市场份额,如果以高价格向处在乙地的公司出资,其他股东的利益就会受到损害。某集团公司在并购企业中以自己的知名商标作价出资,但并购后发现被并购的企业根本不具备生产该品牌产品的能力,使公司的商标使用权落空,造成股东之间的矛盾。从实践经验看,大股东以知识产权作价出资,但对公司无利用价值的并不少见。笔者曾见过一个相反的事例,一家外国大公司许可中国境内的一家公司使用其商标,不但不要许可费,反而根据销量向使用者支付市场推广费。这说明再大的品牌也有其地域性,不能盲目地同意其出资,更不能盲目地估价。

74. 附证照资产出资瑕疵的处理

根据《公司法》第四十九条的规定,出资人以有证照的资产向公司出资,应当将证照办到公司的名下。如果出资人既没向公司交付资产,也没有将出资资产的证照办到公司的名下,则为没有履行出资义务;如果出资人将资产交付给公司,但没有办理证照过户,或者仅办理了证照过户但没有将出资资产交付给公司,则为出资瑕疵。关于用有证照资产出资瑕疵的处理,根据最高人民法院《公司法解释(三)》第八条和第十条的规定,如果出资财产已交付给公司,但未办理产权过户手续,其他股东、公司或者公司债权人主张该股东未履行出资义务的;人民法院应当责令该股东在指定的合理期间内办理产权过户手续,逾期未办理完成的,法院应当认定该股东未依法全面履行出资义务;该股东在法院指定的合理期间内办理完成产权过户手续的,法院应当认定该股东已经履行了出资义务,该股东主张自其将资产交付给公司时享受相应的股东权利的,法院应当支持;如果股东将出资资产的证照办到了公司名下,但是未将出资资产交付给公司,其他股东或者公司主张该股东向公司交付出资资产并且在交付前不享有股东权利的,法院应当支持。

据上,出资人没有履行出资资产交付义务的,不应当享受股东权益;股东履行了出资资产交付义务,但没有履行产权过户义务的,为未完全履行出资义务,应当在合理期限内过户;因未完成产权过户给公司造成损失的,应当承担赔偿责任。

75. 通过借贷解决公司资金问题

公司除采取股东权益投资的方法从股东吸纳资金外,还可以采取股东借款的方式从股东吸纳资金。股东借款就是股东借钱给公司,不是股东对公司的权益出资。因此,公司要与股东签订借款合同,与一般借款合同不同的是,由于是股东向公司的借款,需要根据公司章程的规定经股东会决议批准或者在公司章程中直接约定。股东借款与股东出资的区别如下。

(1)股东出资包含在股东对公司责任的额度内,而股东借款不是股东对公司的出资,不包含在股东出资责任的额度内。

(2)股东出资除公司清算以剩余财产方式或公司减资外不得取回,而股东借款可根据合同规定的期限收回。

(3)股东出资的回报是红利,公司有利润才可分配,而股东借款可以约定利息,也可以不约定利息。约定利息的,无论公司是盈利还是亏损都应支付。

(4)股东出资回报的红利需公司先缴企业所得税后再行分配,而股东借款的利息进入公司财务费用,对此公司无须缴纳所得税。

(5)股东对公司的出资不需要公司提供担保,公司也不能为其提供担保,股东对公司的借款可以要求公司为其提供担保,公司也可以为其提供担保。

76. 商誉不能用来出资

我们这里说的商誉是指社会公众对企业的正面评价,能够给公司带来额外的利益,对公司是有价值的。这样说似乎商誉可以用来向公司出资。但是,商誉作为社会公众的评价存在于人们的头脑中,是主观的东西,无法转让,又如何能用来向公司出资呢?商誉的拥有人是如何享受商誉的呢?商誉的拥有人是通过公司的字号和商标这些商誉的载体享受商誉的。在现实经济生活中,公众是靠公司的字号辨认企业的,是靠公司的商标识别公司的商品的。正是因为这样字号和商标才可以用来向公司出资。试想一个字号或商标尚未使用过,根本不存在社会公众的正面评价,对公司又有什么价值呢?又怎么能用来向公司出资呢?再试想即使一个企业的商誉再好,公司不能使用他的字号或商标,公司又如何利用他的商誉呢?所以笔者认为商誉本身不能用来向公司出资,商誉只能作为字号或商标的内涵,以商标或字号这个商誉的载体的名义向公司出资,商标或字号出资实际就是商誉出资。

77. 技能和劳务能否用来出资

已经废止的《公司登记管理条例》第十四条规定,股东不得以劳务、信用、自然人姓名、商誉、特许经营权或者设定担保的财产等作价出资。技能和劳务不能用来向公司出资,因为技能和劳务对公司来说不是现实存在的东西,只是未来的一种可能性,允许用未来可能对公司有用的东西作为对公司的出资,就等于允许公司用未来可能获得的利润登记为公司的注册资本。这不符合公司资本充实原则,也不能保护债权人的利益。另外,技能和劳务存在于人体之内,与人身不可分,允许用技能和劳务向公司出资,难避违法之嫌。技能和劳务只是存在于劳动者体内的一种潜能,既不能作价,也不能转让,只有通过劳动过程,技能和劳务才能转化为现实的东西,才具有价值和价格。

78. 对评估价能否提起虚高作价之诉

　　非货币财产出资必须经评估作价,但是经评估作价的非货币财产也可能有虚高作价问题。《公司法解释(三)》仅规定对非货币财产出资未经评估作价的可以提起诉讼,法院将指定具有评估资格的评估机构对非货币财产进行评估作价。评估确定的价额显著低于公司章程所定价额的,人民法院应当认定出资人未依法全面履行出资义务。而没有规定对已经评估的非货币财产能否提起非货币财产出资虚高作价之诉。

　　笔者认为,应当可以,无论从理论上说,还是从实务中看,都应当可以。这就是说对评估机构的工作结果也应当有监督和矫正的机制。根据《公司法》第五十一条的规定,有限责任公司成立后,董事会应当对股东出资情况进行核查,发现股东未按期足额缴纳出资,或者作为出资的非货币财产的实际价额显著低于认缴的出资额的,应当向该股东发出书面催缴书,催缴出资。第五十条规定,有限责任公司设立时,股东未按照公司章程规定实际缴纳出资,或者实际出资的非货币财产的实际价额显著低于所认缴的出资额的,设立时的其他股东与该股东在出资不足的范围内承担连带责任。这里《公司法》没有把评估作价排除在核查股东非货币财产出资作价之外。第一,对根据没有资质的评估机构的评估结果作价的,股东、公司或者公司债权人可以以出资者未完全履行出资义务为由提起诉讼;第二,对根据违反法律、行政法规对评估的有关规定而作出的评估结果作价的,股东、公司或者公司债权人可以以出资者未完全履行出资义务为由提起诉讼;第三,对根据评估结果作价的非货币财产出资额有怀疑虚高作价的合理证据的,股东、公司或者公司债权人可以以出资者未完全履行出资义务为由提起诉讼。对这类诉讼,法院应当参考《公司法解释(三)》第九条的规定,指定具有评估资格的评估机构对非货币财产进行评估作价。评估确定的价额显著低于公司章程所定价额的,人民法院应当认定出资人未依法全面履行出资义务,判令其补缴出资差额。

79. 特殊资源出资的三种方法

特殊资源是指与某个单位、部门具有特殊关系,可以使公司获得某项业务或者行政许可。与公共关系相类似的许多特殊资源对公司非常重要,甚至是公司赖以存活的前提,但是股东不能用来出资,因为无法进行评估。公共关系等特殊资源对公司有用但股东不能用来出资。公共关系等特殊资源泛指能够给公司带来实际经济利益的特殊关系,包括可以给公司承揽什么工程、可以给公司办理什么批文、可以给公司申请什么指标、可以帮助公司获得某方面的优势等。比如甲自然人可以为公司承揽到某绿化工程,该绿化工程总造价2亿元。甲、乙、丙三人拟成立公司从事绿化工程,根据初步测算需要500多万元的经营资金。甲提出自己用能够为公司承揽到绿化工程的特殊资源出资占公司40%的股权,乙和丙以货币出资合计500多万元占公司60%的股权。各方同意甲的提议,但律师告诉甲他是非货币出资需要评估作价,而评估师却说甲的公共关系不能评估作价,不能用来向公司出资。公共关系、个人信用、特殊技能等对公司有用,但不能作价用来向公司履行出资义务。

现在我们讨论股东怎样用这些不能评估、无法作价的特殊资源实现出资的目的。

(1)通过公司估值的方法实现特殊资源作价出资的目的。通过公司估值的方法实现特殊资源作价出资的目的,就是不将特殊资源作为出资方式,而是将特殊资源作为目标公司的资产,这样就可以绕开法律规定的股东出资评估,可以不用评估由当事人自行估值;且即使对目标公司评估作价,这种特殊资源也可以依法纳入目标公司的估值。比如前面的例子中,可以按照以下模式操作实现甲自然人以特殊关系出资持股的目的。

第一步,甲、乙、丙三人在协商一致的基础上签订协议,主要约定:先由甲注册成立一人公司;甲认缴注册资本10万元,实缴注册资本10万元;待该公司签订绿化工程承包合同后乙和丙向甲的一人公司增资;各方同意甲的一人公司估值350万元;乙和丙各自出资262.5万元各占30%的股权,甲的股权被稀释为40%(根据初步协商各方股权比例及公司对资金的需求);乙和丙合计投入公司的525万元中,根据资本配比规则其中15万元确认为公司的实收资本,510万元确认为公司的资本公积;增资完成后公司注册资本 25 万元,实收资本 25 万元,其中甲认缴 10 万元,实缴 10 万元,占股 40%,乙和丙分别认缴 7.5 万元,各实缴 7.5 万元,各占股 30%,资本公积 510 万元;公司增资完成后通过股东会决议,以公司资本公积金 510 万元转增注册资本,转增后甲获得资本 214 万元,占 40%,乙和丙分别获得资本 160.5 万元,各占 30%;公司增资完成后甲出任执行董事和总经理,乙担任监事,丙负责公司财务;公司按照股东持股比例分配利润。

第二步,在协议签订后,甲按照协议的约定自行设立独资公司,认缴资本 10 万元,在取得营业执照后实缴出资 10 万元。

第三步,甲的一人公司签订绿化工程承包合同,并向乙和丙出示公司营业执照和绿化工程承包合同及其他文件。

第四步,乙和丙按照协议约定以增资方式向甲的一人公司投资,共同修改公司章程,变更工商登记,之后乙和丙分别向公司账户汇入资金 262.5 万元。

第五步,公司通过股东会决议将公司的资本公积金 510 万元转增注册资本,再次修改公司章程,变更工商登记(本次转增资可有可无)。

上述方法就是通过增资的方法,利用公司估值的自由度和业务合同、未来收益在公司估值中的作用,将股东出资中不能评估作价的特殊资源转换为公司估值的资源,从而实现特殊资源作价出资的目的。这种做法是先订立协议,对方法及各方的权利义务作出明确的约定,然后再具体实施。在公司取得资源,享受资源利益后,货币出资的股东再以增资的方式加入公司。其好处在于可以验证特殊资源出资股东的实际能力,看能否给公司带来实际利益,能带来的就如约履行,不能带来的就解除合约,有利于防范货币出资股东的风险。

(2)通过出资价格的方法实现特殊资源出资的目的。在有限责任公司只要经全体股东一致同意,股东同次出资的价格可以不同。股东出资价格就是股东获得公司一定比例股权的出资额,股东出资价格不同就是不同股东获得公司相同比例股权的出资额不同。通过股东出资价格的差异也可以解决股东特殊资源出资的问题。比如在上例中甲、乙、丙三个自然人可以在公司章程中约定,甲出资 10 万元,持有公司 40% 的股权,乙和丙分别出资 262.5 万元,分别持有公司 30% 的股权。资金到位后按照资本配比规则,甲的 10 万元全部确认为实收资本,乙和丙投入的 525 万元中有 15 万元确认为实收资本,其余 510 万元确认为资本公积。

如此,也能实现特殊资源作价出资的目的,而且程序简单,易行。但是,这种方法无法验证特殊资源出资股东的实际能力,即使货币出资股东通过认缴出资方式减控自己的风险,但是仍不如以公司签订实际合同为自己出资的前提更安全,可能扩大货币出资股东的风险。另外,在未来股票首发上市时无法向审计师解释为什么股东出资价格差异如此大。

(3)通过公司利润分配差异化的方法实现特殊资源出资的目的。通过公司利润分配差异化的方法实现特殊资源出资的目的,就是全体股东约定不按照股权比例分配利润,从而使提供特殊资源的股东,虽然出资额较少,持股比例较少,但利润分配权较大,从而实现特殊资源出资作价的目的。《公司法》第二百一十条规定,有限责任公司股东按照实缴的出资比例分取红利;但是,全体股东约定不按照出资比例分取红利的除外。不按照股权比例分配利润,需要全体股东达成合意,不能通过2/3决议修改公司章程的方法安排。但是可以在一定程度上实现特殊资源作价出资的目的。

80.关于股东出资违约责任问题

关于股东出资违约责任问题,《公司法》(2018年修正)第二十八条规定,股东不按照前款规定缴纳出资的,除应当向公司足额缴纳外,还应当向已按期足额缴纳出资的股东承担违约责任。《公司法》(2018年修正)的这一规定没有言明是在公司成立的情况下,还是在公司未成立的情况下,不过从实务来看应当是在公司成立的情况下,因为在注册资本认缴制的情况下,公司未成立时很少有已经按期足额缴纳出资的情况,如此,问题就来了,在公司已经成立的情况下,出资违约的股东是如何向已经按期足额履行出资义务的股东承担违约责任,如果向出资守约的股东承担违约责任,是不是有违公司法律制度?

笔者认为,如果公司没有成立,或者因为股东出资违约导致公司未能成立,按照约定履行出资义务的股东可以要求出资违约股东承担违约责任,依据就是股东协议关于股东履行出资义务的规定,或者公司章程关于股东出资期限的规定,股东违反出资义务就是违反股东之间建立共同投资关系的约定,应当向相对人承担赔偿责任。但如果公司已经成立,股东的出资财产已经交予公司经营管理,股东、公司、债权人之间的关系已经建立起来,在这种情况下再规定违约股东向守约股东承担出资违约责任确有可商榷之处。实际上,公司一旦成立,股东之间的共同投资关系已经被财产委托经营关系竞合,只有违约股东向公司承担违约责任,才能既满足股东之间共同投资关系的要求,又能满足公司以其全部财产对债权人承担责任的要求。所以,笔者认为规定在公司成立之后出资违约股东对出资守约股东承担违约责任实在有所不妥。在公司成立之后,出资违约股东只有向公司承担违约责任,才能既满足股东之间共同投资关系的要求,又能满足公司以其全部财产对其负债承担责任的要求,才能将公司财产独立性贯彻到底。

《公司法》将该条修改为,股东未按期足额缴纳出资的,除应当向公司足额缴纳外,还应当对给公司造成的损失承担赔偿责任。这是一个巨大的进步,不仅出资违约股东的赔偿责任具有可行性,而且与公司企业制度的要求相一致。

81. 关于设立时其他股东的连带责任问题

《公司法》第五十条规定,有限责任公司设立时,股东未按照公司章程规定实际缴纳出资,或者实际出资的非货币财产的实际价额显著低于所认缴的出资额的,设立时的其他股东与该股东在出资不足的范围内承担连带责任。

股东履行设立时的出资义务,属于股东之间建立共同投资关系的一项重要内容,股东与股东之间有互相监督出资的权利,有保证公司章程规定的注册资本准时到位的义务。设立时的股东对股东没有履行的出资义务的股东及没有完全履行的出资义务的股东承担连带责任,不仅有利于督促股东履行出资义务,也体现了公司企业制度债权人利益在先,股东利益在后,保护债权人权利的精神。

这里说的连带责任不是股东对公司负债的连带责任,是股东就股东没有履行的出资义务或者没有完全履行的出资义务承担连带责任,仍然是一种有限责任,以没有履行的出资额或者虚高额为限。根据《公司法》的这一规定,设立公司的股东应当审慎选择共同投资者,审慎商定投资额,积极监督股东履行出资义务。为什么公司法仅规定有限责任公司设立时,股东未按照公司章程规定实际缴纳出资,或者实际出资的非货币财产的实际价额显著低于所认缴的出资额的,设立时的其他股东与该股东在出资不足的范围内承担连带责任,而没有对公司成立后股东的出资作相关规定?这是因为,在公司成立后,股东财产的受托经营者已经到位开始履职,公司融资基本委托董、监、高完成,如果再规定由股东承担连带责任,就有些职与责不匹配了。

82. 关于对股东出资的核查和催缴问题

《公司法》第五十一条规定,有限责任公司成立后,董事会应当对股东的出资情况进行核查,发现股东未按期足额缴纳公司章程规定的出资的,应当由公司向该股东发出书面催缴书,催缴出资。未及时履行前款规定的义务,给公司造成损失的,负有责任的董事应当承担赔偿责任。这是《公司法》新增加的条款,目的是督促股东及时履行出资义务,同时落实董事会这个股东财产的主要受托经营者尽责履行自己接收委托经营财产的责任。

根据《公司法》的这一规定,有限责任公司成立后董事会应当对股东的出资情况进行核查,发现股东未按期足额缴纳出资,或者作为出资的非货币财产的实际价额显著低于认缴的出资额的,应当向该股东发出书面催缴书,催促股东尽快向公司履行出资义务。非货币出资核查制度和股东出资催缴制度是《公司法》设立的新制度,意在督促董事会作为股东财产的主要受托经营者更好地履行自己的职责,保障公司资本准时全额到位。如果公司董事会没有依法履行此项责任,在公司债权人对未履行出资义务的股东提起诉讼要求承担赔偿责任时,就可以将没有履行核查及催缴责任的董事也作为共同被告请求法院判令其承担相应的赔偿责任。注意催缴书应对的只能是没有按照公司章程规定的时间全额履行出资义务的股东,不能应对出资作价虚高的股东,对出资作价虚高只能通过诉讼解决。

83. 关于失权通知书和股东失权

《公司法》第五十二条第一款、第二款规定,股东未按照公司章程规定的出资日期缴纳出资,公司依照前条第一款规定发出书面催缴书催缴出资的,可以载明缴纳出资的宽限期;宽限期自公司发出催缴书之日起,不得少于60日。宽限期届满,股东仍未履行出资义务的,公司经董事会决议可以向该股东发出失权通知,通知应当以书面形式发出。自通知发出之日起,该股东丧失其未缴纳出资的股权。依照前款规定丧失的股权应当依法转让,或者相应减少注册资本并注销该股权;6个月内未转让或者注销的,由公司其他股东按照其出资比例足额缴纳相应出资。

催缴书可以载明出资的宽限期,也可以不载明宽限期,只载明要求其向公司履行出资义务。不过如果公司有意在股东不履行出资义务时使其失权的,则催缴书应当载明宽限期。宽限期自公司发出催缴之日不得少于60日。宽限期届满股东仍未实缴出资的,公司经董事会决议可以向该股东发出书面失权通知,自通知书发出之日起,该股东丧失其未缴纳出资的股权,当然也不再负有出资义务。催缴书可以应对股东履行了部分出资义务,部分出资义务没有履行,在这种情况下,股东将对部分股权失权,但保留部分股权,仍是公司的股东,但股权比例降低。

根据《公司法》本条的规定,依照前款规定丧失的股权应当依法转让,或者相应减少注册资本并注销该股权;6个月内未转让或者注销的,由公司其他股东按照出资比例足额缴纳相应出资。转让或者减资都有严格的法律规定和程序要求,没有失权股东的配合公司如何进行并完成将成为落实公司法此项制度要求的障碍。希望公司登记机关能够尽快出台配套制度,使公司在不需要失权股东的配合下,能够独立完成失权股权的处理。

84. 是选择股东失权还是选择追究其违约责任

《公司法》第四十九条规定股东未按期足额缴纳出资的,除应当向公司足额缴纳外,还应当对给公司造成的损失承担赔偿责任。第五十二条第一款规定,股东未按照公司章程规定的出资日期缴纳出资,公司依照前条第一款规定发出书面催缴书催缴出资的,可以载明缴纳出资的宽限期;宽限期自公司发出催缴书之日起,不得少于60日。宽限期届满,股东仍未履行出资义务的,公司经董事会决议可以向该股东发出失权通知,通知应当以书面形式发出。自通知发出之日起,该股东丧失其未缴纳出资的股权。

笔者认为,《公司法》的上述规定不仅适用于设立时股东的出资,也适用于公司成立之后股东的出资,并且两条是一个选择适用的关系,即面对股东出资违约,其他股东或者公司有权选择适用第五十二条,使出资违约股东丧失未出资的股权,当然也消灭其出资义务;也有权选择第四十九条,保留出资违约股东的股权,当然也保留该股东履行出资义务的责任,给公司造成损失的,还应当承担赔偿的责任。关于股东出资违约问题,《公司法解释(三)》第十六条规定,股东未履行或者未全面履行出资义务,公司根据公司章程或者股东会决议对其利润分配请求权、新股优先认购权、剩余财产分配请求权等股东权利作出相应的合理限制,该股东请求认定该限制无效的,人民法院不予支持。《公司法解释(三)》第十七条第一款规定,有限责任公司的股东未履行出资义务,经公司催告缴纳,其在合理期间内仍未缴纳,公司以股东会决议解除该股东的股东资格,该股东请求确认该解除行为无效的,人民法院不予支持。面对出资违约的股东,其他股东或者公司应当享有选择适用保留其出资义务,限制其股东权利;或者解除其股东资格,消灭其出资义务的权利。

85. 怎样选择对出资违约股东的权利

面对出资违约的股东,其他股东或者公司享有选择适用保留其出资义务,限制其股东权利;或者解除其股东资格,消灭其出资义务的权利。那么,公司和其他股东应当如何选择适用自己的权利呢?

股权投资并非只赚不赔,是风险颇高的行为。股东是赚还是赔,关键看公司的成长性和业绩,公司成长性好、业绩好的,股东就会赚钱,反之,就可能赔钱。其他股东或者公司在选择对出资违约股东适用哪种权利时,笔者建议:(1)如果公司的成长性或者业绩好,就选择解除其股东资格,消灭其出资义务;(2)如果公司的成长性或者业绩不好,就选择保留其出资义务,限制其股东权利。这样做的目的是奖励那些诚实守信的股东,惩治那些偷奸耍滑的股东,体现公平正义的精神。我国公司法及司法解释对股东出资违约的容忍度过高,似乎股东补缴出资的大门一直敞开着,且一旦补缴出资则万事大吉。因此,实务中会出现在公司业绩不好时,个别股东不履行出资义务;公司经过九死一生的磨难要上市了,个别股东要求履行出资义务,享受股东资格的现象。我们的制度应当奖励诚信,惩治失信。

86. 股东对失权的救济权

《公司法》第五十二条第三款规定,股东对失权有异议的,应当自接到失权通知之日起30日内,向人民法院提起诉讼。失权股东对失权有异议的,可以在接到通知之日起30日内向人民法院提起诉讼。此类诉讼向公司所在地的人民法院提起,以公司为被告,以公司决议无效、撤销或者不成立,或者不存在股东失权的法定理由为诉由提起。

从立法技术上说,如果《公司法》在本款之后增加"没有提起诉讼或者诉讼被法院驳回的,失权股东有义务配合公司完成股权转让或者减资事宜"的内容,可能更好。

87. 关于股东出资期限加速问题

《公司法》第五十四条规定,公司不能清偿到期债务的,公司或者已到期债权的债权人有权要求已认缴出资但未届出资期限的股东提前缴纳出资。《公司法解释(二)》第二十二条规定,公司解散时,股东尚未缴纳的出资均应作为清算财产。股东尚未缴纳的出资,包括到期应缴未缴的出资,以及依照《公司法》的规定分期缴纳尚未届满缴纳期限的出资。公司财产不足以清偿债务时,债权人主张未缴出资股东,以及公司设立时的其他股东或者发起人在未缴出资范围内对公司债务承担连带清偿责任的,人民法院应依法予以支持。据此,在两种情况下股东认缴出资的期限加速到来:第一,公司不能清偿到期债务;第二,在公司清算时,公司财产不足以清偿公司的全部债务。在这两种情况下,股东的出资期限加速到来,股东应当提前向公司缴付出资或者在认缴的出资范围内对公司不能清偿的债务承担补充赔偿责任。

股东享有认缴出资的期限利益,在公司章程规定的实缴出资期限未届满之前,不负有实际缴付出资的义务,这是一种常态。但如果出现上述两种情况,股东仍不提前缴付出资,将构成股东利用股东有限责任损害债权人利益,有悖于公司企业制度。在具备股东出资期限加速到来的条件下,公司债权人有权提起股东补充赔偿责任诉讼,以公司和设立公司的股东为共同被告,请求法院判令被告连带清偿公司欠自己的债务。

88. 对出资违约股东的诉讼

《公司法》第四十九条规定,股东应当按期足额缴纳公司章程规定的各自所认缴的出资额。股东以货币出资的,应当将货币出资足额存入有限责任公司在银行开设的账户;以非货币财产出资的,应当依法办理其财产权的转移手续。股东未按期足额缴纳出资的,除应当向公司足额缴纳外,还应当对给公司造成的损失承担赔偿责任。《公司法解释(三)》第十三条第一款规定,股东未履行或者未全面履行出资义务,公司或者其他股东请求其向公司依法全面履行出资义务的,人民法院应予支持。

面对股东出资违约,其他股东或者公司可以提起诉讼,请求法院判令出资违约股东向公司补缴出资并加算银行同期存款利息,给公司造成损失的,还可以请求法院判令被告赔偿公司的损失。根据《公司法解释(三)》第十九条第一款的规定,公司股东未履行或者未全面履行出资义务,公司或者其他股东请求其向公司全面履行出资义务,被告股东以诉讼时效为由进行抗辩的,人民法院不予支持。由此可见,对股东补缴出资的诉讼不受诉讼时效的限制。

89. 债权人对出资违约股东的诉讼

《公司法解释(三)》第十三条第二款、第三款规定,公司债权人请求未履行或者未全面履行出资义务的股东在未出资本息范围内对公司债务不能清偿的部分承担补充赔偿责任的,人民法院应予支持;未履行或者未全面履行出资义务的股东已经承担上述责任,其他债权人提出相同请求的,人民法院不予支持。股东在公司设立时未履行或者未全面履行出资义务,提起诉讼的原告,请求公司的发起人与被告股东承担连带责任的,人民法院应予支持;公司的发起人承担责任后,可以向被告股东追偿。

公司注册资本有对世承诺的意义,股东一旦认缴了出资,就必须按期足额缴付出资,否则就构成了违诺,即使是公司的债权人,在公司不能偿还到期债务的前提下也可以对股东提起诉讼。公司债权人可以以公司和违约股东为共同被告,要求连带偿还债务,只要债权人对公司的债权真实且未过诉讼时效即可。债权人对公司的请求权依据债权数额确定,债权人对股东的请求额依据债权人债权的数额和股东应当补缴出资的本息数额孰低确定。如果债权人的债权数额低于股东应当补缴出资本息的数额,其他债权人也可对该股东提起对公司债务承担补充赔偿责任的诉讼。股东对公司债务承担补充赔偿责任后,视同股东补缴了相应的出资额,其相应的出资义务消灭。如果股东应当补缴的出资义务是设立公司时的,债权人在提起诉讼时可以将设立公司时的其他发起人股东列为共同被告,要求其对股东应当补缴出资的本息承担连带责任。

在本次修订公司法之前,对已经届满出资期限但仍未履行出资义务或者没有完全履行出资义务的股东提起补充赔偿责任之诉时,可以将公司和股东列为共同被告;对尚未届满出资期限的股东提起补充赔偿责任诉讼,根据《最高人民法院关于变更和追加执行当事人的若干规定》的要求,需要在对公司穷尽各种执行措施,没有可供执行的财产之后,才能提起变更被执行人的诉讼,追加股东为被执行人。根据《公司法》第五十四条的规定,公司不能清偿到期债务的,公司或者已到期债权的债权人有权要求已认缴出资但未届出资期限的股东提前缴纳出资,可以冲破关于执行过程中追加变更被执行人的管理办法的羁绊,直接也将公司和股东列为共同被告。

90. 其他股东的补缴出资连带责任

《公司法》第五十条规定,有限责任公司设立时,股东未按照公司章程规定实际缴纳出资,或者实际出资的非货币财产的实际价额显著低于所认缴的出资额的,设立时的其他股东与该股东在出资不足的范围内承担连带责任。这里说的有限责任公司设立时,股东未按照公司章程规定实际缴纳出资,或者实际出资的非货币财产的实际价额显著低于所认缴的出资额的,按照字面理解应当是股东在设立公司时应当实际履行的出资义务,不包括在设立公司时认缴章程规定以后实缴和公司成立后增资的出资义务。设立公司的其他股东承担连带责任,是公司法的保留条款。

笔者认为,公司法关于设立公司时的其他股东连带责任的规定,主要是因为在设立公司时公司的董事、高管尚未就位,主要应当由股东间商定并执行股东的出资责任,规定股东对这时股东的出资义务承担连带责任,既有合理根据,又有激励作用。但是,在公司成立之后,股东已经将公司及财产交予董、监、高,再规定由其他股东承担连带责任,既没有合理根据,也没有正激励作用,反而会有负激励作用。特别是如果给公司造成损失,也要求其他股东承担连带责任更是如此。笔者认为只有设立公司时股东应当实缴的出资未缴,或者作为出资的非货币财产的实际份额显著低于其所认缴的出资额的,由其他股东承担连带责任,理由充分,权、责相配。因公司成立以后的前述事由再规定由其他股东承担责任,理由不充分,权、责不相配,且与董、监、高的责任无法衔接。

91. 股东抽逃出资的认定标准

《公司法》第五十三条规定,公司成立后,股东不得抽逃出资。违反前款规定的,股东应当返还抽逃的出资;给公司造成损失的,负有责任的董事、监事、高级管理人员应当与该股东承担连带赔偿责任。《公司法解释(三)》第十二条对股东抽逃出资的情形作了列举式的规定,内容为:"公司成立后,公司、股东或者公司债权人以相关股东的行为符合下列情形之一且损害公司权益为由,请求认定该股东抽逃出资的,人民法院应予支持:(一)制作虚假财务会计报表虚增利润进行分配;(二)通过虚构债权债务关系将其出资转出;(三)利用关联交易将出资转出;(四)其他未经法定程序将出资抽回的行为。"现在我们结合《公司法解释(三)》的前述规定及有关认定股东抽逃出资的判例,归纳整理认定股东抽逃出资的标准如下。

(1)行为发生在公司成立之后,注销之前。如果公司尚未成立,即使股东撤回自己的出资,也不构成抽逃注册资本;如果公司已经注销,共同投资关系和财产委托经营关系已经消灭,包括未经法定程序解散清算或者破产清算注销的,股东在依法分配的剩余财产之外取得了其依法不应当取得的公司财产,虽然也是违法的,但也不能按照抽逃出资处理。

(2)必须是在实际缴付出资之后。股东抽逃注册资本的逻辑次序应当是:先认缴出资;再实际缴付出资;后抽逃出资。没有认缴就没有实缴,没有实缴就没有抽逃出资。当然,如果股东因对公司负债承担补充赔偿责任视同出资完成后,也有抽逃出资的可能。

(3)必须在公司章程规定的出资期限届满后。股东在公司章程中规定的出资期限届满前将资金汇入公司账户,在出资期限届满前又将资金收回,在出资期限届满前再将资金转入公司账户的,不构成抽逃出资;未能再次将资金转入公司账户的,也不构成抽逃出资,构成出资违约。当然如果因出现股东出资期限加速到来的情形当属例外。

(4)抽逃出资的金额以实际缴付的出资额为上限。股东无论从公司违法取得多少资金,认定其抽逃出资的金额不能大于其已经实际缴付出资的金额。股东违法从公司转走资金的数额大于其实际缴付出资的部分,可以考虑认定为股东挪用或者股东侵占公司资金。是挪用还是侵占,关键看是否有财务记录,公司是否有向股东主张偿还的证据,有的,损害的是公司对资金的使用权,为挪用公司资金;没有的,损害的是公司对财产的所有权,为侵占公司财产。

(5)无论是认定《公司法解释(三)》列举的股东抽逃出资的4种情形中的哪一种,都必须是对股东抽走资金公司财务上没有未来应当收回的记录,在法律上没有未来应当回收的证据,实质上构成对公司利益的损害,否则不构成股东抽逃出资,而构成股东挪用公司资金或者股东向公司拆借资金。这一点从《公司法解释(三)》列举的4种股东抽逃出资的情形中可以看出:①制作虚假财务会计报表虚增利润进行分配。公司分配给股东的利润,公司依法、依会计准则都没有再收回的理由和根据,公司不会在未来收回自己已经分配给股东的利润。②通过虚构债权债务关系将其出资转出。本来公司不欠收款方的债务,但是以偿还债务的名义或者购买货物或者服务的名义将款项转出,公司偿还债务或者购买商品的款项,公司只有付出的义务,没有收回的权利,公司在财务账册上不会有未来应当收回的记录,公司在法律上也不会有未来应当收回的证据。③利用关联交易将出资转出。关联交易的污点在于通过交易价格把公司的利益转出,包括高价购买和低价卖出。交易完成双方权利义务用尽,公司财务账册上不会有未来应当收回转移利益的记录,公司也不会有未来收回转移利益的证据。④其他未经法定程序将出资抽回的行为。这应当主要是指公司减资,公司减少注册资本股东可以从公司取得减资的对价,表现为股东收回对公司的出资,但是公司减资必须依法进行,必须履行严格的法律程序,基本程序包括:第一,股东会决议;第二,通知全部已知债权人;第三,公告期45天;第四,满足债权人偿还负债或者提供担保的要求;第五,减资价格公允。

(5)不严格过问收款主体及与股东的关系。也就是说认定股东抽逃出资,只要能够证明公司在股东的控制或者安排下非因业务关系将资金转出了公司,并且公司没有保留未来收回资金的财务凭证和法律证据,就可以构成股东抽逃出资,而不要求充分证明股东和收款方的关系及股东是如何收回公司转出的资金的。

(7)在原告有合理怀疑股东抽逃出资证据的基础上,适用《公司法解释(三)》第二十条关于当事人之间对是否已履行出资义务发生争议,原告提供对股东履行出资义务产生合理怀疑证据的,被告股东应当就其已履行出资义务承担举证责任的规定,加重被控抽逃出资股东的举证责任,不能举证的,承担不利的法律后果。

92.公司对抽逃出资股东的权利

面对股东抽逃出资,公司或者其他股东可以采取如下行动维护自己的合法权益。

(一)保留抽逃出资股东的资格,保留股东返还抽逃出资本金和利息的责任,限制抽逃出资股东的权利。根据《公司法解释(三)》第十六条的规定,股东抽逃出资,公司根据公司章程或者股东会决议对其利润分配请求权、新股优先认购权、剩余财产分配请求权等股东权利作出相应的合理限制,该股东请求认定该限制无效的,人民法院不予支持。笔者认为也可以限制抽逃出资股东的表决权。限制抽逃出资股东的权利,如果公司章程有相关的规定,可以由公司根据公司章程的规定直接作出,并通知股东;如果公司章程没有相关规定,只能通过股东会决议的方式作出。股东会决议应当通知抽逃出资股东参加会议,但表决是否限制该股东权利时,该股东应当回避。另外,限制权利应当与抽逃出资相应,如果股东仅抽逃了其全部出资的一半,那就只能限制其全部股权中一半股权的权利,另一半股权的权利仍是完整的,当然如果公司章程另有规定,则从其规定。

(2)解除抽逃出资股东的股东资格,消灭其返还抽逃出资的责任。根据《公司法解释(三)》第十七条第一款的规定,有限责任公司的股东抽逃全部出资,经公司催告返还,其在合理期间内仍未返还出资,公司以股东会决议解除该股东的股东资格,该股东请求确认该解除行为无效的,人民法院不予支持。解除股东资格股东返还出资的责任自然也随之消灭。这里需要注意的是:第一,要有一个催告的前置程序;第二,通过股东会决议(《公司法》规定的是董事会决议);第三,解除的股东资格应当与抽逃出资额相应,如果股东出资额为1000万元,仅抽逃了500万元,那就只能解除其一半股权的股东资格,不能解除其全部股权的股东资格;第四,对已经抽逃出资的股权,在解除股东资格后,应当按股东未出资进行处理,对此,《公司法解释(三)》第十七条第二款规定,公司应当及时办理法定减资程序或者由其他股东或者第三人缴纳相应的出资。在办理法定减资程序或者其他股东或者第三人缴纳相应的出资之前,公司债权人依照本规定第十三条或者第十四条请求相关当事人承担相应责任的,人民法院应予支持。

(3)对抽逃出资的股东提起诉讼。面对股东抽逃出资,其他股东或者公司可以提起诉讼,请求法院判令被告返还抽逃的出资并加算银行同期存款利息。公司可以考虑一面限制抽逃出资股东的权利,另一面对抽逃出资的股东提起返还出资的诉讼。公司或者其他股东对股东抽逃出资提起的诉讼,不受诉讼时效的限制。

93. 债权人对抽逃出资股东的诉讼

《公司法解释(三)》第十四条第二款规定,公司债权人请求抽逃出资的股东在抽逃出资本息范围内对公司债务不能清偿的部分承担补充赔偿责任、协助抽逃出资的其他股东、董事、高级管理人员或者实际控制人对此承担连带责任的,人民法院应予支持;抽逃出资的股东已经承担上述责任,其他债权人提出相同请求的,人民法院不予支持。据此,面对股东抽逃出资,公司债权人可以对抽逃出资的股东提起诉讼,要求其在抽逃出资本息的范围内对公司不能偿还的债务承担补充赔偿责任。股东抽逃出资不仅损害其他股东和公司的合法利益,也损害公司债权人的合法利益,构成利用股东有限责任和公司独立性损害公司债权人的利益,公司债权人当然享有提起诉讼维护自身合法权益的权利。债权人提起诉讼可以以公司和抽逃出资的股东为共同被告,要求对公司负债承担连带清偿责任。公司负有全额清偿负债的责任,抽逃出资的股东负有在抽逃出资本息范围内对公司债务的清偿责任,公司负债额小于股东抽逃出资本息额的,公司的其他债权人仍可以对抽逃出资的股东提起诉讼。抽逃出资的股东清偿了公司负债的,按照清偿金额视同股东返还了抽逃的出资。债权人对公司的债权诉讼受诉讼期间的限制,抽逃出资股东返还出资的诉讼不受诉讼时效的限制,如此,只要债权人对公司的债权未超过诉讼时效,债权人对抽逃出资的股东就享有诉权。

94. 股东抽逃出资时董、监、高的责任

在公司成立之后,股东的财产已经全部交由公司的董事、监事、高级管理人经营管理,如果股东抽逃了出资,当然董、监、高推卸不了责任。对此,《公司法》和《公司法解释(三)》规定了两种责任情形。

(1)董、监、高对公司的赔偿责任。《公司法》第五十三条规定,公司成立后,股东不得抽逃出资。违反前款规定的,股东应当返还抽逃的出资;给公司造成损失的,负有责任的董事、监事、高级管理人员应当与该股东承担连带赔偿责任。据此,公司或者其他股东在对抽逃出资的股东提起诉讼时,可以将对股东抽逃出资负有责任的董、监、高作为共同被告,要求其对公司的损失承担连带赔偿责任。

(2)协助抽逃的其他股东、董事、高级管理人员或者实际控制人的连带责任。《公司法解释(三)》第十四条规定,股东抽逃出资,公司或者其他股东请求其向公司返还出资本息、协助抽逃出资的其他股东、董事、高级管理人员或者实际控制人对此承担连带责任的,人民法院应予支持。公司债权人请求抽逃出资的股东在抽逃出资本息范围内对公司债务不能清偿的部分承担补充赔偿责任、协助抽逃出资的其他股东、董事、高级管理人员或者实际控制人对此承担连带责任的,人民法院应予支持。据此,在公司或者其他股东对抽逃出资股东提起诉讼,要求其返还抽逃出资的本息时,可以将协助抽逃出资的其他股东、董事、高级管理人员或者实际控制人作为共同被告,要求其对股东返还抽逃出资本息

承担连带责任;在债权人对抽逃出资的股东提起公司负债补充赔偿责任诉讼时,可以将协助抽逃出资的其他股东、董事、高级管理人员或者实际控制人作为共同被告,要求其对公司负债补充赔偿责任承担连带责任。

提请注意上述两个规定的差异:《公司法》第五十三条将董事、监事、高级管理人员的范围,限定在负有责任的范围之内,将责任限定在对因抽逃给公司造成的损失与抽逃股东承担连带赔偿责任;《公司法解释(三)》第十四条规定的其他股东、董事、高级管理人员或者实际控制人的范围较小,以协助抽逃出资为条件,但责任更大,对返还抽逃出资的本息承担连带责任。

95. 关于公司和股东的人格混同

公司与股东混同,根据《九民会议纪要》的精神,最根本的判断标准是公司是否具有独立意思和独立的财产,最主要的表现是公司的财产与股东的财产是否混同且无法区分。在认定是否构成公司和股东人格混同时,应当综合考虑以下因素。

(1)股东无偿使用公司资金或者财产,不作财务记载的;

(2)股东用公司的资金偿还股东的债务,或者将公司的资金供关联公司无偿使用,不作财务记载的;

(3)公司账簿与股东账簿不分,致使公司财产与股东财产无法区分的;

(4)股东自身收益与公司盈利不加区分,致使双方利益不清的;

(5)公司的财产记载于股东名下,由股东占有、使用的;

(6)人格混同的其他情形。

在出现人格混同的情况下,往往同时出现以下混同:公司业务和股东业务混同;公司员工与股东员工混同,特别是财务人员混同;公司住所与股东住所混同。人民法院在审理案件时,关键要审查是否构成人格混同,而不要求同时具备其他方面的混同,其他方面的混同往往只是人格混同的补强。

96. 抽逃出资与人格混同的异同

股东抽逃出资和公司与股东人格混同有以下共同点。

(1)都涉及公司财产的独立性,都存在股东违法占有公司资产的问题;

(2)都是对公司财产所有权的侵害,表现为公司没有要求股东返还占用资产的财务记录和法律证据；

（3）行为都发生在公司成立之后、解散之前；

（4）都是独资股东或者控股股东借助自己对公司的控制权实施的违法行为；

（5）都构成借用股东有限责任和公司独立法人资格损害公司债权人和其他股东的利益。

股东抽逃出资和公司与股东人格混同有以下不同点。

（1）抽逃出资只能发生在股东实际缴付出资之后，而公司与股东人格混同只要公司存在即有可能发生。

（2）抽逃出资的金额以股东实际缴付出资的金额为限，而股东与公司混同对公司财产和利益的侵占则无理论上限。

（3）抽逃出资关注的只是股东非依法定程序从公司抽走资金的行为，而公司与股东混同，更关注的是公司与股东人格的混同，包括财产混同、财务账册混同、决策混同、意思混同、业务混同、人员混同等诸多方面，是公司与股东不分你我，打成一片的状态。

（4）股东责任不同。股东抽逃出资的法律责任是有限责任，无论是向公司返还抽逃出资的本息，还是在抽逃出资本息范围内对公司不能清偿的负债承担补充赔偿责任，都可以理解为一种填补责任，以抽逃出资的本息为限；而股东与公司混同股东的责任是一种连带责任，一旦被认定为混同，则不问股东从公司获得资金和利益的多少，一概对公司负债承担连带责任，当然公司对股东的负债也应当承担连带责任。

97. 抽逃出资与职务侵占的异同

在公司企业制度中的职务侵占主要是指公司的董事、监事、高级管理人员利用自己在管理职责上的便利侵占公司的财产。股东抽逃出资与公司董、监、高利用职务之便侵占公司财产既有相同之处，又有区别。相同之处归纳如下。

（1）行为主体有相近之处。抽逃出资的只能是公司的股东，而且是已经实际缴付出资的股东，而职务侵占的行为主体可能是在公司担任管理职务的股东，也可能是在公司就职的职业经理人。

（2）侵害对象都是公司财产的所有权。抽逃出资侵害的是公司财产的所有权，职务侵占侵害的也是公司财产的所有权。

(3)侵害的客体都是公司、股东、债权人的合法利益。公司、股东、债权人的合法权益受法律保护,任何人不得侵犯。抽逃出资和职务侵占都损害公司、股东、债权人的合法权益。

股东抽逃出资与职务侵占的区别归纳如下。

(1)在主体方面,抽逃出资的行为主体只能是股东,而职务侵占的主体只能是在公司就职的董、监、高和普通员工,当然也包括在公司担任董、监、高职务的股东;

(2)抽逃出资主要受公司法的调整(实行注册资本实缴制度的公司除外),而职务侵占可能涉及刑事犯罪,受刑法的调整。

98. 抽逃资金超过出资额的部分如何定性

股东抽逃资金超过出资额的部分,不能定性为抽逃出资,包括没有实际出资的股东从公司抽逃资金和已经实际缴付出资的股东抽逃资金超过出资额的部分。对股东从公司非法取得的这部分资金如何定性问题,笔者尚未查到相关的规定,但在实务中的确有这类情形。

两年前笔者遇到一个股东抽逃出资的案件,股东实缴出资 60 万元,却通过各种方法从公司抽走资金 280 万元,且都符合公司财务账册上没有未来收回该等资金的记录,法律上公司没有收回该等资金证据的要求。如何认定股东抽逃的超过其出资额的 220 万元资金的性质,大家的意见不一。刚刚在网上查到了最高人民法院(2021)最高法民申 3568 号判例。裁判要旨:根据二审判决认定的事实,福基公司的注册资本为 3100 万元,其中植玲认缴 2480 万元。植玲于 2009 年 11 月 23 日和 12 月 3 日分别实际出资 380 万元和 2100 万元(共计 2480 万元)至福基公司账户。但是,福基公司又于 2009 年 11 月 26 日和 12 月 4 日分别转款 1000.028 万元和 2100 万元(共计 3100.028 万元)至植玲账户。在植玲不能合理解释其从福基公司取得 3100.028 万元的情况下,二审判决根据《公司法解释(三)》第十二条认定植玲存在抽逃出资的情形,适用法律正确。但是,二审对植玲抽逃出资的数额认定存有瑕疵,应当认定植玲从福基公司抽逃出资 2480 万元。根据《公司法解释(三)》第十四条的规定,植玲应向福基公司返还抽逃的出资 2480 万元及利息。植玲从福基公司取得并占有剩余 620.028 万元资金的行为,并无合法依据,植玲应向福基公司返还其所占有的 620.028 万元及利息。这里最高人民法院的判决只明确股东应当返还抽逃资金中超过出资额部分的本息,但没有给该部分资金定性。

笔者认为,股东从公司抽逃资金超过其实缴出资的部分,包括股东没有向公司实缴出资从公司抽逃资金的全部,如果股东在公司担任职务,利用职务便利所为,应当认定为职务侵占;如果股东在公司不担任职务,只是利用自己对公司控制所为,可以认定为股东侵占公司财产;这两种情况在民事上,都应当负有返还本息的责任。

99. 有限责任公司股东绝对知情权

根据《公司法》第五十七条的规定,股东的知情权可以分为绝对知情权和相对知情权。绝对知情权是指《公司法》第五十七条规定的股东有权查阅、复制公司章程、股东名册、股东会会议记录、董事会会议决议、监事会会议决议和财务会计报告。这是股东的一项基本权利,只要股东要求查阅和复制上述资料公司原则上必须满足。

股东是公司的投资者,是公司财产的委托经营者,公司章程就其内容而言包括股东之间作为共同投资关系的主体之间的权利和义务,作为法律关系的主体,股东当然享有了解有关法律文件的权利,公司应当为股东提供公司章程供其查阅和复制,当然前提是要求者必须具有股东的身份。股东名册适时记载股东的姓名或者名称及持有的股权比例和出资时间,这些都是股东共同投资关系的主体的基本信息,作为共同投资关系主体的一员,股东当然享有了解其他投资主体信息的权利,公司应当提供其查阅、复制。股东是股东会会议的参加者,也是股东会会议记录的签字者,当然有权利查阅、复制股东会会议记录。董事会会议决议、监事会会议决议是受托经营股东财产的董事、监事工作情况的反映,必须集中反映股东的意志和利益,财务会计报告集中反映公司资产、负债、利润等经营情况,股东作为财产的委托经营者当然有权了解这些信息。对股东绝对知情权的内容,只要股东提出查阅、复制的要求,公司没有拒绝的权利和理由。对此《公司法》第二百零九条规定,有限责任公司应当按照公司章程规定的期限将财务会计报告送交各股东;《公司法解释(四)》第九条规定,公司章程、股东之间的协议等实质性剥夺股东依据现《公司法》第三十三条(原《公司法》第五十七条)、第九十七条(原《公司法》第一百一十条)规定查阅或者复制公司文件材料的权利,公司以此为由拒绝股东查阅或者复制的,人民法院不予支持。

100. 有限责任公司股东的相对知情权

《公司法》第五十七条第二款规定,股东可以要求查阅公司会计账簿、会计凭证。股东要求查阅公司会计账簿、会计凭证的,应当向公司提出书面请求,说明目的。公司有合理根据认为股东查阅会计账簿、会计凭证有不正当目的,可能损害公司合法利益的,可以拒绝提供查阅,并应当自股东提出书面请求之日起15日内书面答复股东并说明理由。公司拒绝提供查阅的,股东可以向人民法院提起诉讼。

会计账簿是指记载公司资产存量、营业支出和收入以及核算盈亏的会计账册,会计凭证是会计账簿的根据,没有会计凭证就无法辨别会计账簿正确与否,财务会计报告是会计账簿在某一时点的归纳和总结。会计账簿不同于财务会计报告,后者是结果,表现为数据和说明,前者是过程,表现为凭据和数据的来源。由于会计账簿、会计凭证能够全面、系统、真实、准确地反映公司经营活动的全貌和财务核算的依据,所以股东查阅公司会计账簿、会计凭证具有特殊的意义。但另一个方面,股东作为与公司同时存在的另一个民事主体,查阅公司会计账簿和会计凭证的必要性和目的也可能受到质疑,甚至可能会侵害公司或其他股东的利益。所以公司法并没有将其规定为股东的一项必然的权利,而是作为股东的一项相对权利,即股东在要求查阅前必须提出书面申请,说明查阅的目的,如果公司认为股东要求查阅公司会计账簿、会计凭证的目的不正当,可以拒绝提供查阅。查阅公司会计账簿和会计凭证是股东对公司的相对知情权。

101. 股东对公司全资子公司的知情权

《公司法》第五十七条规定,股东有权查阅、复制公司章程、股东名册、股东会会议记录、董事会会议决议、监事会会议决议和财务会计报告。股东可以要求查阅公司会计账簿、会计凭证。股东要求查阅公司会计账簿、会计凭证的,应当向公司提出书面请求,说明目的。公司有合理根据认为股东查阅会计账簿、会计凭证有不正当目的,可能损害公司合法利益的,可以拒绝提供查阅,并应当自股东提出书面请求之日起15日内书面答复股东并说明理由。公司拒绝提供查阅的,股东可以向人民法院提起诉讼。股东查阅前款规定的材料,可以委托会计师事务所、律师事务所等中介机构进行。股东及其委托的会计师事务所、律师事务所等中介机构查阅、复制有关材料,应当遵守有关保护国家秘密、商业秘密、个人隐私、个人信息等法律、行政法规的规定。股东要求查阅、复制公司全资子公司相关材料的,适用前四款的规定。

根据《公司法》的上述规定,股东不仅对公司享有知情权,对公司的全资子公司也享有知情权,这是本次公司法修改新增加的内容。

102. 股东通过诉讼维护知情权

无论是绝对知情权还是相对知情权,如果遭到公司的拒绝,股东都可以通过诉讼维护自己的知情权,请求法院判令支持自己的知情权。对此,《公司法》第五十七条规定,公司拒绝查阅的,股东可以向人民法院提起诉讼。《公司法解释(四)》第七条规定,股东依据现《公司法》第三十三条[《公司法》(2018年修正)第五十七条]、第九十七条[《公司法》(2018年修正)第一百一十条]或者公司章程的规定,起诉请求查阅或者复制公司特定文件材料的,人民法院应当依法予以受理。公司有证据证明前款规定的原告在起诉时不具有公司股东资格的,人民法院应当驳回起诉,但原告有初步证据证明在持股期间其合法权益受到损害,请求依法查阅或者复制其持股期间的公司特定文件材料的除外。《公司法解释(四)》第十条第一款规定,人民法院审理股东请求查阅或者复制公司特定文件材料的案件,对原告诉讼请求予以支持的,应当在判决中明确查阅或者复制公司特定文件材料的时间、地点和特定文件材料的名录。

据上,股东为自己的知情权提起的诉讼以公司为被告,最好列明要求查阅、复制的文件资料的名称、时间和地点,且要求查阅、复制的资料文件越少越容易得到法院的支持。

103. 股东委托中介行使知情权

《公司法解释(四)》第十条规定,人民法院审理股东请求查阅或者复制公司特定文件材料的案件,对原告诉讼请求予以支持的,应当在判决中明确查阅或者复制公司特定文件材料的时间、地点和特定文件材料的名录。股东依据人民法院生效判决查阅公司文件材料的,在该股东在场的情况下,可以由会计师、律师等依法或者依据执业行为规范负有保密义务的中介机构执业人员辅助进行。《公司法》第五十七条第三款、第四款规定,股东查阅前款规定的材料,可以委托会计师事务所、律师事务所等中介机构进行。股东及其委托的会计师事务所、律师事务所等中介机构查阅、复制有关材料，应当遵守有关保护国家秘密、商业秘密、个人隐私、个人信息等法律、行政法规的规定。

绝对知情权的内容一般情况下股东个人可以查阅，并且可以复制拿走。相对知情权的内容，一般情况下股东个人无论从其知识角度还是从工作量角度，无法完成查阅，故法律允许股东委托中介机构协助股东行使知情权，这是民事主体的一项民事权利。所以在股东行使知情权或者关于知情权的诉讼得到法院支持后，股东可以委托中介机构对公司的会计账簿和会计凭证进行查阅。《公司法》第五十七条第三款只规定股东可以查阅公司的会计账簿和会计凭证，没有规定可以复制，但在第四款中又明确股东知情权包括复制，这可能是考虑股东个人不便保有公司的会计账簿和会计凭证，且全部复制既没有必要，也不现实。但是，股东行使知情权大多数是要提起诉讼，为诉讼收集证据，而这需要复制公司的某些会计凭证作为诉讼的证据，所以股东复制某些会计凭证应当是允许的。另外，股东委托的会计师事务所和律师事务所出具的审计报告或者查阅报告法院也应当作为证据采信。股东行使知情权委托有资格、有经验的律师事务所和会计师事务所非常重要。如果出于诉讼目的行使知情权，更要注意知情权获得的信息要能够达到诉讼证据的标准。

104. 股东行使知情权负有保密义务

《公司法》第五十七条第四款规定，股东及其委托的会计师事务所、律师事务所等中介机构查阅、复制有关材料，应当遵守保护国家秘密、商定秘密、个人隐私、个人信息等法律和行政法规的规定。《公司法解释（四）》第十一条规定，股东行使知情权后泄露公司商业秘密导致公司合法利益受到损害，公司请求该股东赔偿相关损失的，人民法院应当予以支持。辅助股东查阅公司文件材料的会计师、律师等泄露公司商业秘密导致公司合法利益受到损害，公司请求其赔偿相关损失的，人民法院应当予以支持。

股东不得借助股东知情权刺探公司的商业秘密，不得泄露公司的商业秘密，不得在维护股东利益之外使用公司的商业秘密，否则，公司或者其他股东有权要求其赔偿因此给公司造成的损失，并可以就此提起诉讼。股东委托中介机构查阅公司的会计账簿和会计凭证，应当与中介机构签订委托协议和保密协议，明确中介机构对协助行使股东知情权了解的公司商业秘密负有保密义务。如果中介机构违反《公司法》第五十七条第四款的规定或者委托协议的约定，应当对公司承担赔偿责任。

105. 董事、高级管理人员损害股东知情权的责任

《公司法解释(四)》第十二条规定,公司董事、高级管理人员等未依法履行职责,导致公司未依法制作或者保存《公司法》(2018年修正)第三十三条(《公司法》第五十七条)、第九十七条(《公司法》第一百一十条)规定的公司文件材料,给股东造成损失,股东依法请求负有相应责任的公司董事、高级管理人员承担民事赔偿责任的,人民法院应当予以支持。《公司法》第二百零八条规定,公司应当在每一会计年度终了时编制财务会计报告,并依法经会计师事务所审计。财务会计报告应当依照法律、行政法规和国务院财政部门的规定制作。第二百零九条第一款规定,有限责任公司应当按照公司章程规定的期限将财务会计报告送交各股东。

保存公司章程、制作并保存股东名册、股东会会议记录、董事会会议决议、监事会会议决议和财务会计报告、制作并保存公司会计账簿和会计凭证是公司有关董事、高管的工作责任。如果因董事、高管失职没有制作并保存这些资料文件,使股东无法行使知情权,股东可以要求公司赔偿自己的损失,公司可以要求负有责任的董事、高管赔偿自己的损失。当然这种损失的金额比较难以确定,主要依靠法官根据损失的规模和过错程度自行裁量。

106. 股东需要查阅账簿凭证的情形

股东在什么情况下应当要求查阅公司的会计账簿和会计凭证呢?笔者认为,有下列一种或数种情形的,股东应当考虑要求查阅公司会计账簿和会计凭证。

(1)公司未经批准与股东、实际控制人、董事、监事、高级管理人员及其亲属或者其所拥有或控制的企业从事关联交易;

(2)公司在法定会计账簿以外另设会计账簿,或以公司以外名义登记资产或储蓄现金;

(3)有怀疑股东抽逃出资的初步证据或者公司资金与收入不符;

(4)有初步证据证明或有人举报公司董事、监事、高级管理人员有贪污、挪用、侵占公司财产的情况;

（5）公司应收账款严重超出同行业平均水平，或呆账、死账超过同行业平均水平；

（6）公司管理费、制造成本、销售费用显著高于同行业平均水平；

（7）公司提报的财务会计报表出现严重错误或内容出现重大矛盾；

（8）有初步证据怀疑公司会计账目有弄虚作假的可能；

（9）公司累计严重亏损或者突然发生严重亏损；

（10）公司主要领导或财务负责人离职。

公司发生上述情形的，会使部分股东的利益受到侵害，或者会使公司的利益受到损害，股东作为公司的投资者，无论是出于保护自身利益的目的还是出于维护公司利益的目的，都有理由要求查阅公司的会计账簿，也应该查阅公司的会计账簿，以便尽早发现问题，解决问题，防止损失的扩大。只有查阅公司的会计账簿，才能查核证实存在的问题及问题的大小和性质，从而确定责任人和补救的方法，达到发现问题，纠正错误，减少损失的目的。

107. 股东查阅账簿凭证的不当目的

根据《公司法》第五十七条第二款的规定，如果公司有合理根据认为股东要求查阅公司会计账簿和会计凭证是出于不正当的目的，可能损害公司的合法利益，公司可以拒绝提供查阅。那么如何判定股东的目的是否正当呢？简单地说，如果股东要求查阅是为了保护股东自己在公司内的权益，或者是为了维护公司的利益，包括维护公司的资产和权益、规范公司的经营行为、整顿公司的财务纪律等，都是正当的目的；如果股东要求查阅是为了股东在公司以外的利益，就是不正当的目的。股东在公司内的权益是指股东通过公司的经营和发展而从公司获得的利益；股东在公司以外的利益，是指股东无须通过公司的经营和发展而直接或通过其他途径间接获得的利益。如果要求查阅公司会计账簿和会计凭证的股东是一名在公司占股较少的小股东，且是与公司处于相同行业的竞争者，公司就应当格外小心。

《公司法解释（四）》第八条列举了可能构成股东不正当目的的4种情形，该条规定："有限责任公司有证据证明股东存在下列情形之一的，人民法院应当认定股东有公司法第三十三条（《公司法》第五十一条——编者注）第二款规定的'不正当目的'：

（一）股东自营或者为他人经营与公司主营业务有实质性竞争关系业务的，

但公司章程另有规定或者全体股东另有约定的除外；

（二）股东为了向他人通报有关信息查阅公司会计账簿，可能损害公司合法利益的；

（三）股东在向公司提出查阅请求之日前的三年内，曾通过查阅公司会计账簿，向他人通报有关信息损害公司合法利益的；

（四）股东有不正当目的的其他情形。"

股东知情权的不正当性主要存在两种情形：第一，在公司与股东有竞争关系、或公司与股东的实际控制人有竞争关系、或公司与股东所拥有或所控制的其他企业有竞争关系的情况下，该等股东可能通过查阅公司会计账簿和会计凭证的方法了解公司的经营情况、管理方法、业务计划、销售政策、促销方法和其他商业秘密，从而达到知彼的效果，以便达到在竞争中处于优势的目的；第二，股东接受委托窃取公司的商业秘密。只有公司有合理证据证明存在上述两种情形的，公司才可以以股东要求查阅公司会计账簿和会计凭证的目的不正当，可能损害公司的利益为由拒绝股东的要求，否则，公司作为股东财产的托管者不能拒绝股东查阅公司的会计账簿和会计凭证。

108.《公司法》关于一人公司的规定

2023年修订前，《公司法》（2018年修正）设专节对一人公司作出规定，第五十八条规定，一个自然人只能投资设立一个一人有限责任公司。该一人有限责任公司不能投资设立新的一人有限责任公司。第六十一条规定，一人有限责任公司不设股东会。股东作出本法第三十七条第一款所列决定时，应当采用书面形式，并由股东签名后置备于公司。第六十二条规定，一人有限责任公司应当在每一会计年度终了时编制财务会计报告，并经会计师事务所审计。第六十三条规定，一人有限责任公司的股东不能证明公司财产独立于股东自己的财产的，应当对公司债务承担连带责任。其中第五十八条和第六十三条的规定实践意义比较大。

2023年《公司法》修订删除了关于一人有限责任公司的专节，仅在两处提到一人公司：一处是总则第二十三条第三款的规定，只有一个股东的公司，股东不能证明公司财产独立于股东自己的财产的，应当对公司债务承担连带责任；另一处是第六十条，只有一个股东的有限责任公司不设股东会。股东作出前条第一款所列事项的决定时，应当采用书面形式，并由股东签名或者盖章后置备于公司。如此,在 2023 年修订的《公司法》正式实施后,一个股东的有限责任公司与两个以上股东的有限责任公司财产独立性的举证责任,仍保留举证责任倒置的规定,但一个自然人股东的有限责任公司出资再设立新公司将不再受到限制。

109.《公司法》是否默许两合公司

根据《公司法》第二条的规定,在我国境内只能设立有限责任公司和股份有限公司两种类型的公司。不过根据《公司法》第二百一十条第四款的规定,公司弥补亏损和提取公积金后所余税后利润,有限责任公司按照股东实缴的出资比例分配利润,全体股东约定不按照出资比例分配利润的除外;股份有限公司按照股东所持有的股份比例分配利润,公司章程另有规定的除外;根据《公司法》第六十五条的规定,股东会会议由股东按照出资比例行使表决权;但是,公司章程另有规定的除外。这些是否意味着在我国可以在有限责任公司和股份有限公司以外,设立第三种类型的公司,即类似于两合公司的公司。

两合公司是指由一部分负有限责任的股东与一部分负无限责任的股东组成的公司。这种类型的公司在公司企业制度发展史上曾大量存在,只是当今已不多见。在两合公司中,公司由负无限责任的股东管理,负有限责任的股东不参加公司的管理;负有限责任的股东分取固定的股息,负无限责任的股东根据公司经营业绩的好坏分取红利;负有限责任的股东的股息无论公司业绩如何只要有利润就在先分配,负无限责任的股东的红利以公司分配股息后剩余的利润分配,多剩多分,少剩少分,不剩不分。另外,负无限责任的股东在竞业、关联交易和股权转让方面均受到严格的限制。

笔者认为,公司设立者可以根据我国《公司法》的上述规定,仿照两合公司的做法,经全体股东同意,在公司章程中规定一部分股东不参与公司的管理,在公司有利润可分的情况下分取固定的股息;另一部分股东负责公司的管理,从股息分配后的剩余利润中分配红利,同时限制负责管理公司的股东开办与公司有竞争关系的企业和与公司进行关联交易,同时对他们转让股权进行规限。根据《公司法》前述条款的规定,这种公司并不违法,而且比较适合当前我国经济的发展水平,特别是在一些不发达地区和广大农村,非常有利于小型公司将吸收的民间闲散资金转化为资本,同时也方便公司管理,简化公司的决策程序,是一种有利于小公司发展和民间小额投资的形式。

110. 什么是风险投资基金

风险投资基金又叫创业投资基金,是当今世界上广泛流行的一种新型投资机构。它以一定的方式吸收机构和个人的资金,投向那些不具备上市资格的中小企业和新兴企业,尤其是高新技术企业。风险投资基金的经营方针是在高风险中追求高收益。风险投资基金多以权益的方式参与投资,其目的就是帮助所投资的企业尽快成熟,取得上市资格从而使资本增值。一旦目标公司的股票上市,风险投资基金就可以通过转让股权而收回投资并取得高额回报。

风险投资基金多采取有限合伙的形式,而风险投资管理公司则作为普通合伙人管理该基金的投资运作,并获得相应报酬。风险投资虽然是一种股权投资,但投资的目的并不是获得目标企业的所有权,也不是控制目标企业,更不是经营目标企业,而是通过投资和提供增值服务把目标企业做大,然后通过公开发行的股票上市(IPO)、兼并收购或其他方式退出,在产权流动中实现投资回报。风险投资的方式有三种:一是直接投资持有被投资企业的股份;二是为被投资企业提供贷款或贷款担保;三是提供一部分贷款或担保资金的同时投入一部分风险资本购买被投资企业的股权。无论哪种投资方式,风险投资人一般都附带提供增值服务。许多有限责任公司在设立后的融资中会面对风险投资基金。

111. 关于有限责任公司的机构

根据《民法典》第五十八条的规定,设立法人应当有法人名称、组织机构、住所、财产或者经费。根据《公司法》的有关规定,成立公司应当设立的组织机构如下。

(1)股东会。股东会是公司的权力机构,由全体股东组成,根据公司法和公司章程的规定决定公司的重大事项,是股东之间处理共同投资关系和财产委托经营关系的中枢。股东无论持股比例多高,只要不是百分之百就只能通过股东会决议的方式对公司行使权利。一人有限责任公司不设股东会,股东会的职权由股东一人行使,只要公司有两个以上股东就必须成立股东会,通过股东会决定公司的重大事项。国有独资公司不设股东会,由国资委代行股东职责。

(2)董事会。董事会是公司的执行机构,是股东财产的受托经营者,对股东会负责并报告工作,有限责任公司的董事会由三人以上组成。根据《公司法》第七十五条的规定,规模较小或者股东人数较少的有限责任公司,可以不设董事会,设一名董事,行使本法规定的董事会的职权。董事由股东会选举产生,每届任期三年,可以连选连任。董事可以由自然人股东出任,也可以由法人股东的代表出任。

(3)监事会。监事会是公司的监督机构,是受股东会委托监督公司的董事、高管对受托经营股东财产是否尽职尽责的机构,对股东会负责并报告工作。有限责任公司监事会的成员三人以上,并有不少于1/3的职工代表。监事由股东会选举产生,职工监事通过职工大会、职工代表大会或者其他民主形式产生。监事每届任期三年,连选可以连任。监事可以由自然人股东出任,也可以由法人股东的代表出任,但不能由公司董事、高管兼任;根据《公司法》第八十三条的规定,规模较小或者股东人数较少的有限责任公司,可以不设监事会,设一名监事,行使本法规定的监事会的职权;经全体股东一致同意,也可以不设监事。根据《公司法》第六十九条的规定,有限责任公司可以按照公司章程的规定在董事会中设置由董事组成的审计委员会,行使本法规定的监事会的职权,不设监事会或者监事。公司是在董事会中设审计委员会不设监事会或者监事,还是设监事会或者监事而不设审计委员会,抑或既设审计委员会又设监事会或者监事,由公司股东协商决定并载明于公司章程中。

(4)经理和高管。有限责任公司可以设经理,由董事会聘任和解聘,对董事会负责,行使公司章程规定的职权。公司章程应当明确公司高级管理人员的岗位。

(5)法定代表人。法定代表人是代表公司对外表示意思的人。根据《公司法》第十条和第十一条的规定,公司的法定代表人按照公司章程的规定,由代表公司执行公司事务的董事或者经理担任。法定代表人以公司名义从事的民事活动,其法律后果由公司承受。公司章程或者股东会对法定代表人职权的限制,不得对抗善意相对人。

上述机构是设立公司时应当具备的,也是公司章程不可或缺的内容。股东应当根据公司的股权结构及自己的持股比例,从有利于自己的角度提出如何设立公司的机构。

112. 有限责任公司机构产生办法

有限责任公司的董事和监事的产生过程为:(1)由全体股东特别是主要股

东根据公司的规模和股权结构,协商确定是设立董事会,还是设董事,是设立监事会,还是设立 1~2 名监事或者在公司董事会中设审计委员会,并载明在公司章程中。(2)凡是决定设董事会和监事会的,股东应当根据公司的规模和股权结构,协商确定董事会和监事会的人数,法律规定均不能少于三人。一般而言,大股东希望两会的人数较少,以便自己进行控制,而小股东则希望两会的人数较多,自己或者有自己的代表加入,以便对大股东进行牵制。两会的人数确定之后,也要载明于公司章程之中。(3)有限责任公司在两会的人数确定之后,一般会根据各股东的持股比例分配董事、监事的提名权,由各股东按照分配的名额向股东会提名董事和监事。(4)由股东会表决通过公司董事、监事名单。董事长和监事会主席一般根据公司章程由董事会和监事会选举产生,从实务来看,董事长多由第一大股东出任或者由第一大股东提名的董事出任,监事会主席多由第二大股东出任或者第二大股东提名的监事出任。(5)在向公司登记机关申请设立登记时,将公司董事、监事的个人信息和股东会决议一并向公司登记机关进行备案。

法定代表人是公司的登记事项,根据《公司法》的规定可以由董事长担任,不设董事会的有限责任公司可以由董事担任,也可以由经理担任,由哪个职务担任公司的法定代表人,应当载明于公司章程中。高级经理在公司的地位比较尴尬,他们既不是董事,也不是监事,不需要在公司登记机关备案,但他们受公司法、公司章程的管辖,必须对公司尽勤勉尽职义务。因此,最好在公司章程中规定哪些岗位人员为公司的高管,以防止因无法认定公司某些岗位人员的身份,无法确定其权利义务的问题。股东应当根据公司的股权结构及自己的持股比例,从有利于自己的角度提出公司机构的产生办法。

113. 有限责任公司机构的职权

(1)关于股东会的职权。《公司法》第五十九条第一款规定:"股东会行使下列职权:(一)选举和更换董事、监事,决定有关董事、监事的报酬事项;(二)审议批准董事会的报告;(三)审议批准监事会的报告;(四)审议批准公司的利润分配方案和弥补亏损方案;(五)对公司增加或者减少注册资本作出决议;(六)对发行公司债券作出决议;(七)对公司合并、分立、解散、清算或者变更公司形式作出决议;(八)修改公司章程;(九)公司章程规定的其他职权。"一般理解是公司法规定的股东会职权中的前九项不能减少,但可以在前九项职权的基础上再增加股东会的职权,并且载明于公司章程中。也可以这样理解,在公司中凡是股东会愿意管的事它都有权力管,它不愿意管的事可以交由董事会来管。

(2)关于董事会的职权。《公司法》第六十七条第二款规定:"董事会行使下列职权:(一)召集股东会会议,并向股东会报告工作;(二)执行股东会的决议;(三)决定公司的经营计划和投资方案;(四)制订公司的利润分配方案和弥补亏损方案;(五)制订公司增加或者减少注册资本以及发行公司债券的方案;(六)制订公司合并、分立、解散或者变更公司形式的方案;(七)决定公司内部管理机构的设置;(八)决定聘任或者解聘公司经理及其报酬事项,并根据经理的提名决定聘任或者解聘公司副经理、财务负责人及其报酬事项;(九)制定公司的基本管理制度;(十)公司章程规定或者股东会授予的其他职权。"

(3)关于监事会的职权。《公司法》第七十八条规定:"监事会行使下列职权:(一)检查公司财务;(二)对董事、高级管理人员执行职务的行为进行监督,对违反法律、行政法规、公司章程或者股东会决议的董事、高级管理人员提出解任的建议;(三)当董事、高级管理人员的行为损害公司的利益时,要求董事、高级管理人员予以纠正;(四)提议召开临时股东会会议,在董事会不履行本法规定的召集和主持股东会会议职责时召集和主持股东会会议;(五)向股东会会议提出提案;(六)依照本法第一百八十九条的规定,对董事、高级管理人员提起诉讼;(七)公司章程规定的其他职权。"

根据《公司法》第七十九条和第八十条的规定,监事可以列席董事会会议,并对董事会决议事项提出质询或者建议。监事会发现公司经营情况异常,可以进行调查;必要时,可以聘请会计师事务所等协助其工作,费用由公司承担。监事会可以要求董事、高级管理人员提交执行职务的报告。董事、高级管理人员应当如实向监事会提供有关情况和资料,不得妨碍监事会或者监事行使职权。股东将自己的财产委托给董事、高管进行经营,为了保证董事、高管守法经营,对公司也就是对自己尽职尽责,股东委托监事会对董事、高管进行监督。

114. 在董事会中设立审计委员会

《公司法》第六十九条规定,有限责任公司可以按照公司章程的规定在董事会中设置由董事组成的审计委员会,行使本法规定的监事会的职权,不设监事会或者监事。公司董事会成员中的职工代表可以成为审计委员会成员。这是

《公司法》新增加的内容。

根据《公司法》的这一规定,公司股东可以选择设立监事会或者监事,或者既不设立监事会,也不设立监事,而是在董事会中设立由董事组成的审计委员会,履行公司法、公司章程规定的监事会的职权。

监事会是大陆公司法的一项制度,从我国公司法的实践看一直效果不好。在我国的有限责任公司中大股东盖过股东会,股东会取代董事会,董事会强超监事会的现象比较多。这种情况的出现有它积极的一面,决策快、行动快、公司有核心、大股东有积极性,特别是对中小公司更具合理性;但也有消极的一面,容易滋生大股东超强控制、董事损害公司利益、公司治理不健全、公司僵局的局面,对大公司更具破坏性。不设监事会,在董事会中设立由董事组成的审计委员会,这种设计可能有利于改变监事低董事一等,不好履行监督职权的被动局面。在这种制度下,监督的和被监督的都是董事,一间会议室开会,一个桌上讨论问题,只是角度不同、责任不同,可能效果会好一些。总之,笔者认为有限责任公司的审计委员会制度值得一试。

115. 有限责任公司机构的议事规则

公司机构无论是股东会、董事会,还是监事会,都是集合体,都需要通过决议行使职权,股东会更是如此。因此,公司机构的议事规则最为重要,往往也是股东之间讨论最多,最难确定的事项。

(1)股东会的议事规则。根据《公司法》第六十二条至第六十六条的规定,有限责任公司的股东会分为定期会议和临时会议,定期会议应当按照公司章程的规定按时召开。临时会议经代表1/10以上表决权的股东,1/3以上的董事或者监事会提议召开;股东会会议由董事会召集,董事长主持;召开股东会会议应当提前15日通知股东;股东会应当对所议事项的决定作成会议记录,出席会议的股东应当在会议记录上签名;股东会会议由股东按照出资比例行使表决权;但是,公司章程另有规定的除外。按照股权比例行使表决权是股东会会议议事规则的常态和基本规则,但是,如果公司章程另有规定,法律也尊重公司章程的规定;股东会通过一般决议应当经代表过半数表决权的股东通过;作出修改公司章程、增加或者减少注册资本的决议,以及公司合并、分立、解散或者变更公司形式的决议,必须经代表2/3以上表决权的股东通过。

(2)董事会的议事规则。根据《公司法》第七十二条和第七十三条的规定,董事会会议由董事长召集和主持;董事长不能履行职务或者不履行职务的,由副董事长召集和主持;副董事长不能履行职务或者不履行职务的,由过半数的董事共同推举一名董事召集和主持。董事会会议应当有过半数的董事出席方可举行。董事会作出决议,应当经全体董事的过半数通过。董事会决议的表决,应当一人一票。董事会应当对所议事项的决定作成会议记录,出席会议的董事应当在会议记录上签名。董事会的议事方式和表决程序,除本法有规定的外,由公司章程规定。这里特别提请注意两个过半数:一是全体董事过半数出席才能召开董事会会议;二是经全体董事过半数同意才能通过决议,这是《公司法》新增加的内容,对加强公司治理很有意义。

(3)监事会的议事规则。根据《公司法》第八十条和第八十一条的规定,监事会可以要求董事、高级管理人员提交执行职务的报告。董事、高级管理人员应当如实向监事会提供有关情况和资料,不得妨碍监事会或者监事行使职权。监事会每年度至少召开一次会议,监事可以提议召开临时监事会会议。监事会决议应当经全体监事的过半数通过。监事会决议的表决,应当一人一票。监事会应当对所议事项的决定作成会议记录,出席会议的监事应当在会议记录上签名。监事会的议事方式和表决程序,除本法有规定的外,由公司章程规定。

《公司法》关于公司机构议事规则的规定许多并非强制性的,有的是限制性的,有的是建议性的。公司设立者应当根据公司的实际情况,在限制性规定的范围内择定或者采纳建议性规定的内容,从而制定出一份最有利于公司发展的章程。

116. 关于召开股东会临时会议

根据《公司法》第六十二条的规定,股东会会议分为定期会议和临时会议。定期会议应当按照公司章程的规定按时召开。代表1/10以上表决权的股东、1/3以上的董事或者监事会提议召开临时会议的,应当召开临时会议。

有限责任公司股东会分为定期会议和临时会议两种。定期会议由公司章程规定,必须在规定的时间召开;临时会议一般是出现公司章程规定的特殊情况或因股东、董事、监事会的提议而召开。代表1/10以上表决权的股东认为有召开临时股东会必要的,可以向公司董事会书面提出,公司董事会应当召集,董事长应当主持股东会临时会议。提议召开股东会临时会议的股东,可以是一人也可以是数人,合计持有公司的股权必须达到公司注册资本总额的1/10以上。

股东提议召开临时股东会议是为了研究和决定公司的重大事项,通过股东会决议的方式行使其对公司的决策权。提议召开股东会临时会议,是股东享有的一项重要权利。另外,《公司法》删除了监事提议召开股东会临时会议的字样,但是根据《公司法》第八十三条关于规模较小或者股东人数较少的有限责任公司,可以不设监事会,设一名监事,行使本法规定的监事会的职权的规定,不设监事会的有限责任公司的监事仍有提议召开股东会临时会议的权利。

117. 特殊情况下股东召集和主持股东会会议

根据《公司法》第六十三条的规定,股东会会议由董事会召集,董事长主持;董事长不能履行职务或者不履行职务的,由副董事长主持;副董事长不能履行职务或者不履行职务的,由过半数的董事共同推举一名董事主持。董事会不能履行或者不履行召集股东会会议职责的,由监事会召集和主持;监事会不召集和主持的,代表 1/10 以上表决权的股东可以自行召集和主持。

股东会是公司的权力机构,股东会会议是股东参加公司决策的场所,也是股东行使参与公司决策的形式,股东会会议无论是定期会议还是临时会议,如果不能如期召开,势必会妨碍股东行使权利,故此,公司法规定了在特殊情况下股东自行召集和主持股东会会议的权利。这一规定的意义是,给予中小股东在个别大股东凭借对董事长或董事会的控制故意不召开股东会会议从而使公司自行其是情形下的一种救济权。股东自行召集和主持股东会会议的权利,是对股东决策权的救济。另外,虽然《公司法》删除了有限责任公司不设董事会的,股东会会议由执行董事召集和主持的规定,但是根据《公司法》第七十五条关于规模较小或者股东人数较少的有限责任公司,可以不设董事会,设一名董事,行使本法规定的董事会的职权的规定,不设董事会而设董事的有限责任公司,董事享有股东会会议的召集和主持权。

118. 小股东要善用自己的表决权

股东决策权不仅是股东的一项重要权利,而且对公司的经营和发展具有重要的意义。实际上每个股东、每个公司都存在如何正确认知、处理决策权的问题。从实践中看,凡是股东持股比例相对悬殊,大股东拥有绝对控股权的公司,决策往往迅速,公司经营和发展得较快;凡是股东持股比例基本相当的公司,不仅决策难、慢,而且摇摆不定,往往影响公司的经营和发展。所以笔者认为,只要大股东是从公司的整体利益出发作出的决策,小股东就不必过多地纠缠,也不必过多地强调程序。当然,如果大股东安排了关联交易,包括关联拆借和关联担保,小股东也要当仁不让,依法行使自己的权利。大股东的决策当然对大股东有利,但只要不是关联事项,一般都会同时对小股东也有利,小股东应当学会"坐车"收利。

总之,以笔者之愚见,公司法关于保护小股东决策权的有关规定,其立法本意并不是让小股东用来掣肘大股东,小股东应当善用自己的权利。

119. 应当如何分配股东的表决权

在公司资本认缴制度下,我们通常说的注册资本只是股东在公司章程中认缴的出资额之和,并非公司实际收到的资本;我们通常说的股权并非一定是已经履行了出资义务的股权,可能只是股东认缴的出资额。与此相关联,公司的各个股东应当按照他们对公司认缴的出资额分享股东的表决权,还是应当按照他们对公司实际缴付的出资额分享股东的表决权呢?我们首先看看《公司法》对此是怎样规定的。《公司法》第六十五条规定,股东会会议由股东按照出资比例行使表决权;但是,公司章程另有规定的除外。从《公司法》的这一规定来看,《公司法》对股东表决权的分配似乎以认缴出资在先,以实缴出资在后。《九民会议纪要》关于股东表决权能否受限的规定与此如出一辙,其明确股东认缴的出资未届履行期限,对未缴纳部分的出资是否享有以及如何行使表决权等问题,应当根据公司章程确定。公司章程没有规定的,应当按照认缴出资的比例确定。如果股东(大)会作出不按认缴出资比例而按实际出资比例或者其他标准确定表决权的决议,股东请求确认决议无效的,人民法院应当审查该决议是否符合修改公司章程所要求的表决程序,即必须经代表2/3以上表决权的股东通过。符合的,人民法院不予支持;反之,则依法予以支持。

据上,股东会议事规则应当以股东认缴的尚未届满出资期限的出资额为基准是常态,而以股东实缴的出资额为基准应以公司章程有明文规定为前提;但这里有一个前提,那就是公司章程规定的股东认缴出资的期限尚未到来,如果公司章程规定的股东出资期限已经届满,那么股东分享表决权的基准就应当由认缴转为实缴。如果在股东出资期限届满后,仍以股东认缴的出资额作为股东分享表决权的基准,那么法律的目的就出了问题,就不符合公平正义的原则。

如此,在划分股东表决权的基准上有以下三种情形。

第一,在股东履行出资义务的期限未届满前,股东之间按照认缴出资额分享股东表决权;

第二,在股东履行出资义务的期限届满后,股东之间按照实缴出资额分享股东的表决权;

第三,在股东部分出资义务的期限届满,而部分出资义务的期限尚未届满的情况下,届满部分按照实缴出资额分享股东表决权,尚未届满部分按照认缴出资额分享股东表决权。

总之,公司章程必须对股东行使表决权的基准作出明确的规定,按照统一的标准分配股东的表决权。

120. 股东会采会签文件方式通过决议

本次修订前的《公司法》第三十七条第二款、第五十九条第三款都规定了这样的内容,对本条第一款所列事项股东以书面形式一致表示同意的,可以不召开股东会会议,直接作出决定,并由全体股东在决定文件上签名或者盖章。通常认为这就是公司法关于股东会可以采取文件会签方式通过决议的规定,但是对"股东以书面形式表示一致同意"的理解不一,一种理解认为是指如果股东会要以文件会签方式通过决议,必须事先经全体股东以书面形式表示一致同意通过会签方式通过决议;另一种理解认为是指股东会采取文件会签方式通过决议,必须全体股东对决议的内容表示一致同意。笔者认为这两种理解似乎都正确,又都有问题。第一种理解认为,这是《公司法》关于股东会通过决议程序上的规定,如果这种理解正确,那不如直接规定如果公司章程规定股东会可以采取文件会签方式通过股东会决议,股东会可以不召开股东会会议以文件会签方式通过股东会决议。这与《公司法》第六十六条第一款所称股东会的议事方式和表决程序,除本法有规定的外,由公司章程规定的规定相印证。第二种理解认为,这是《公司法》关于股东会采取文件会签方式通过决议必须具备的实质条件,即全体股东表示一致同意,而这又与股东会通过一般决议应当经代表过半数表决权的股东通过,作出修改公司章程、增加或者减少注册资本的决议,以及公司合并、分立、解散或者变更公司形式的决议,必须经代表 2/3 以上表决权的股东通过的规定相悖。不知道读者对《公司法》的这一条款如何解读?

以文件会签方式通过股东会决议就是在董事会的安排下,将提请股东会表决的议案及有关辅助文件一并分别送交每个股东,以每个股东在股东会决议案上签字或者盖章的方式进行表决,如果董事会收到的股东签妥的同意决议案的表决权达到公司章程规定的股东会通过该类决议需要的比例,则产生有效的股东会决议;如果董事会收到的股东签妥的同意决议案的表决权未达到公司章程规定的股东会通过该类决议需要的比例,则不产生有效的股东会决议。这里股东的表决权和通过决议的条件与举行股东会会议并无二致。采取文件会签方式通过股东会决议不仅在有限责任公司中被广泛采用,而且在外商投资公司甚至在上市公司中也被广泛采用,最高人民法院有关判决也支持该种方式生成的股东会决议。

121. 股东会一般决议的范围和表决权比例

（1）关于股东会一般决议的范围。虽然《公司法》第五十九条列举了九项,但是公司章程可以另外添加。比如,将公司出让单项资产会计账面净值达1000万元以上、公司出让知识产权、出让土地使用权、单笔借贷资金达1000万元以上、公司对外提供担保和对外投资等纳入股东会决议的范围。如此,股东应当根据公司的实际情况及各自的股权比例,经协商在公司章程中规定股东会一般决议的范围。

（2）关于股东通过一般决议所需要的表决比例。《公司法》第六十六条第二款规定,股东会作出决议,应当经代表过半数表决权的股东通过。根据《民法典》第一千二百五十九条的规定,民法所称的以上、以下、以内、届满,包括本数;所称的不满、超过、以外不包括本数。

（3）既增加股东会一般决议的范围,又增加股东会通过一般决议需要的表决权比例。比如,股东会通过《公司法》第五十九条规定的股东会前八项职权及出让公司知识产权、出让公司土地使用权、对外提供担保的决议,必须经全部股东表决权的60%以上通过。

总之,关于股东会一般决议的范围和表决权比例,由股东按照上述三种方法协商确定,并载明于公司章程中。

122. 股东会特别决议的范围和表决权比例

2023年修订前,《公司法》（2018年修正）第四十三条和第六十六条均规定,股东会的议事方式和表决程序,除本法有规定的外,由公司章程规定。股东会会议作出修改公司章程、增加或者减少注册资本的决议,以及公司合并、分立、解散或者变更公司形式的决议,必须经代表 2/3 以上表决权的股东通过。这是关于股东会通过特别决议的范围和所需表决权比例的规定。

(1) 关于股东会特别决议的范围。《公司法》第六十六条将有限责任公司股东会特别决议的范围规定为修改公司章程、增加注册资本、减少注册资本、本公司与其他公司合并、将本公司分立、公司解散或者变更公司形式七项。也就是说,有限责任公司的这七项事项必须纳入股东会的决议事项,而且是必须通过特别决议才能决定的事项,即必须经公司全部股东表决权的 2/3 以上通过的决议才有效。但是,并不能根据《公司法》第六十六条的规定,得出只有这七项事项可以纳入股东会特别决议的范围,其他事项不能纳入股东会特别决议范围的结论。笔者认为在有限责任公司,只要股东协商一致,其他事项也可以纳入股东会特别决议的范围,如出让公司的主营业务及资产、出让公司主营业务使用的专利等。也就是说,有限责任公司股东会特别决议的范围,《公司法》规定的七项不能少,但是可以另外增加。

(2) 关于通过特别决议所需的表决权比例。《公司法》第六十六条规定股东会通过特别决议需要的表决权比例为 2/3 以上,这就是说有限责任公司股东会要通过特别决议,所需的股东表决权比例不能低于全部股东表决权的 2/3,低于的违反公司法面临无效的风险;但可以高于全部股东表决权的 2/3,比如 80% 以上,90% 以上,甚至 100%;只要全体股东协商一致并载明于公司章程中,就是合法有效的。

(3) 既增加特别决议的范围,又增加通过特别决议所需的股东表决权比例。比如,在《公司法》第六十六条规定的七项事项之外再增加出让公司主营业务及资产、出让公司主营业务使用的专利两项,使公司股东会特别决议的范围增加为九项;同时增加股东会通过特别决议所需的股东表决权比例,规定股东会通过特别决议须经公司全部股东表决权的 80% 通过。

《公司法》第六十六条是一个限制性条款,有限责任公司股东特别决议的范围不得少于该条规定的七项,但股东可以协商增加;股东会通过特别决议所需的股东表决权比例可以是全部股东表决权的 2/3,可以增加但不能减少。股东在设立有限责任公司时,应当根据公司的规模特别是公司的股权结构,协商确定股东会特别决议的范围,协商确定股东会通过特别决议所需的股东表决权比例,并将其载明于公司章程之中。

123. 关于股东会法定全数决的问题

上文说的是《公司法》规定的股东会通过有关决议要求的股东表决权比例的下限，股东可以在《公司法》规定的下限之上自由协商公司通过有关决议要求的股东表决权比例，并将其载明于公司章程中。那么，《公司法》是否规定了有限责任公司股东会的全数决事项，即规定股东会通过相关决议必须经全体股东表决通过呢？笔者认为有，而且有限责任公司股东会要通过这种决议，也只能由全体股东表决权通过，否则股东之间就失去了共同投资的法律基础。

本次修订前《公司法》第三十四条规定，股东按照实缴的出资比例分取红利；公司新增资本时，股东有权优先按照实缴的出资比例认缴出资。但是，全体股东约定不按照出资比例分取红利或者不按照出资比例优先认缴出资的除外。《公司法》第二百一十条第四款规定，公司弥补亏损和提取公积金后所余税后利润，有限责任公司按照股东实缴的出资比例分配利润，全体股东约定不按照出资比例分配利润的除外。《公司法》第二百二十七条第一款规定，有限责任公司增加注册资本时，股东在同等条件下有权优先按照实缴的出资比例认缴出资。但是，全体股东约定不按照出资比例优先认缴出资的除外。

据上，笔者认为要修改有限责任公司章程关于分配利润和优先增资权这两个条款，或者通过关于这两项内容的股东会决议，应当也必须是经全体股东表决权通过，不能是 2/3 以上，也不能是 80%，必须是 100%，这是《公司法》规定的股东全数决事项。试想，如果甲股东持有公司 70% 的股权，乙股东、丙股东和丁股东各持有公司 10% 的股权，在设立公司时四方商定股东按照实缴出资比例分配公司利润，并在章程中作出明确的规定。公司成立后，大股东通过董事长召开股东会会议，以 70% 表决权同意，30% 表决权反对通过决议，将公司章程中关于利润分配的条款修改为甲股东享有公司利润 90% 的分配权，乙股东、丙股东和丁股东合计享有公司利润 10% 的分配权。显然三个小股东被骗了，共同投资关系失去了基础，但是如果对这种事项不适用《公司法》规定的股东全数决，前述股东会决议就是有效的。

我们在前面谈到有限责任公司股权的分类时，一再强调必须经全体股东一致同意的用意也在于此。《公司法》没有将利润分配和优先增资放在 2/3 以上决的事项中，不是因为这两件事不重要，而是因为这两件事太重要了，只能百分之百决。根据《公司法》的规定，在公司设立时公司章程对这两件事的规定必须经全体股东一致同意（当然在公司设立时公司章程的全部内容必须经全体股东同意⟨;在公司成立后要修改公司章程中关于这两件事的规定,也必须经全体股东一致同意。

124. 关于股东分别决的问题

前文讨论的股东会超过50%股东表决权决和2/3以上股东表决权决,决议的事项都是股东的共益行为,其交易都发生在公司的外部,在交易中公司为一方主体,只不过因交易特别重大由股东会决定而已。比如公司对外投资、对外担保、与其他公司合并或者分立、增加或者减少公司的注册资本、提前解散或者延长经营期限等,这些事项股东的利益是基本一致的,通过多数决形成公司的意思,是唯一正确的方法,也是维系股东共同投资关系的法律基础。但是,还有另一种情形,交易不是发生在公司外部,而是发生在公司内部,表现为股东共同投资关系的分拆或者变更,不再是股东的共益行为,而是股东的自益行为。比如,公司的个别股东单独向公司增资、个别股东从公司减资并退出、一个公司分立为股东不同的两家以上公司等,这些事项不能由股东会多数决,因为相关交易发生在组成股东会的股东之间,股东不再是交易一方的决策者,而是被分化为交易的双方,这时再由全体股东多数决就违反了交易的基本原则,也违反了意思自治和公平交易的原则。

《公司法》虽然没有提及分别决的概念,但已有其意。比如,《公司法》第八十九条规定公司有三种情形之一的,对股东会该项决议投反对票的股东可以请求公司按照合理的价格收购其股权。自股东会会议决议通过之日起60日内,股东与公司不能达成股权收购协议的,股东可以自股东会会议决议通过之日起90日内向人民法院提起诉讼。公司收购个别股东的股权,交易发生在股东和股东之间,《公司法》没有规定收购价格股东会多数决,而是规定协商不成的,通过司法进行救济。再如,《公司法》第十五条第二款、第三款规定,公司为公司股东或者实际控制人提供担保的,必须经股东会决议。前款规定的股东或者受前款规定的实际控制人支配的股东,不得参加前款规定事项的表决。该项表决由出席会议的其他股东所持表决权的过半数通过。公司为股东或者实际控制人提供担保,交易发生在公司内部,实质上是部分股东为另一个股东提供担保,这里公司法也没有规定多数决,而是规定分别决(由非受益股东作为公司一方的决策者)。

关于股东分别决问题,在本书后面讨论个别股东单独向公司增资、个别股东从公司减资、一个公司分立为股东不同的两个以上公司时,我们还将进行详细的阐释。

125. 因转股修改章程无须股东会决

《公司法》第八十七条规定,依照本法转让股权后,公司应当及时注销原股东的出资证明书,向新股东签发出资证明书,并相应修改公司章程和股东名册中有关股东及其出资额的记载。对公司章程的该项修改不需再由股东会表决。

这是《公司法》唯一一处规定修改公司章程可以不用股东会表决的地方。但是根据《公司法》本条的规定,可以不通过股东会表决修改公司章程的内容很有限,仅限于变更股东的名称或者姓名,即将出让股权的股东的名称或者姓名移出公司章程和股东名册,将受让股权的股东的名称或者姓名载入公司章程和股东名册。股东的名称或者姓名是有限责任公司章程的必备内容。

126. 股东控制公司股权比例的节点

在有限责任公司中按照股权比例分配股东的各项权利,特别是股东表决权是常态,因此,股东在设立公司时应当特别注意股权比例的节点,以便有效地对公司进行控制和反控制。

(1)一人公司股东享有完全控制权。根据《公司法》的规定,一人公司不设股东会,股东会的职权由股东一人行使。一人公司没有股东之间的共同投资关系,股东与董、监、高之间的财产委托经营关系也比较弱,股东对公司的控制力最强。一人公司,特别是一个自然人股东的一人公司,没有什么公司治理和股东之间的控制和反控制问题,存在的问题主要是股东尊重公司的独立性问题。

(2)2/3 以上表决权股东享有绝对控制权。根据《公司法》的规定,有限责任公司对增减注册资本、合并分立、改制和修改公司章程等重大事项必须经股东会通过特别决议批准,而股东会要通过特别决议必须按照公司章程的规定最低经 2/3 以上股东表决权同意。如此,绝大多数公司章程均规定 2/3 股东表决权是公司股东会通过特别决议的基础条件,进而 2/3 股东表决权也就成为股东控制公司的制高点。一般而言,如果一个股东连同一致行动人能够控制公司 2/3 以上的表决权,我们就称为对公司享有绝对控制权。

(3)大于 1/2 表决权股东享有相对控制权。股东会的决议分为特别决议和一般决议两类,特别决议必须经 2/3 以上股东表决权通过,一般决议只需大于 1/2 股东表决权通过。从公司决议层次上看,股东会特别决议事项以外的事项为一般决议事项,股东会决议事项以外的为董事会决议事项。如果一个股东连同一致行动人能够掌控公司大于 1/2 的股东表决权,就能够操控公司除特别事项之外日常生产经营的各种事项,也可谓对公司享有相对控制权。

(4)大于 1/3 表决权股东对特别决议的一票否决权。前面说过股东会通过特别决议必须经 2/3 以上股东表决权通过,如此,如果一个股东连同一致行动人持有公司大于 1/3 的股权,不经他同意公司股东会就不能通过特别决议。这类股东自己没有能力保证股东会提案的通过,但绝对有能力阻止别人特别决议提案的通过。正因如此,我们也常称这种掌握公司大于 1/3 表决权的股东享有一票否决权。

(5)1/10 以上表决权的股东享有临时股东会提议权、股东会召集、主持权和解散公司的诉讼权。根据《公司法》的规定,代表 1/10 表决权的股东提议召开临时股东会的应当召开。根据《公司法》的规定,董事会和董事长不履行召集和主持股东会职责的,由监事会负责召集和主持,监事会不履职的,代表 1/10 以上表决权的股东可以自行召集和主持。根据《公司法》的规定,持有公司 10% 以上表决权的股东,可以向人民法院提起解散公司之诉。

(6)股东会提案权和股东代表诉讼权。《公司法》没有规定有限责任公司股东提请股东会审议提案的条件,仅规定股份公司持有 3% 以上表决权的股东有权向股东会请求审议自己的提案。《公司法》没有规定有限责任公司股东提起股东代表诉讼的条件,只要是股东就可以提起股东代表之诉,但对股份公司的股东提起股东代表之诉规定了条件,股份公司连续 180 天单独或者合计持有公司 1% 以上表决权的股东可以提起股东代表诉讼。

上述是股东控制公司股权比例的节点,这些节点对股东控制公司和反控制具有制高点的意义,股东在认缴出资额或者分配出资额时都应当认真考量,当然这些节点也不是一成不变的,也是可以调整的,前提是协商一致并载明于公司章程之中。

127. 股东绕开股比控制公司的方法

上文已经讨论了股权是股东控制公司的砝码,那么,股东是否有超越股权比例控制公司的方法呢?这个问题对公司创始人、控股股东非常有意义。

105

（1）通过 A 股、B 股调整股东表决权。这里说的 A 股、B 股是指股东在其他方面的权利没有区别，但是在表决权上持有 A 股的股东是持有相同比例 B 股股东的数倍。上市公司和非上市公众公司有优先股和普通股之说，科创板有 A 股、B 股之说。笔者认为从法理上说有限责任公司属于私性的不开放的公司，其一言一行不要求整齐划一，受法律规范更少，自由度更大。允许有限责任公司将股权分 A 股、B 股与法与理均不悖。股东之间是共同投资关系，按照股权比例分配股东权利这是通则；但如果股东愿意将公司的部分股权确定为 A 股，将另一部分股权确定为 B 股，持有同一比例 A 股的股东比持有同一比例 B 股的股东享有更多的决策权，既不违反公司企业制度，也不损害公司及公司债权人的利益，是应当允许的。

有限责任公司特别是处于创业阶段的有限责任公司可以通过 A 股、B 股的方法进行融资，创始人持有 A 股，中小投资者持有 B 股。创始人可以通过持有 A 类股权，使之虽然在融资扩股之中持有的股权比例逐渐下降，但对公司的控制力不减。A 股、B 股是公司创始人绕开股权比例控制公司的有效方法之一。

（2）通过股权代持调整股东表决权。在股权代持的情况下，股权代持人被登记为公司的股东，也称为显名股东。公司只认登记股东，股东会会议只允许登记股东参加。如此，股权代持就成了最简单、最便捷的公司创始人超越股权比例控制公司的方法。

在公司成立初期，主要依靠创始人个人的魅力吸引自然人投资，而且投资者大多都是同事、朋友，由创始人个人代持自然人投资者的股权是比较容易被接受的。通过股权代持的方法，创始人既可以帮助公司吸纳资本，又可以由自己代替出资者行使表决权，实现超越股权控制公司的目的。股权代持是公司创始人绕开股权比例控制公司的方法之一。

（3）通过委托投票权调整股东表决权。委托投票权是指投资者将自己对公司股东会某些事项的表决权委托公司的创始人行使。从实务中看，各种基金投资者将自己的投票权委托给他人行使的情况比较多。比如，京东首发的招股说明书披露，京东在上市前有 11 家投资人将投票权委托给了刘强东，使刘强东自己虽然持股不足 20%，却通过老虎基金、高瓴资本、红杉资本等掌握了公司过半数的股东表决权。再如，阿里巴巴上市前马云拥有 8.8% 的股权，管理层共计拥有 14.6% 的股权，通过与软银、雅虎签订委托投票协议，马云实现了对公司的控制。委托投票权也是公司创始人绕开股权比例控制公司的方法之一。

（4）通过一致行动人协议调整股东表决权。一致行动人协议是指非同一控制的同一公司的股东之间，达成就公司股东会的某些决议事项采取一致行动的协议。一致行动人协议不一定有法律约束力，只是大家作为同一公司的股东，在对公司有关议案的表决上彼此支持、互通信息、统一思想、统一行动。但是，如果一致行动人协议是由公司的联合创始人签订的，而且是以股权分配或者股权赠与为前提的，那么一致行动人协议对签约者可能就有法律约束力。

一致行动人协议与委托投票权的最大区别在于，委托投票权是一种股东表决权的让与，表决权由受托者自行行使，而一致行动人协议并非股东表决权的让与，只是关于统一行动的约定。因此，签订一致行动人协议的各方原则上不能单独行动，单独行使表决权，大家需要按照协议的约定在行使权力前进行沟通、协商，先统一思想然后统一行动。除联合创始人之间以分股或者股权赠与为基础的一致行动人协议外，此类协议对各方的约束力有限。

公司的创始人或者控股股东在组成创业团队时，在向团队成员分股时，在向团队成员赠与股权时，应当签订一致行动人协议。做到股权分散了，权力集中了，实现超越股权控制公司的目的。一致行动人协议也是公司创始人绕开股权比例控制公司的方法之一。

（5）通过持股平台调整股东表决权。通过持股平台调整股东表决权就是安排股份比例特小、人员众多的股东作为持股平台的股东，由持股平台作为公司的股东。这种安排最多使用的是员工股权激励或者全员持股计划，因为员工人数众多，都登记为公司的股东可能超过了公司法对股东人数的限制，所以安排员工作为持股平台的股东或者投资者，然后由持股平台作为公司的股东。持股平台可以是公司，也可以是合伙企业，各有优缺点，需要根据具体情况选择。如果能安排创始人作为持股平台的出资人之一，并出任持股平台的法定代表人更好。通过持股平台归集小股东们的投票权，也是公司创始人绕开股权比例控制公司的方法之一。

128. 大股东如何控制公司

公司是一个集合体，通过公司章程股东之间建立起共同投资关系，通过章程股东与公司董事、监事、高管建立起财产委托经营关系，股东之间有利益一致的一面，也有利益矛盾的一面。矛盾的一面包括大股东对公司的控制和小股东的反控制，这是一个与公司生命同存亡的矛盾。

大股东是指在股东中持有公司股权最多的股东。大股东控制公司的目的我们先不论，现在讨论大股东控制公司的方法。大股东控制公司的方法大致有以下几种。

（1）绝对控股。在通常情况下，股东参加股东会是依据其持有的股权比例或者股票数行使表决权的，根据公司法的精神股东会作出一般决议需经全部股东表决权过半数同意，而股东会作出关于修改公司章程、增加或者减少注册资本的决议，以及公司合并、分立、解散或者变更公司形式等特别决议，必须经代表2/3以上表决权的股东通过。因此，大于50%的股权和大于2/3的股权就成为大股东控制公司的两个制高点。大股东可以通过这两个制高点控制公司的股东会，进而控制股东会决议的通过，实现对权力机构决议的一票决定权。

（2）选举董事。董事会是股东会的执行机构，特别是在股份公司中董事会的权力很大。董事一般又是按照股权比例分配名额或者分配提名权的，因此，大股东方面的人士往往在董事会中占多数，能够将自己的意志轻易转化成董事会的决议。比如，公司董事会由5名董事组成，持股比例在50%以上的大股东要求委派三名董事。根据《公司法》的规定，董事会表决董事每人一票，简单多数决，如此，大股东就可以控制公司的执行机构，实现对董事会决议的一票决定权。

（3）出任董事长和法定代表人。董事长是公司的行政首脑，多出任公司的法定代表人。大股东或者大股东方面的人士往往通过担任董事长和法定代表人的机会，控制公司的股东会和董事会会议，从而左右公司的权力机构和行政机构，达到控制公司的目的。

（4）控制公司的关键岗位。大股东往往通过对高管的任命权、提名权或者推荐权，把持公司的经理、财务、人事、销售等要害岗位和部门，从而左右公司的日常经营行为。

（5）把持公司的公章。在中小公司中大股东往往直接掌管公司印鉴和重要证照，不经其同意公司无法对外表示意思，不能进行民事行为和内部行政行为。

这些都是大股东控制公司的方法，也是在公司设立过程中股东之间讨论最多的问题，最容易引发投资者之间矛盾的地方，但是不讨论就不能明晰，就不能明确规定于公司章程中，就会给成立后的公司治理埋下隐患。

129. 小股东如何反制大股东

大股东要控制公司，小股东当然要进行反控制，这是一个对立统一的过程，是公司设立过程和经营过程中的重要内涵之一。小股东反对大股东控制公司的方法大致有以下几种。

(1) 股权卡位。股权卡位就是同意你做大股东,但是大股东(包括关联股东)的股权比例不能达到1/2或者2/3,或者小股东(或者几个小股东合计)的股权比例要大于1/2或者大于1/3。这样就卡住了大股东一票对公司重大事项的决定权,没有小股东的同意,大股东无法通过股东会的一般决议或者特别决议。股权卡位实际上也是小股东在股东会的一票否决权的一种形式,小股东一票否决权可以从两方面进行设计,一是股权卡位,二是特别规定小股东的一票否决权。

(2) 股东会一票否决权。在小股东不能在股权比例上卡位的情况下,小股东往往要求在公司章程中规定对股东会通过某些事项的决议时,自己享有一票否决权,从而对抗大股东的一票决定权。比如,小股东要求在公司章程中规定,股东会通过出让公司土地使用权或者出让公司核心业务的决议时小股东享有一票否决权。

(3) 要求董事会决议的一票否决权。董事会决议主要决定公司的日常经营事项,对这些决议小股东一般不会反对,但是诸如对外提供担保、对外投资、进行关联交易、处分土地使用权和重要的知识产权,小股东可以要求其董事享有一票否决权,从而实现防范大股东利用对公司的控制,损害公司和小股东利益。

(4) 要求优先股。就是小股东作优先股的股东,大股东作普通股的股东。小股东优先分配固定的股息,分配后有剩余利润的再分配给大股东。同时,在公司章程中规定权力机构作出修改公司章程、增加或者减少注册资本、合并、分立、解散或者变更公司形式、进行关联交易或者关联担保决议的,小股东享有一票否决权。如此,小股东虽不再干预公司的日常生产经营,但既能保证自己的收入,又能享受公司的成长性。

(5) 向公司派出监事。根据《公司法》的规定,监事享有检查公司财务;对董事、高级管理人员执行公司职务的行为进行监督,对违反法律、行政法规、公司章程或者股东会决议的董事、高级管理人员提出罢免的建议;当董事、高级管理人员的行为损害公司的利益时,要求董事、高级管理人员予以纠正的权力,可以维护小股东的权益。

(6) 禁止同业竞争,规范关联交易。在公司章程中明确规定,未经小股东同意,大股东不得进行同业竞争,否则一切收入归公司所有。在公司章程中明确规定,公司与大股东或者大股东控制、参股或者有其他利益关系的单位、人士进行交易或者提供担保的,必须报请股东会或者董事会批准,小股东或者小股东委派的董事享有一票否决权。在大股东控制公司的情况下,小股东最怕的是利用同业竞争转移公司的商业机会,利用关联交易转移公司的利润,利用关联担保损害公司利益。

(7)制定公司印章管理制度。规范公司印章的刻制、保管、使用和责任追究,保障公司印章为公司所用。

第四章 | 有限责任公司的股权转让

130. 股权转让权是股东的财产权

股东不得退股,不依法定程序不得从公司取回出资的财产。但是,股东可以采取出让股权的方法,将自己对公司的出资变现,从而取得现款。股权转让权是股东的一项重要财产权。《公司法》第八十四条第一款规定,有限责任公司的股东之间可以相互转让其全部或部分股权。由于有限责任公司尚存人合属性的因素,所以,股东对外转让股权,一般情况下其他股东在同等条件下拥有优先购买的权利。也就是说,在有限责任公司中同一公司的股东向其他股东转让股权不受任何限制。

转让股权是股东享有的一项物权,是绝对的,而其他股东的优先购买权是一种债权,是相对的。

131.《公司法》保留了股东的股权先买权

2023年修订前,《公司法》(2018年修正)第七十一条第二款规定,股东向股东以外的人转让股权,应当经其他股东过半数同意。股东应就其股权转让事项书面通知其他股东征求同意,其他股东自接到书面通知之日起满30日未答复的,视为同意转让。其他股东半数以上不同意转让的,不同意的股东应当购买该转让的股权;不购买的,视为同意转让。这就是我国公司法关于股东先买权的规定。其他股东先买权不同于其他股东同等条件下的优先购买权:第一,后者是有条件的,只能在同意同等条件的前提下才能优先购买;前者是没有前置条件的,要先由其他股东购买,交易条件现谈;第二,后者是在与股东以外的潜在买方谈妥交易条件之后,前者是在股东拟出让股权之后,与股东以外的潜在购买方谈妥交易条件之前。这次修改公司法删除了先买权,不得不说是一大进步。

笔者在实务中深感其他股东先买权的累赘,一再建议在起草公司章程的过程中删除《公司法》第七十一条第二款关于其他股东先买权的规定,直接适用第三款规定的其他股东同等条件下的优先购买权。这样做既能有效地维护股东的财产权,又不会损害其他股东的优先购买权。没想到本次修订公司法仍然保留了其他股东先买权的规定。

132. 其他股东同等条件下的优先购买权

股权优先购买权,是指有限责任公司的股东向本公司股东以外的人转让股权时,本公司的其他股东享有同等条件下优先购买的权利。股权优先购买权也是有限责任公司股东享有的一项财产权。对此,《公司法》第八十四条第二款规定,有限责任公司的股东向股东以外的人转让股权时,应当将转让股权的数量、价格、支付方式和期限等事项书面通知其他股东,其他股东在同等条件下有优先购买权。其他股东自接到通知之日起30日内未答复的,视为放弃优先购买权。两个以上股东主张行使优先购买权的,协商确定各自的购买比例;协商不成的,按照转让时各自的出资比例行使优先购买权。

这就是《公司法》规定的其他股东同等条件下的优先购买权。这里需要提请注意的是:第一,关于拟对外转让条件通知的收方应当是公司的各股东,而不能是公司或者股东会,当然通过其转交的当属例外;第二,通知的内容至少应当包括转让股权的数量、价格、支付方式和期限,如果公司章程有增加的,应当按照公司章程的规定;第三,其他股东主张优先购买权,必须一次性购买出让方拟出让的全部股权,包括由几个股东共同购买。

133. 建议在通知中增加潜在买方的名称

股权优先购买权是有限责任公司普遍适用的一种股东权利,也是有限责任公司股东的优先投资权和排他权的表现。股权优先购买权是有限责任公司所独有的,股份公司无此制度。《公司法》这项制度的立法目的就是考虑有限责任公司的人合属性,为了保护有限责任公司股东之间的人合关系尽量不被破坏。股东向股东以外的人转让股权,意味着有新的股东要加入公司,新股东的人格如何、合作精神如何、信誉如何、履行能力如何、能否与其他股东很好地合作,这些都是原股东所要考虑的问题。但是法律又不能限制股东对自己合法财产的处分,所以就用优先购买权这一制度调解这一冲突。

问题是,既然是为了维护有限责任公司人合属性建立的优先购买权制度,为什么不规定在转让股东给其他股东的通知中载明股权的潜在受让方是谁呢?其一,其他股东在考虑是否行使优先购买权时,除了要考虑转让股权的数量、价格、付款方式和期限外,更重要的是考虑谁是潜在的买方,潜在买方的人格如何、合作精神如何、信誉如何、履行能力如何、能否与其他股东很好地合作。因此,通知其他股东潜在的买方是谁很有必要性。其二,在能够通知拟转让股权的数量、价格、付款方式和期限时,潜在的买方已经确定,交易的条件已经谈妥。因此,通知其他股东潜在的买方是谁具备可能性。

不知是出于什么原因或者有什么顾虑,最高人民法院的《公司法解释(四)》和《公司法》关于通知的内容中,都没有规定潜在受让方的名称或者姓名。笔者建议在公司章程中关于优先购买权通知的内容中,增加潜在买方名称或者姓名的内容。

134. 股东出让股权的业务流程

凡是公司章程中规定股东向股东以外的人转让股权其他股东享有优先购买权的,股东拟转让股权都会遇到其他股东的优先购买权问题。在这种情况下,股东出让股权应当按照如下程序推进相关工作。

第一步,拟定出让股权方案和通过董事会决议;

第二步,在其他股东中或者在股东之外寻觅潜在的购买人;

第三步,告知股东以外的潜在购买人其他股东对标的股权享有优先购买权,与潜在购买人签订股权转让意向性协议;

第四步,潜在购买人对公司进行尽职调查;

第五步,双方进行谈判并签订附条件生效的股权转让协议;

第六步,按照公司法或者公司章程的规定向其他股东发出转让股权条件的通知,最好取得其他股东放弃优先购买权的书面声明;

第七步,如果有股东主张优先购买权,以附条件生效股权转让协议为底稿与其签订股权转让合同;如果没有股东主张优先购买权,附条件生效股权转让协议生效,与潜在购买方履行股权转让协议。

《公司法解释(四)》第十八条规定,人民法院在判断是否符合《公司法》第七十一条第三款及本规定所称的"同等条件"时,应当考虑转让股权的数量、价格、支付方式及期限等因素。《公司法解释(四)》第二十一条规定,有限责任公司的股东向股东以外的人转让股权,以欺诈、恶意串通等手段,损害其他股东优先购买权,其他股东主张按照同等条件购买该转让股权的,人民法院应当予以支持,但其他股东自知道或者应当知道行使优先购买权的同等条件之日起20日内没有主张,或者自股权变更登记之日起超过1年的除外。前款规定的其他股东仅提出确认股权转让合同及股权变动效力等请求,未同时主张按照同等条件购买转让股权的,人民法院不予支持,但其他股东非因自身原因导致无法行使优先购买权,请求损害赔偿的除外。股东以外的股权受让人,因股东行使优先购买权而不能实现合同目的的,可以依法请求转让股东承担相应民事责任。

据上,第一,在与股东以外的潜在购买人签订的意向性协议之中,必须明确其他股东对标的股权享有优先购买权,避免被追究缔约过失责任;第二,与股东以外的潜在购买方签订的股权转让协议必须是附条件生效或者附条件解除的协议;第三,必须在与股东以外的潜在购买方签订股东转让协议,固定转让股权的数量、价格、支付方式及期限之后再发出通知。

135. 何时签署附优先购买权的股权转让协议

在其他股东享有股权优先购买权的情况下,拟受让股权者什么时候与股权出让方签署股权转让合同呢?是期待其他股东放弃优先购买权之后再签署好,还是先签署再通知其他股东好?从实务来看,为了避免因其他股东对交易股权享有的优先权给交易带来的不确定性风险,以先签署使协议成立,并附条件使协议生效或者解除为好。这是因为,一般情况下,拟转让股权的股东能够向公司的其他股东发出关于是否行使优先权的通知,一定是在交易的基本内容包括转让的股权比例、交易价格、支付方式和期限等都谈定后,如果这时不签署股权转让协议,而是先行通知其他股东,待其他股东放弃优先购买权之后再签署股权转让协议,势必使双方都冒对方反悔的风险,这对交易双方都是一种哭笑不得的窘境。如果在交易双方就交易的全部内容达成一致后就签署股权转让协议,使协议先成立,然后再通知其他股东,其他股东放弃优先购买权的,股权转让协议生效,其他股东行使优先购买权的,股权转让协议不生效或者解除,这样更稳妥一些。

136. 股权优先购买权的先决条件

《公司法》第八十四条第三款规定,公司章程对股权转让另有规定的,从其规定。据此,《公司法》第八十四条关于股东转让的规定,包括股东向股东转让股权不受限制,其他股东的先买权和同等条件优先购买权只是一个建议性条款,并不直接产生法律效力。在实务中应当主要视公司章程如何规定予以处理。如果公司章程没有相关规定或者采用了公司法的建议性条款,则其他股东享有先买权和同等下的条件优先购买权;如果公司章程作出了股东对外转让股权其他股东没有先买权的规定,则其他股东不享有先买权。

据此,股东优先购买权以公司章程没有相关条款或者采用《公司法》的建议性条款为前提。

137. 法院强制执行中的优先购买权

《公司法》第八十五条规定,人民法院依照法律规定的强制执行程序转让股东的股权时,应当通知公司及全体股东,其他股东在同等条件下有优先购买权。其他股东自人民法院通知之日起满20日不行使优先购买权的,视为放弃优先购买权。这是《公司法》关于法院强制执行程序中股东优先购买权的有关规定。

《最高人民法院关于人民法院民事执行中拍卖变卖财产的规定》第十一条和第十三条规定,人民法院应当在拍卖5日前以书面或者其他能够确认收悉的适当方式,通知当事人和已知的担保物权人、优先购买权人或者其他优先权人于拍卖日到场。优先购买权人经通知未到场的,视为放弃优先购买权。拍卖过程中,有最高应价时,优先购买权人可以表示以该最高价买受,如无更高应价,则拍归优先购买权人;如有更高应价,而优先购买权人不作表示的,则拍归该应价最高的竞买人。顺序相同的多个优先购买权人同时表示买受的,以抽签方式决定买受人。这是最高人民法院关于法院强制执行程序中优先购买权的规定。

显然,两个规定虽然都承认优先购买权,但是确有很大差异。笔者理解《公司法》第八十五条的规定:第一,享有优先购买权的股东可以到竞拍现场,也可以不到竞拍现场,不到竞拍现场不视为放弃优先购买权;第二,在竞拍最高价产生之后,法院将行使同等条件下优先购买权的条件通知享有优先购买权的其他股东;第三,其他股东应当自人民法院通知之日起20日之内行使优先购买权,自法院通知之日起满20日不主张优先购买权的,视为放弃优先购买权;第四,两个以上股东主张行使优先购买权的,协商确定各自的购买比例;协商不成的,按照转让时各自的出资比例行使优先购买权。最高人民法院的规定:第一,人民法院应当在拍卖5日前以书面或者其他能够确认收悉的适当方式,通知优先购买权人于拍卖日到场。第二,优先购买权人经通知未到场的,视为放弃优先购买权。第三,在拍卖过程中,有最高应价时,优先购买权人可以表示以该最高价买受,如无更高应价,则拍归优先购买权人;如有更高应价,而优先购买权人不作表示的,则拍归该应价最高的竞买人。优先购买权人需要现场表示是否行使同等条件下优先购买权。第四,顺序相同的多个优先购买权人同时表示买受的,以抽签方式决定买受人。

对此,笔者认为按照高位法大于低位法的原则,应当优先执行《公司法》第八十五条关于股东优先购买权的规定;按照特别法优于一般法的原则,也应当优先执行《公司法》第八十五条关于股东优先购买权的规定。不过这只是理论上的应当,实务中我们还是应当首先了解"现管"想怎么办,既适当主张自己的权利,又积极配合法院工作,以免错失优先购买权。

138. 国有股交易中的优先购买权

国务院国资委、财政部令第32号《企业国有资产交易监督管理办法》第十三条第一款规定,国有产权转让原则上通过产权市场公开进行。转让方可以根据企业实际情况和工作进度安排,采取信息预披露和正式披露相结合的方式,通过产权交易机构网站分阶段对外披露产权转让信息,公开征集受让方。其中正式披露信息时间不得少于20个工作日。第十四条规定,产权转让原则上不得针对受让方设置资格条件,确需设置的,不得有明确指向性或违反公平竞争原则,所设资格条件相关内容应当在信息披露前报同级国资监管机构备案,国资监管机构在5个工作日内未反馈意见的视为同意。第十五条第一款规定:"转让方披露信息包括但不限于以下内容:(一)转让标的基本情况;(二)转让标的企业的股东结构;(三)产权转让行为的决策及批准情况;(四)转让标的企业最近一个年度审计报告和最近一期财务报表中的主要财务指标数据,包括但不限于资产总额、负债总额、所有者权益、营业收入、净利润等(转让参股权的,披露最近一个年度审计报告中的相应数据);(五)受让方资格条件(适用于对受让方有特殊要求的情形);(六)交易条件、转让底价;(七)企业管理层是否参与受让,有限责任公司原股东是否放弃优先受让权;(八)竞价方式,受让方选择的相关评判标准;(九)其他需要披露的事项。"32号令没有明确如何衔接股东优先购买权问题,但是已经注意到股东优先购买权问题,在披露的信息中已经包括有限责任公司的原股东是否放弃优先受让权的内容。

《公司法解释(四)》第二十二条第二款规定,在依法设立的产权交易场所转让有限责任公司国有股权的,适用《公司法》第七十一条第二款、第三款或者第七十二条规定的"书面通知""通知""同等条件"时,可以参照产权交易场所的交易规则。

笔者曾与产权交易所沟通过股东优先购买权问题,也经手办理过两次,产权交易所处理优先购买权的方法大致有两种:一种是享有优先购买权的股东跟价,即如果没有人出价时,询问优先权人是否以底价成交,成交的则由优先权人买得;有人竞价的,优先购买权人跟价,跟价至最高出价的,由优先购买权人买得;优先购买权人不再跟价的,由出价最高者买得;另一种是享有优先购买权的人等价,即优先购买权人不参加竞价过程,由其他人竞价,竞价完成后,询问优先购买权人是否行使优先购买权,行使的由优先购买权人买得,不行使的由出价最高者买得。

据上,国有股权挂牌交易和优先购买权的衔接问题尚无明确的法律规定,在实务中最好与产权交易所做好沟通衔接工作,以免误事。

139. 转股合同生效与股权的取得

一般而言,如果没有在股权转让合同中设置生效的条件,或者非因外商投资有关法律和行政法规的规定,股权转让合同一经签署即生效。

《民法典》第四百九十条第一款规定,当事人采用合同书形式订立合同的,自当事人均签名、盖章或者按指印时合同成立。《民法典》第五百零二条第一款规定,依法成立的合同,自成立时生效,但是法律另有规定或者当事人另有规定的除外。《民法典》第一百五十八条规定,附生效条件的民事法律行为,自条件成就时生效。据此,股权转让合同一经签署即为成立,如果没有约定生效条件,法律也没有规定报经批准后生效的,股权转让合同成立即生效。

但是,股权转让合同生效不一定股权受让方就能即时取得股权,即股东的各项权利,当然受让目标公司的全部股权的当属例外。这是因为,股权转让合同只对股权转让双方有法律约束力,对公司、对其他股东不能直接产生法律约束力;只有当公司和其他股东承认了股权转让合同后,受让方才能取得股东的各项权利。公司、其他股东对股权转让协议的承认表现为与新股东一起修改公司章程;将新股东的姓名或者名称及持股比例载入公司章程,将出让方移出股东名录,将受让方载入股东名录;收回出让方的出资证书,向新股东交付出让证书。为此,《公司法》增加了第八十六条第一款的内容,明确规定股东转让股权的,应当书面通知公司,请求变更股东名册并向公司登记机关办理变更登记,公司无正当理由不得拒绝,公司不办理的可以向法院提起诉讼。《公司法》第八十六条第二款规定,股权转让的,受让人自记载于股东名册时起可以向公司主张行使股东权利。

据上,股权受让方只有在股权转让协议生效后,与公司的其他股东一起完成对公司章程的修改,并由股权出让方向公司发出通知,将公司的股东名册进行变更后才能依法享有股东的各项权利。只完成股权转让协议的签署,没有完成公司章程的修改,没有完成股东名册的变更,受让方不能享有股东的权利。

140. 股权转让变更登记的公示效力

《民法典》第六十四条和第六十五条规定,法人存续期间登记事项发生变化的,应当依法向登记机关申请变更登记,法人的实际情况和登记事项不一致的,不得对抗善意相对人。《公司法》规定,有限责任公司股东的姓名或者名称是公司的登记事项。公司登记事项发生变更的,应当依法进行变更登记。公司登记事项未经登记和变更登记的,不得对抗善意相对人。据此,股权转让在公司登记机关进行股东变更登记,不是股权转让合同生效的条件,也不是受让方享有各项股东权利的条件,只是能否对抗善意相对人的条件。

在股权转让事务中,如果股权转让协议已经签署并生效,如果公司章程和股东名册已经完成修改,但是没有进行股权转让的工商变更登记,原股东仍被登记为公司的股东,从公司的外观上看受让方并不是公司的股东。在这种情况下,如果原股东以公司股东的身份将登记在其名下的股权转让给第三人,或者将登记在其名下的股权质押给第三人,如果第三人对股权转让并不知情,第三人可能构成善意相对人,根据《民法典》第三百一十一条的规定,标的股权可能由后受让人取得或者维持质押合同的效力,在先的受让人只能依法要求出让方或者有过错的公司董事、高管赔偿。

141. 关于要求股转变更登记的诉讼

《公司法》第八十六条第一款规定,股东转让股权的,应当书面通知公司,请求变更股东名册并向公司登记机关办理变更登记,公司无正当理由不得拒绝。公司拒绝或者在合理期限内不予答复的,转让人、受让人可以依法向人民法院提起诉讼。《公司法解释(三)》第二十一条规定,当事人向人民法院起诉请求确认其股东资格的,应当以公司为被告,与案件争议股权有利害关系的人作为第三人参加诉讼;第二十三条规定,当事人依法履行出资义务或者依法继受取得股权后,公司未根据《公司法》第三十一条、第三十二条的规定签发出资证明书、记载于股东名册并办理公司登记机关登记,当事人请求公司履行上述义务的,人民法院应予支持。

公司变更登记的义务人是公司,如果股权出让方向公司提出了股权转让的变更登记申请,公司没有在合理期间完成公司内部变更登记事项或者没有完成公司外部变更登记事项,股权受让方或者出让方都有权向人民法院提起诉讼,请求法院判令公司完成公司内部登记变更事项或者公司外部变更登记事项。该等诉讼以股权受让人或者股权出让人为原告,以公司为被告,以判令立即完成公司内部和公司外部登记事项为诉讼请求。如果没有在合理期间完成登记事项,是因为公司或者公司的董事、高管怠于履行职责,且给股权转让双方造成了损失,原告应当有权要求公司或者负有责任的董事、高管承担赔偿责任。

142. 股东取得股权的途径和证据

当事人取得股权的途径大致可以分为两类:一类为出资取得,包括设立出资取得和增资出资取得;另一类为继受取得,包括受让取得、受赠取得、继承取得和因公司重组取得,包括因公司合并取得、因公司分立取得、因公司改制取得。无论通过什么途径、什么方式取得,对于有限责任公司而言出资人和继受人都以登记为股东为取得股权的证据。完整的登记应当包括签发出资证明书、公司股东名册记载、公司章程载明、公司登记机关登记四位一体,缺一不可。《公司法》第四十六条第一款规定,有限责任公司章程应当记载股东的姓名或名称及出资额、出资方式和期限;第五十六条第二款规定,记载于股东名册的股东可以依据股东名册主张行使股东权利;第三十四条第二款规定,未经工商登记或者变更登记为股东的不得对抗第三人;第八十六条第二款规定,股权转让的,受让人自记载于股东名册时起可以向公司主张行使股东权利。无论是出资取得股权者还是继受取得股权者，都应当要求公司履行相应的登记义务，确认自己的股东资格。

143. 怎样救济自己的股东资格

当事人凭股东资格享受股东的各项权利，对有限责任公司而言，是否拥有股东资格主要看是否被登记为公司的股东，特别是其姓名或者名称是否被记载于公司章程中的股东名录。从实务来看，股东资格受到侵害的情况大致如下。

（1）公司章程载明以及公司向登记机关申报的股东名称或者姓名出现错误，未将出资人或者股权继受人登记为公司的股东；

（2）公司股东登记簿记载、公司章程载明股东认缴或者实缴的出资额错误。

上述情况均为股东资格受到侵害，当事人可以要求公司更正，公司不予更正或者未在合理期间内更正的，股东可以通过诉讼寻求法律救济。根据最高人民法院《公司法解释（三）》第二十一条的规定，当事人向人民法院起诉请求确认其股东资格的，应当以公司为被告，以与案件争议股权有利害关系的人为第三人提起诉讼。

144. 转让守约空股时由受让方出资

空股指股东已经认缴但尚未实缴出资的股权，守约空股指出资期限尚未届满的空股（请参考本书第三章的有关内容）。空股既可以用来履行出资义务，也可以转让（转让空股如何作价请参考本书第三章的有关内容）。

《公司法》第八十八条第一款规定，股东转让已认缴出资但未届出资期限的股权的，由受让人承担缴纳该出资的义务；受让人未按期足额缴纳出资的，转让人对受让人未按期缴纳的出资承担补充责任。这是《公司法》新增加的一个条款，这在公司注册资本认缴制的今天意义重大。如此明确规定空股项下的出资义务，不仅有利于厘清空股转让方与受让方的权利义务，而且能够支撑其他股东、公司、公司债权人之间的关系。笔者个人觉得比《公司法解释（三）》的有关规定大大地前进了一步。如果不在法律制度层面将空股项下的出资义务固定下来，不仅会增加空股转让价格的变数，而且会给公司或者公司债权人主张空股项下的出资义务增加困难。《公司法》第八十八条第一款的规定，丰富了公司注册资本认缴制的内容。

在守约空股项下的出资义务由受让方承担经法律固定下来以后,守约空股项下的出资义务明确,转让双方在商定空股转让价格时空股项下的出资义务人确定,各方的权利义务明晰。受让方必须按照公司章程规定的空股项下出资的金额、方式、期限履行出资义务,否则将承担出资违约的责任。

145. 受让违约空股的股东连带责任

《公司法》第八十八条第二款规定,未按照公司章程规定的出资日期缴纳出资或者作为出资的非货币财产的实际价额显著低于所认缴的出资额的股东转让股权的,转让人与受让人在出资不足的范围内承担连带责任;受让人不知道且不应当知道存在上述情形的,由转让人承担责任。《公司法》的本项规定基本上是从最高人民法院的《公司法解释(三)》中引入的。《公司法解释(三)》第十八条规定,有限责任公司的股东未履行或者未全面履行出资义务即转让股权,受让人对此知道或者应当知道,公司请求该股东履行出资义务、受让人对此承担连带责任的,人民法院应予支持;公司债权人依照本规定第十三条第二款向该股东提起诉讼,同时请求前述受让人对此承担连带责任的,人民法院应予支持。受让人根据前款规定承担责任后,向该未履行或者未全面履行出资义务的股东追偿的,人民法院应予支持。但是,当事人另有约定的除外。

从公司股权转让的实践看,抽逃出资不容易被发现,没有履行出资义务容易被发现,出资的非货币财产的实际份额显著低于所认缴的出资额的,不容易被发现。但是,在企业受让股权过程中,特别是在企业股权并购项目中,必须进行严格、充分的尽职调查,以防控《公司法》第八十八条规定可能带来的风险。

公司或者公司股东可以对转让空股的出让方和受让方提起诉讼,请求法院判令连带履行空股项下的出资义务或者补缴出资义务,并连带承担出资违约责任;公司或者公司股东可以限制空股受让方的股东权利,甚至可以解除空股受让方的股东资格。公司债权人可以对转让空股的出让方和受让方提起诉讼,请求法院判令公司连带承担负债赔偿责任(请参考本书第三章的有关内容)。

146. 关于转让空股的法律程序

在公司注册资本认缴制的情况下,空股,无论是守约空股还是违约空股,都是股东的一项权利,也可能是股东的一项财产(关键看空股的价值是正还是负,请参考本书第三章的有关内容),因此,空股可以转让。但是转让空股要与转让实股(指已经履行出资义务的股权)履行同样的程序,否则可能违法或者违约。这些程序大致如下。

(1)依据公司法或者公司章程的规定,股东向股东以外的人转让股权的其他股东享有优先购买权的,对外转让空股的股东应当向其他股东发出包括转让空股的数量、价格、支付方式和期限等内容的通知,其他股东可以转让的空股行使同等条件下的优先购买权。

(2)转让股权依法应当进场竞价交易的,转让空股也应当进场竞价交易,比如转让国有企业持有的空股。转让国有产权应当进行评估和审计,以评估价格为底价挂牌竞价交易,转让国有企业持有的空股也应当进行评估和审计,也应当以评估价格为底价。

(3)人民法院执行被执行人持有的空股,也应当以评估价为底价,通过拍卖程序竞价,以出价高者买得。

(4)根据法律规定,转让股权应当报经政府部门批准的,转让空股也应当报经政府有关部门批准。

(5)转让实股需要修改公司章程,转让空股也需要修改公司章程。

(6)转让实股需要变更股东名册,转让空股也需要变更股东名册。

(7)转让实股需要向公司登记机关申请变更登记,转让空股也需要向公司登记机关申请变更登记。

出让方、受让方、其他股东、公司应当处理好在空股转让过程中自己的权利和义务,防止违法损害或者被违法损害。

147. 因转股修改章程的形式要件

《公司法》第三十二条规定,有限责任公司的登记事项包括股东的名称或者姓名;第三十五条第二款规定,公司变更登记事项涉及修改公司章程的,应当提交修改后的公司章程;第四十六条第二款规定,股东应当在公司章程上签名或者盖章;第五十九条规定,股东会行使修改公司章程的职权;第八十七条规定因股权转让对公司章程的修改不再由股东会表决。如此,笔者梳理出以下问题。

(1)设立公司时的章程需要全体股东签字或者盖章,那么,因股权转让修改后的公司章程(包括公司章程修正案)是否还需要包括股权受让方在内的全体股东签字或者盖章呢?

(2)如果因股权转让对公司章程进行修改需要包括新股东在内的全体股东签字或者盖章方始生效,那么,股东会对公司章程修改的批准又有什么意义呢?

(3)如果因股权转让对公司章程进行修改需要全体股东签字或者盖章,否则修改不生效,那么,实务中又如何能保证做到全体股东在修改后的章程上签字或者盖章呢?

(4)如果因股权转让对公司章程的修改经股东会决议批准生效,那么,股东会通过该决议的表决权比例是 2/3 以上,还是过半数呢?

(5)如果因股权转让对公司章程的修改经股东会决议批准生效,那么,这个股东会是否包括新股东,如果包括,如果新股东的持股比例超过 2/3,可能对原股东不利;如果不包括,可能对新股东不利,对此如何处理呢?

(6)如果因股权转让对公司章程的修改经股东会决议批准生效,那么,如何理解且在实务中又如何适用《公司法》第八十七条关于因股权转让对公司章程的修改不再由股东会表决呢?

(7)因股权转让修改后的公司章程生效的形式要件是什么?是全体股东的签字或者盖章?是股东会的批准?还是全体股东的签字或者盖章和股东会的批准呢?

(8)《公司法》第八十七条规定因股权转让对公司章程的修改不再由股东会表决,是不是需要或者只要全体股东在修改后的公司章程上签字或者盖章,对公司章程的修改就生效,没有规定。股权转让达到一定的强度就构成对公司的股权并购,需要对公司章程的许多内容进行修改,不通过股东会能行吗?

笔者认为,因股东转让股权对公司章程进行修改生效的形式要件可以考虑采取以下方式之一。

(1)一人有限公司转让全部股权的,修改后的公司章程以新股东签字或者盖章为生效的形式要件。

(2)以新股东与公司的全体存续股东在修改后的公司章程上签字或者盖章为生效的形式要件。全体股东签字或者盖章的形式位阶高于股东会决议的形式位阶,已经由全体股东在修改后的公司章程上签字或者盖章,再以股东会决议批准多此一举,所以只要经全体股东签字或者盖章就不必再经股东会批准。且原章程(设立公司的章程)是经全体股东签字或者盖章生效的,新章程仍然以全体股东的签字或者盖章为生效的形式要件,符合法律文件生效的形式逻辑。

(3)由公司的全体存续股东对公司章程的修改内容进行表决,以 2/3 以上表决权通过决议,并授权存续股东代表与新股东共同签署新的公司章程为新章程生效的形式要件。这样做符合交易双方意思自治和组织集合表意的原则,因为对公司章程的修改实际是在处理新股东和存续股东之间的共同投资关系,以及股东和公司董、监、高之间的财产委托经营关系,原则上说是一种新老股东之间的交易。当然,这种方式需要公司法作出像关联担保条款一样的规定,否则不能实行。

148. 股权转让与股权并购的异同

股东并购有两种方式:其一为受让股权并购,就是通过受让公司股权的方式取得对公司的控制权;其二为增资并购,就是通过向公司增资的方式使自己成为公司的控股股东,从而取得对公司的控制权。股权转让达到一定的强度,即受让股权的比例使受让方能够控制公司就是股权并购。所以,股权转让和股权并购并没有质上的区别,只要股权转让达到了一定的量,就构成股权并购。

股权转让和股权并购的基本规则是相同的,但是在一般的股权转让中受让方并不寻求对公司的控制权,很可能就是一个财务投资项目,而股权并购中的受让方一定会寻求对公司的控制权,因此,在实务中两者之间的差异还是很大的。比如,转让10%的股权,受让方可能仅仅是一个财务投资者,作为财务投资者可能只要求将自己的姓名或者名称替换股权出让方的姓名或者名称就行,不会要求对公司章程其他内容的修改,想修改也无法完成。再如,转让公司60%的股权,受让方就是公司的并购者,作为并购者不可能只要求将自己的姓名或者名称替换股权出让方的姓名或者名称,他一定还会要求对公司章程的其他内容进行修改。他要通过修改使自己能够控制公司,左右公司的经营、财务、成长等。这就是股权转让和股权并购的区别。

149. 股权并购怎样修改章程

企业股权并购和股权转让都必须对公司章程进行修改,但由于交易的目的不同对公司章程修改的要求也有很大的差异。一般来说,不构成股权并购的股权转让可能仅仅要求变更公司章程中的股东名称或者姓名,并不会要求修改公司章程的其他内容;而构成股权并购的股权转让要求修改公司章程的内容虽然没有统一的标准,会因公司原章程内容的不同及收购方管理理念的不同有很大的差异，但一定会比单纯的股权转让多得多。一般而言，股权并购方很可能要求修改公司章程中的以下内容。

(1) 股东和股东的持股比例。股东和股东的持股比例是公司章程中的必备内容，任何股权转让，无论是否构成股权并购都会要求对公司章程载明的股东进行变更，也可能发生股东人数和股东持股比例的变更。因此，对公司章程规定的股东姓名或者名称、股东人数、股东持股比例进行修改，是股权转让必须或者最常见的修改内容。这项修改是并购方取得股东身份的法律基础。

(2) 董事会、监事会、高管层的组成。在股权并购的情况下，公司的股权结构可能会发生变化，控股股东的管理理念也会有很大的变化，不仅股权出让方提名或者委派的董事、监事、高管会辞职，并购方提名或者委派的董事、监事、高管会顶替进入，而且很可能董事会、监事会的人数也会发生变动，也可能从不设董事会、监事会变为设立董事会和监事会，因此，要对公司章程中的相关内容进行修改是比较常见的。

(3) 公司机构的职权和议事规则。公司机构的职权和议事规则是公司章程的重要内容，公司法对此给予股东很大的自由空间，在公司的控股股东发生变更后，很可能要求对公司章程规定的机构职权、议事规则进行修改，特别是大企业集团或者国有企业并购的，一般会要求纳入自己的管理体系，对公司章程相关内容的修改要求更为强烈。

(4) 公司的经营范围。虽然《民法典》摒弃了超越公司经营范围的合同无效的规定，但是，公司章程中规定的经营范围条款带有公司股东作为公司财产的委托经营人指定受托人从事经营活动范围的意义。故此，在许多情况下，随着大股东的进入，公司的经营策略、经营模式、经营范围可能都需要调整。

(5) 公司的名称。公司名称是公司章程的必备内容，企业股权并购项目可能会涉及对公司名称的修改，公司名称的修改核心是公司使用哪一方的企业字号，一般情况下如果公司的控股股东变更了，就很可能变更公司的字号，使用新控股股东或者实际控制人的字号。

股权转让协议由股权受让方和出让方谈判并签署；公司章程修改的内容由股权受让方与公司的存续股东谈判并签署。股权转让协议解决股权出让方和股权受让方的权利义务，使股权出让方退出公司，使股权受让方代位进入公司；公司章程的修改使股权受让方和公司的存续股东及董、监、高建立起新的共同投资关系和财产委托经营关系。如果只对公司章程中的股东姓名或者名称进行变更，不对公司章程的其他条款进行修改，往往不能实现企业并购的目标。

150. 股东请求收购股权的权利

《公司法》第八十九条第一款、第二款、第四款规定:"有下列情形之一的,对股东会该项决议投反对票的股东可以请求公司按照合理的价格收购其股权:(一)公司连续五年不向股东分配利润,而公司该五年连续盈利,并且符合本法规定的分配利润条件;(二)公司合并、分立、转让主要财产;(三)公司章程规定的营业期限届满或者章程规定的其他解散事由出现,股东会通过决议修改章程使公司存续。自股东会决议作出之日起六十日内,股东与公司不能达成股权收购协议的,股东可以自股东会决议作出之日起九十日内向人民法院提起诉讼。公司因本条第一款、第三款规定的情形收购的本公司股权,应当在六个月内依法转让或者注销。"

股东请求公司收购股权的权利,是在特定情况下形成的一项股东财产权,是股东共同投资关系的解除权,设立这项制度的主要目的是尊重股东设立公司时的共同投资意愿。根据《公司法》第八十九条的规定,请求收购股权是指在特定情形下,公司股东会作出的决定可能有违股东当初的投资意愿,而该等股东对公司股东会的决议投了反对票,这部分股东有权要求公司以合理的价格收购其持有的股权。请求收购股权是特定情形下的股权出让权,既是为了维护股东权益所设,也是对股东财产权的保障。由于有限责任公司带有人合的属性,所以公司法规定在三种情形下公司的股东可以要求公司收购其股权,且给予有限责任公司股东寻求法律救济的权利;而股份有限公司无人合的属性,所以公司法仅规定在一种情形下股东可以要求公司收购其股份,而且未直接作出给予法律救济的安排。

另外,有必要补充说明的是,根据《公司法》的规定,有限责任公司只有当股东在表决有关决议时投了反对票的前提下才享有要求公司收购其股权的权利,未参加股东会,或者虽参加股东会但在表决时未投反对票的股东不享有这项权利。这是因为,有限责任公司股东少,且没有社会公众股,股东应当参加股东会议。

151. 连续 5 年盈利符合分配条件

《公司法》第八十九条规定,有限责任公司连续 5 年不向股东分配利润,而公司该 5 年连续盈利,并且符合本法规定的分配利润的条件,对股东会该项决议投反对票的股东可以请求公司按照合理的价格收购其股权。那么，如何确认公司连续5年盈利，并且符合公司法规定的利润分配条件呢？

股东可以根据公司的年度利润表和审计报告作出判断。如果公司年度利润表的本年利润栏连续5年都是正数，就是公司连续5年盈利。如果公司没有以前年度尚未弥补的亏损，或者虽有以前年度的亏损，但弥补完后公司仍有可分利润的，公司利润表中的累计利润栏应为正数，这时公司的利润在缴纳所得税后，需提取10%的法定公积金，剩余部分就是公司法规定的符合利润分配条件的利润，应当在股东会通过决议后在股东之间进行分配。当然，如果剩余的部分很少，公司考虑利润分配的成本而留待下年分配也是正常的。如果不是这种情形，而是大股东把持公司分配的决定权，故意不分配利润，甚至采取各种方法占用公司的分配资金，使公司年年盈利但年年由于资金紧张或其他原因不予分配，受到伤害的股东就可以依公司法本条的规定要求公司以合理的价格收购自己的股份。

152. 合并分立影响股东投资初衷

合并是指两个或两个以上公司合到一起成为一个公司，存续或新组建的公司承继参加合并的各公司的债权债务。股东仅对参加合并的某一家公司拥有股权，这样公司合并就可能在人格方面和利益方面对股东产生影响。第一，在人格方面，股东参与公司的投资是因为与公司的其他股东"合得来"，有基于对其他股东人格信任的成分。现在公司决定与其他公司合并，合并后的公司中必然有其他股东，甚至控股股东或者实际控制人也发生了变更，股东人格信任的成分将被破坏。第二，在经济利益方面，参加合并的各公司的经营业绩、发展前景、资产状况、品牌和市场及在行业中的地位可能有好有差，合并肯定对股东在公司中的权益产生影响，而且可能是非常大的影响。

分立是指一个公司分割成两个以上公司，不仅公司的股东可能"分手"，而且公司的资产、负债和业务也要在他们之间进行分割。分立后各公司的经营前景、获利能力肯定有所不同，因此，公司分立对股东利益的影响绝不亚于公司合并。

正是由于上述原因，为了尊重股东当初的投资意愿，公司法给予了反对公司合并和分立的股东要求公司以合理价格收购其股权的权利。

153. 什么是公司的主要财产

根据《公司法》第八十九条的规定,有限责任公司的股东对公司股东会关于转让主要财产的决议投反对票的,可以要求公司以合理的价格收购其持有的股权。那么,什么是公司的主要财产呢?

笔者认为,如果公司章程中对主要财产有规定的,应当从其规定。如果公司章程中对主要财产没有规定的,应当理解为:这类财产一旦被出售,公司将无法按照原有规模从事公司章程中规定的公司经营范围以内的一项或几项业务。如果这类财产被出售以后,公司仍可以按照原规模继续从事原来的业务,该财产就不是公司的主要财产,即使股东在股东会上投了反对票,公司也可以不收购其股份。

154. 公司收购股权的合理价格

有限责任公司的股权不像上市公司的股票有市价,如何确定合理价格呢?从理论上说,股权交易价格应根据公司业绩的好坏及成长性在股权成本价格的上下波动,如果公司的业绩好或发展的势头好,股权的交易价格就会在股权的成本价格以上,并呈上升趋势;如果公司的业绩不好或者前景暗淡,股权的交易价格就可能在股权成本价格以下并呈下降的趋势。股权成本价格就是股东获得股权对公司的出资额或受让股权的价格。另外,股权转让价格还要考虑股东留存在公司的未分配利润及公司公积金的情况。但这只是一个理论分析,在实务中双方只能在理论导向的基础上具体协商,双方都能接受的价格就是合理的价格。但是如果双方无法达成一致怎么办?法官能以自己的判决解决双方间关于股权价格的争议吗?法官只能委托评估机构对股权的价格进行评估,判令公司以评估价格收购股权。

155. 通过诉讼救济股权收购权

股东关于要求公司收购自己股份的请求应当以书面形式制成,并在公司股东会作出相关决议后尽快提交给公司,并要求公司签收。股东可以在请求书中提出公司收购其股权的价格,并与公司就股权的价格进行协商,如果在自公司股东会作出相关决议后的 60 日内达成一致,并完成交易的,股东则无须提起诉讼程序。如果不能在公司股东会作出相关决议后的 60 日内完成股权交易,股东必须在公司股东会作出相关决议后的 90 日内,向法院起诉公司,要求公司依法以合理的价格收购自己的股权,超过时限未提起诉讼的,将丧失法律救济的机会。

一般而言,股东和公司不会因为是否收购股权而发生争议,因为收购对公司而言是法律规定的一项义务,发生争议的主要是价格。有限责任公司不像上市公司,其股权没有市场价格,只能根据公司的资产、负债、业绩、成长性等因素予以确定。在股东起诉后,法院只能通过委托评估机构对股权进行评估的方法确定股权的价格,由公司按照评估价格收购股权。

如果空股的价值为正(请参考本书第三章的有关内容),股东也可以依法要求公司以合理的价格收购自己的空股。

156. 股东退出公司的权利

《公司法》第八十九条第三款、第四款规定,公司的控股股东滥用股东权利,严重损害公司或者其他股东利益的,其他股东有权请求公司按照合理的价格收购其股权。公司因此情形收购的本公司股权,应当在 6 个月内依法转让或者注销。这是《公司法》新增加的一项重要条款。该制度的设立有利于规范公司控股股东与其他股东之间的关系,有利于督促大股东规范自己的行为,有利于维护公司及全体股东的利益。

有了这条规定,面对大股东损害公司及自身利益,小股东就可以依法要求大股东以合理的价格收购自己的股权,退出公司以便止损。如果大股东不同意收购,或者双方就收购价格不能达成一致,小股东可以向法院提起诉讼寻求法律救济。不过这种诉讼要比前面讨论的因三种情形公司收购股东价格问题的诉讼复杂得多,争议不仅围绕价格展开,更重要的是控股股东是否构成滥用股东权利,严重损害公司或者股东利益。

157. 关于股权的继承问题

《公司法》第九十条规定,自然人股东死亡后,其合法继承人可以继承股东资格;但是,公司章程另有规定的除外。《公司法解释(四)》第十六条规定,有限责任公司的自然人股东因继承发生变化时,其他股东主张依据《公司法》第七十一条第三款规定行使优先购买权的,人民法院不予支持,但公司章程另有规定或者全体股东另有约定的除外。

自然人股东所拥有的股权属于股东个人的合法财产,股东死亡后由其继承人依法继承,这应当是继承法调整的对象。公司法之所以作此规定,是考虑到有限责任公司的人合属性,因为继承法只调整遗产与继承人之间的关系,不调整公司的其他股东与继承人之间的人格关系,股权的继承人与公司的其他股东之间能否达成人合,不是继承法本身能够解决的。也正是因为股份有限公司没有人合的属性,所以公司法仅对有限责任公司的股权继承问题作出了规定,而未对股份公司股份的继承作出规定。允许有限责任公司的章程对股权继承问题作出约定,正是基于对股东人合属性的考虑。如果有限责任公司章程对股权继承作出限制,比如需经股东会通过等,那么,股东死亡后其继承人对遗产的继承权没有问题,但继承人能否成为公司的股东就不一定了。如果不能成为公司的股东,继承人就只能转让股权或由公司其他股东收购该等股权,使继承人取得继承的财产。

总之,无论是有限责任公司的股东,还是股份有限公司的股东,也不管有限责任公司章程对股权的继承作出何等规定,都不能阻止股权继承人对股权中所包含的财产权的继承。但继承人能否成为公司的股东则要看公司章程中是否有限制性规定。

第五章 | 股份有限公司的设立和组织机构

158. 设立股份有限公司的两种方式

根据募集股本方法的不同,股份有限公司的设立可以分为发起设立和募集设立两种方式。《公司法》第九十一条规定,设立股份有限公司,可以采取发起设立或者募集设立的方式。发起设立,是指由发起人认购公司设立时应发行的全部股份而设立的公司。募集设立,是指由发起人认购公司设立时应发行股份的一部分,其余股份向特定对象募集或者向社会公开募集而设立公司。

根据募集股份对象的不同,采取募集方式设立的股份有限公司又可分为定向募集的股份有限公司和公开募集的股份有限公司。定向募集又称私募,是指不公开的仅向某些特定投资人募集股份。公开募集,是指向社会公众公开募集股份。根据证券法的有关规定,公司首次公开发行股份至少要有3年的经营业绩,故此在实务中尚没有公开募集设立的股份有限公司,只有以发起方式设立和定向募集方式设立的股份有限公司。

另外,向特定对象募集部分股份设立的股份有限公司与发起设立的股份有限公司怎样区别?向特定对象募集部分股份设立股份有限公司的特定对象,与发起设立股份有限公司的发起人怎样区别?这些问题尚有待探讨。

再有,从"公司设立时应发行股份"的表述可以看出,法律、行政法规对股份有限公司注册资本的最低限额应当是有规定的;否则就应当表述为"公司设立时发行的股份"。

159. 不能通过公开募集设立公司

虽然《公司法》明确规定了设立股份有限公司可以采取发起设立方式或者

募集设立方式两种，募集设立又分为定向募集和公开募集，但是在实务中目前设立股份有限公司的方式只有发起设立和定向募集设立，无法通过公开募集股份的方式设立股份有限公司。这是因为2006年中国证监会发布的《首次公开发行股票并上市管理办法》第九条第一款明确规定，"发行人自股份有限公司成立后，持续经营时间应当在3年以上，但经国务院批准的除外"。

据上，除非经国务院特别批准，否则任何人要想获得中国证监会公开发行股票的核准，都必须在股份有限公司成立3年以后，当然有限责任公司以净资产折股整体改制为股份有限公司的，其经营年限可以连续计算。因此，公开募集设立股份有限公司的通路在实务中已经被堵死。投资人要想设立公司向社会公众募集资本并上市，只能先采取发起设立方式，在公司经营满3年且符合条件报经核准或者注册后才能向社会公众发行股票募集资金。

160. 发起人和私募对象的区别

根据《公司法》第九十一条的规定，设立股份有限公司可以采取发起设立，即私募，或者募集设立两种方式，募集设立又分为两种：一种是向特定对象募集，即私募；另一种是向社会公开募集，即公募。那么，如何区分发起人和募集设立中的私募对象呢？

既然都是在设立公司时作为公司股份的认购人的，既然都是私下商洽确定投资的，募集设立中的私募对象为什么不作为发起人，而要作为普通投资人呢？以下是发起人和募集设立中的私募对象的区别。

（1）发起人是发起设立公司的人，负责公司成立大会前的全部筹建工作，承担公司不能成立的全部责任，而募集设立中的私募对象并不负责公司的筹建工作，也不对公司不能成立承担任何责任；

（2）根据法律规定，公司不能成立时，募集设立中的私募对象有权要求返还出资并加算利息，而发起人需要用自己的出资首先偿还公司设立的费用和债务；

（3）发起人的认股价格和募集设立中私募对象的认股价格不同，一般情况下，发起人的认股价格会低于募集设立中私募对象的认股价格，作为对发起人创设公司的回报；

（4）发起人需要先行认购股份，明确认购股份数、出资方式等，然后才能向私募对象融资，而且发起人认购的股份数不能少于公司股份总数的35%；

（5）发起人最多不能超过200人，而私募对象没有人数限制。

161. 募集设立中私募和公募的区别

根据《公司法》第九十一条第三款的规定,募集设立,是指由发起人认购公司设立时应发行股份的一部分,其余股份向特定对象募集或者向社会公开募集而设立公司。由此,募集设立股份有限公司又可以分为公募和私募,公募是指向社会公开募集股份设立股份有限公司,私募是指向特定对象募集股份设立股份有限公司。

根据目前执行的法律、法规和部门规章,公开募集股份需要履行审批制度或者注册制度。审批制度就是股份有限公司拟公开发行股份募集资本,必须按照《公司法》《证券法》《首次公开发行股票并上市管理办法》的规定,由保荐人向证监会申请,经证监会核准后方可公开发行股票进行融资。注册制度就是根据《证券法》和证监会的有关规定,拟公开发行股份的公司经保荐人向证券交易所提出申请,证券交易所审核通过后,向证监会申请注册,证监会通过后即为注册成功,公司可以公开发行股份进行融资。

根据目前执行的法律、法规和部门规章,为设立股份有限公司私募资本尚无直接法律规定,但在公司成立后定向增发构成上市公司并购或者重大资产重组的需要报经证监会审批,有严格的法律规范。

162. 关于发起人及权利和责任

发起人,是指承担筹办公司设立事务,认购公司股份,起草并签署公司章程,承担公司设立不能法律责任的人。公司成立后,发起人成为公司的股东。发起人可以是法人,也可以是自然人。在发起设立的情况下,全体发起人认购公司设立时应发行的全部股份,公司设立时不向社会募集资本。在募集设立的情况下,发起人仅认购公司应发行全部股份中的一部分,其余部分由发起人依法向社会公众公开募集或者向特定投资人募集,公司的总股本中既有发起人投入的,也有发起人以外的投资人投入的。两种方式相比较,发起设立的程序较简便、费用较低、风险较小、时间较短;而募集设立的程序较复杂、费用较高、风险较大、时间较长。但募集设立中的公开发行更易于集中社会小额资金,更能满足集约化大生产对资本的需求,更具有资合的先进性。

向社会公开募集股份就是指向全社会公众公开招揽投资人,任何人都可以购买公司的股份,成为公司的股东。股份有限公司向社会公开募集股份的程序应当符合《公司法》和《证券法》的有关规定。《公司法》允许发起人向特定对象募集股份,有利于简化募集设立的程序,减少募集设立的成本,降低募集设立的风险,使采取募集设立方式设立股份有限公司变得容易;同时也有利于股份有限公司日后的管理,这对采取募集方式设立公司的发起人来说,绝对是一项非常有利的法律规定。

163.《公司法》对发起人数的规定

本次修订前《公司法》第七十八条规定:"设立股份有限公司,应当有二人以上二百人以下为发起人,其中半数以上的发起人在中国境内有住所。"这就是说无论是采取发起设立方式设立股份有限公司,还是采取募集设立方式设立股份有限公司,都必须有发起人,并且发起人的人数不得少于2人,不得多于200人。《公司法》第九十二条规定:"设立股份有限公司应当有一人以上二百人以下为发起人,其中半数以上的发起人在中国境内有住所。"一个自然人或者一个法人以发起设立方式设立的股份有限公司为一人股份有限公司。

据上,《公司法》摒弃了股份有限公司的发起人不能少于两人的规定,股份有限公司的发起人也可以是一个自然人或者一个法人。如此,《公司法》不仅摒弃了一人有限责任公司与两个以上股东的有限责任公司法律待遇上的主要区别,也摒弃了一个自然人或者一个法人不能作为股份有限公司发起人的有关规定。

164. 关于发起人协议

股份有限公司的发起人不仅要协商处理彼此认购公司股份及出资方式等事务,还要承担公司的筹办事务,特别是以募集方式设立股份有限公司的,还要承担向社会募股的重任,并且一旦公司设立不成,对已募集的股本还要承担还本付息的责任。所以发起人为明确各自的权利和义务以及筹办公司事务的分工,应当签订发起人协议,对各自认购的股份数和出资方式以及公司设立过程中的责任分担,以及筹建事务的分工作出约定。对此,《公司法》第九十三条规定,股份有限公司的发起人承担公司筹办事务。发起人应当签订发起人协议,明确各自在公司设立过程中的权利和义务。发起人协议是股份有限公司章程生效前最重要的法律文件,具有"准章程"的意义。

165. 有面额股和无面额股

根据是否载明票面金额，股票可以分为有面额股票与无面额股票。有面额股票是在券面上标明金额的股票，无面额股票是券面上不记载金额的股票。股票面额表明每一股所包含的股本金，公司所发行的全部股票面额的总和构成公司的股本总额，也就是股份有限公司的注册资本额。股份有限公司发行无面额股的，虽然股票上不载明每一股票的股本金额，但是必须在公司章程中规定每一股票的股本金额，同样也是每一股的股本金额乘以发行股份的总数构成公司的股本总额，也就是股份有限公司的注册资本额。

无论是有面额股还是无面额股，其发行价格都不能低于每股的股本，即票面载明的金额，可以等于或者高于每股的股本。股份有限公司发行股票所融到的资金，等于股本的部分确认为公司的注册资本，大于股本的部分确认为公司的资本公积金。根据《公司法》第九十五条的规定，股份有限公司发行面额股的，应当在公司章程中规定每股的金额。

166. 什么是类别股

根据《公司法》第九十五条的规定，股份有限公司发行类别股的，应当在章程中规定类别股的数量及其权利和义务。什么是类别股？在本书的第三章我们曾谈到有限责任公司股权的分类问题，类别股说的就是股份有限公司股份的分类问题。类别股实际上就是突破股份有限公司同股同权的藩篱，将股权包含的各项权利进行重新组合，以便使不同类别的股权适合于不同的投资人，为公司融资赋能。

到目前为止，见诸规范性文件以上效力性文件的类别股仅有两类，即特别表决权股和优先股，另外，在有关判决中看到过限制转让的股权。类别股是《公司法》中关于股份有限公司新增加的一项重要内容。

167. 特别表决权股及发行条件

特别表决权股是指发行人在一般规定的普通股份之外，发行拥有特别表决权的股份。每一特别表决权股份拥有的表决权数量多于或者少于每一普通股

135

份拥有的表决权数量,其他股东权利与普通股份相同。也就是说,特别表决权股是上市公司依法发行的一种股票,持有这种股票的股东的表决权多于或者少于持有公司其他股票的股东。目前只允许在科创板上市的股份有限公司发行特别表决权股。

根据《上海证券交易所科创板股票上市规则》的规定,发行特别表决权股票应当符合以下要求。

（1）上市公司发行特别表决权股的,应当充分、详细地披露相关情况特别是风险、公司治理等信息,以及依法落实保护投资者合法权益规定的各项措施。

（2）发行人首次公开发行并上市前设置表决权差异安排的,应当经出席股东大会的股东所持2/3以上的表决权通过。发行人在首次公开发行并上市前没有表决权差异安排的,不得在首次公开发行并上市后以任何方式设置此类安排。

（3）持有特别表决权股份的股东应当为对上市公司发展或者业务增长等作出重大贡献,并且在公司上市前及上市后持续担任公司董事的人员或者该等人员实际控制的持股主体。持有特别表决权股份的股东在上市公司中拥有权益的股份合计应当达到公司全部已发行有表决权股份10%以上。

（4）上市公司章程应当规定每份特别表决权股份的表决权数量。每份特别表决权股份的表决权数量应当相同,且不得超过每份普通股份的表决权数量的10倍。除公司章程规定的表决权差异外,普通股份与特别表决权股份具有的其他股东权利应当完全相同。上市公司股票在本所上市后,除同比例配股、转增股本情形外,不得在境内外发行特别表决权股份,不得提高特别表决权比例。上市公司由于股份回购等原因,可能导致特别表决权比例提高的,应当同时采取将相应数量特别表决权股份转换为普通股份等措施,保证特别表决权比例不高于原有水平。

（5）特别表决权股份不得在二级市场进行交易,但可以按照本所有关规定进行转让。出现下列情形之一的,特别表决权股份应当按照1∶1的比例转换为普通股份:

①持有特别表决权股份的股东不再符合本规则规定的资格和最低持股要求,或者丧失相应履职能力、离任、死亡;

②实际持有特别表决权股份的股东失去对相关持股主体的实际控制;

③持有特别表决权股份的股东向他人转让所持有的特别表决权股份,或者将特别表决权股份的表决权委托他人行使;

④公司的控制权发生变更。

发生前款第（4）项情形的,上市公司已发行的全部特别表决权股份均应当转换为普通股份。

（6）上市公司股东对下列事项行使表决权时，每一特别表决权股份享有的表决权数量应当与每一普通股份的表决权数量相同：

①对公司章程作出修改；

②改变特别表决权股份享有的表决权数量；

③聘请或者解聘独立董事；

④聘请或者解聘为上市公司定期报告出具审计意见的会计师事务所；

⑤公司合并、分立、解散或者变更公司形式。

168. 指导意见关于优先股的规定

上市公司可以在普通股之外公开或者非公开发行优先股，非上市公众公司可以在普通股之外非公开发行优先股，这件事源于2013年国务院《关于开展优先股试点的指导意见》。

国务院的指导意见明确，为贯彻落实党的十八大、十八届三中全会精神，深化金融体制改革，支持实体经济发展，依照《公司法》《证券法》的相关规定，国务院决定开展优先股试点。开展优先股试点，有利于进一步深化企业股份制改革，为发行人提供灵活的直接融资工具，优化企业财务结构，推动企业兼并重组；有利于丰富证券品种，为投资者提供多元化的投资渠道，提高直接融资比重，促进资本市场稳定发展。

（1）优先股的含义。优先股，是指依照公司法，在一般规定的普通种类股份之外，另行规定的其他种类股份，其股份持有人优先于普通股股东分配公司利润和剩余财产，但参与公司决策管理等权利受到限制。

（2）优先分配利润。优先股股东按照约定的票面股息率，优先于普通股股东分配公司利润。公司应当以现金的形式向优先股股东支付股息，在完全支付约定的股息之前，不得向普通股股东分配利润。公司应当在公司章程中明确以下事项：第一，优先股股息率是采用固定股息率还是浮动股息率，并相应明确固定股息率水平或浮动股息率计算方法；第二，公司在有可分配税后利润的情况下是否必须分配利润；第三，如果公司因本会计年度可分配利润不足而未向优先股股东足额派发股息，差额部分是否累积到下一会计年度；第四，优先股股东按照约定的股息率分配股息后，是否有权同普通股股东一起参加剩余利润分配；第五，优先股利润分配涉及的其他事项。

(3)优先分配剩余财产。公司由于解散、破产等原因进行清算时,公司财产在按照《公司法》和《破产法》的有关规定进行清偿后的剩余财产,应当优先向优先股股东支付未派发的股息和公司章程约定的清算金额,不足以支付的按照优先股股东持股比例分配。

(4)优先股转换和回购。公司可以在公司章程中规定优先股转换为普通股、发行人回购优先股的条件、价格和比例。转换选择权或回购选择权可规定由发行人或优先股股东行使。发行人要求回购优先股的,必须完全支付所欠股息,但商业银行发行优先股补充资本的除外。优先股回购后相应减记发行在外的优先股股份总数。

(5)表决权限制。除以下情况外,优先股股东不出席股东大会会议,所持股份没有表决权:第一,修改公司章程中与优先股相关的内容;第二,一次或累计减少公司注册资本超过10%;第三,公司合并、分立、解散或变更公司形式;第四,发行优先股;第五,公司章程规定的其他情形。上述事项的决议,除须经出席会议的普通股股东(含表决权恢复的优先股股东)所持表决权的2/3以上通过之外,还须经出席会议的优先股股东(不含表决权恢复的优先股股东)所持表决权的2/3以上通过。

(6)表决权恢复。公司累计3个会计年度或连续2个会计年度未按约定支付优先股股息的,优先股股东有权出席股东大会,每股优先股股份享有公司章程规定的表决权。对于股息可累积到下一会计年度的优先股,表决权恢复直至公司全额支付所欠股息。对于股息不可累积的优先股,表决权恢复直至公司全额支付当年股息。公司章程可规定优先股表决权恢复的其他情形。

优先股股东在财产权利上的优越性,在管理公司上受到的限制,优先股向普通股的转换,优先股赎回的条件、价格,优先股回售的权利、价格和条件等均应当在公司章程中明文规定。

上市公司和非上市公众公司可以通过发行优先股的方法,一方面吸引广大社会投资者购买优先股向公司投资,另一方面能够调整股东的持股比例和管理公司的权利(表决权和人事权)之间的关系,优先股股东用表决权置换利润分配权,控股股东用利润分配权置换表决权,实现超越股权控制公司的目的。

169. 管理办法关于优先股的规定

2013年12月9日证监会通过《优先股试点管理办法》,2014年3月21日公布,自公布之日起执行。该管理办法为股份公司发行优先股提供了法律依据。该管理办法规定的优先股是指持有优先股的股东优先于普通股股东分配公司利润和剩余财产,但参与公司决策管理等权利受到限制。优先股是相对于普通股而言的,优先首先表现在对公司利润的分配顺序上先于普通股,只有在优先股分配后有剩余利润时才能对普通股进行分配;优先其次表现在公司清算时优先股股东对剩余财产的分配顺序先于普通股,但由于是股东仍需后于债权人。优先股股东对公司的影响力小于普通股股东,优先股股东一般没有选举权和被选举权,对公司的日常经营事项可能也没有决策权,仅在与优先股有重大利益关系的事项上,如修改公司章程中有关优先股的内容,减少公司注册资本超过10%,公司合并、分立、解散、变更类型和发行优先股等才享有表决权。

根据该管理办法的规定上市公司可以发行优先股,非上市公众公司可以非公开发行优先股。上市公司既可以公开发行优先股,也可以定向发行优先股,非上市公众公司只能非公开发行优先股。办法规定在试点期间不允许发行在股息分配和剩余财产分配上具有不同优先顺序的优先股,但不限制既发行强制分红优先股又发行非强制分红优先股,允许发行在其他条款上具有不同设置的优先股。优先股可以有如下分类,公司发行哪种优先股及具体条款应当在公司章程中作出明确规定。

（1）固定股息率优先股和浮动股息率优先股。固定股息率优先股又分为优先股存续期间固定股息率和年度固定股息率两种,后者每年的股息率可以不同。浮动股息率优先股是指股息率根据公司利润或其他约定条件的变化而调整,但应当明确约定的条件和计算股息率的方法。该管理办法规定公司发行的优先股采取何种股息率及相关条款应当在章程中规定,上市公司公开发行的优先股必须采取固定股息率,上市公司非公开发行固定股息率优先股的股息率不得高于最近两个会计年度的年均加权平均净资产收益率。

（2）强制分红优先股和非强制分红优先股。强制分红优先股是指在公司章程中规定只要公司有税后利润可以分配,就必须向优先股股东分配股息。相对而言没有前述规定的即为非强制分红优先股。根据该管理办法的规定,同一公司可以既发行强制分红优先股又发行非强制分配优先股,但除商业银行外的上市公司公开发行优先股只能是强制分红优先股。

（3）累计优先股和非累计优先股。累计优先股是指在公司本年度可分配利润不足以向优先股股东足额派发股息时,所欠部分可以结转到以后年度派发的优先股。非累计优先股是指在公司本年度税后利润不足全额派发优先股股息时,所欠部分不结转以后年度派发的优先股。根据该管理办法的规定除商业银行外的上市公司公开发行优先股只能是累计优先股。

优先股股东在先分配股息后，可以与普通股股东一同参加剩余利润的分配，也可不参加剩余利润的分配，是否参加、如何分配由公司章程规定。但根据该管理办法的规定，上市公司公开发行优先股只能是不参加剩余利润分配的优先股；上市公司已经发行的优先股不得超过公司普通股股份总数的50%，且筹集资金额不得超过发行前公司净资产的50%，已回购和已转换为普通股的不计算在内。公司可以回购优先股，包括公司赎回优先股和股东要求公司回购优先股两种情况，具体条件和条款应当在公司章程和招股文件中列明。公司要求回购的必须支付所欠的全部股息。

根据该管理办法的规定，上市公司非公开发行优先股和非上市公众公司非公开发行优先股每次发行对象不得超过200人，且相同条款优先股的发行对象累计不得超过200人，且只能向合格投资者发行。

170. 股份有限公司资本实缴制

2023年修订前的《公司法》允许发起设立的股份有限公司的发起人按照公司章程的规定缴纳出资，实际实行的也是注册资本认缴制，只是规定在发起人缴付认缴的全部出资前不得向他人募集股份；而对募集设立的股份有限公司则要求实缴，即采取募集方式设立股份有限公司的，其注册资本为在公司登记机关登记的实收资本总额。《公司法》摒弃了发起设立股份有限公司发起人资本认缴制的安排，规定无论是发起设立还是募集设立，发起人一律实行实缴制，这是《公司法》对股份有限公司注册资本制度的一次重大调整。《公司法》第九十六条至第九十八条规定，股份有限公司的注册资本为在公司登记机关登记的已发行股份的股本总额。在发起人认购的股份缴足前，不得向他人募集股份。以发起设立方式设立股份有限公司的，发起人应当认足公司章程规定的公司设立时应发行的股份。以募集设立方式设立股份有限公司的，发起人认购的股份不得少于公司章程规定的公司设立时应发行股份总数的35%。发起人应当在公司成立前按照其认购的股份全额缴纳股款。

171. 发起人出资方式和违约责任

根据《公司法》第九十八条的规定，发起人应当在公司成立前按照其认购的股份全额缴纳股款。发起人的出资,适用本法第四十八条、第四十九条第二款关于有限责任公司股东出资的规定。《公司法》第四十八条规定,股东可以用货币出资,也可以用实物、知识产权、土地使用权、股权、债权等可以用货币估价并可以依法转让的非货币财产作价出资;但是,法律、行政法规规定不得作为出资的财产除外。对作为出资的非货币财产应当评估作价,核实财产,不得高估或者低估作价。法律、行政法规对评估作价有规定的,从其规定。第四十九条第二款规定,股东以货币出资的,应当将货币出资足额存入有限责任公司在银行开设的账户;以非货币财产出资的,应当依法办理其财产权的转移手续。股份有限公司的发起人享有与有限责任公司股东一样的出资方式的权利,但是,一般认股人只能以货币履行出资义务。

根据《公司法》第九十九条的规定,发起人不按照其认购的股份缴纳股款,或者作为出资的非货币财产的实际价额显著低于所认购的股份的,其他发起人与该发起人在出资不足的范围内承担连带责任。根据《公司法》第一百零七条的规定,《公司法》第五十一条和第五十二条关于有限责任公司股款缴纳情况核查、催缴出资的规定,适用于股份有限公司。《公司法》第五十三条关于有限责任公司股东不得抽逃出资的规定,适用于股份有限公司。

172. 非货币出资评估和募集设立验资

发起人可以用非货币财产作价履行缴付认股款的义务,但是非货币财产的作价也应当通过评估进行。发起人的非货币财产出资也存在虚高作价及虚高作价的违约责任问题。

根据《公司法》第一百零一条的规定,向社会公开募集股份的股款缴足后,应当经依法设立的验资机构验资并出具证明。据此,以公开募集方式设立股份有限公司的,公司设立时发行股份的股款缴足后,应当聘请有资格的验资机构验资并出具验资报告,之后才能注册成立公司。除此之外,以发起方式设立股份有限公司的,或者采取私募方式设立股份有限公司的,与有限责任公司一样并不要求必经验资程序。

173. 招股书和认股书的内容和功能

募集设立分为公募和私募两种。根据《公司法》第一百条的规定,发起人向社会公开募集股份，应当公告招股说明书，并制作认股书。认股书应当载明本法第一百五十四条第二款、第三款所列事项，由认股人填写认购股数、金额、住所，并签名或者盖章。认股人按照所认购股数缴纳股款。

《公司法》第一百五十四条第二款规定，招股说明书应当附有公司章程，并载明下列事项：第一，发行的股份总数；第二，发行面额股的每股的票面金额和发行价格，发行无面额股的每股的发行价格；第三，募集资金的用途；第四，认股人的权利和义务；第五，股份种类及其权利和义务；第六，本次募股的起止期限及逾期未募足时认股人可以撤回所认股份的说明。《公司法》第一百五十四条第三款规定，公司设立时发行股份的，招股说明书还应当载明发起人认购的股份数。

招股说明书实际就是发起人向全社会公开招揽投资人的邀约，认股书实际就是广大认股人对认购股份的承诺书。通过招股书和认股书发起人和认股人之间建立起共同投资的契约，认股人负有安排认股书规定缴纳股款的义务，发起人负有按时成立公司的义务。

174. 关于公司成立大会及意义

《公司法》第一百零三条第一款规定："募集设立股份有限公司的发起人应当自公司设立应发行股份的股款缴足之日起三十日内召开公司成立大会。发起人应当在成立大会召开十五日前将会议日期通知各认股人或者予以公告。成立大会应有持有表决过半数的认股人出席，方可举行。"凡是采取募集方式设立股份有限公司的，无论是公募还是私募，都必须在股款募足后，公司成立之前召开成立大会。

成立大会实际是以募集方式设立的股份有限公司的第一次股东会会议，但是由于公司尚未成立，加之本次会议的主要议题是决定公司的设立，所以称为成立大会。成立大会由发起人召集并主持，由发起人和认股人共同出席，参加会议的发起人和认股人所代表的股份数必须超过公司发行的股份总数的一半方可有效举行。参加成立大会的发起人和认股人一律按所认购的股份数行使表决权。发起人应在成立大会召开前15天通知认股人或者进行公告。成立大会是采取募集方式设立股份有限公司在公司登记前必须履行的最重要的议程，对公司能否如期申请登记成立至关重要。

根据《公司法》第一百零三条第二款的规定，以发起设立方式设立股份有限公司成立大会的召开和表决程序,由公司章程或者发起人协议决定。以发起设立方式设立股份有限公司的股东全部是发起人,且发起人已经签署了发起人协议,所以第一次股东会是叫股东会还是叫成立大会区别不大。它可以在公司登记成立前召开,也可以在公司登记成立后召开。根据《公司法》本条的规定,以发起设立方式设立股份有限公司的,是否召开成立大会,什么时候召开第一次股东会以及表决方式可以由公司章程或者发起人协议自由规定,法律不强加干预。

175. 关于成立大会的法定议案

根据《公司法》第一百零四条的规定,以募集方式设立股份有限公司的,成立大会行的法定议题如下:第一,审议发起人关于公司筹办情况的报告;第二,通过公司章程;第三,选举董事、监事;第四,对公司的设立费用进行审核;第五,对发起人非货币财产出资的作价进行审核;第六,发生不可抗力或者经营条件发生重大变化直接影响公司设立的,可以作出不设立公司的决议。成立大会对前述事项作出决议,必须经出席会议的认股人所持表决权的过半数通过。

关于审议发起人关于公司筹办情况的报告:采取募集方式设立股份有限公司,筹办事务完全是由发起人一手操办的,认股人完全不知情,所以发起人必须向参加成立大会的全体认股人报告公司的筹办情况,接受认股人的监督检查。公司筹办情况报告应当包括筹建公司的目的、公司的经营范围、对公司业务的安排、公司股本筹集情况、公司筹办费用情况、公司取得国家许可的情况、公司未来获利能力的估测以及其他需要向认股人报告的事项。关于通过公司章程:公司章程对股东、公司、董事、监事和高级管理人员均有约束力,是公司组织和行为的纲领性文件。公司章程由全体发起人制定并签字,并在认股人认购股份时已经向其明示,但认股人并未直接参加公司章程的制定工作,所以仍需在成立大会上表决通过,方才有效。审议并通过公司章程是成立大会的一项重要职能。关于选举董事和监事:董事和监事是股东财产的主要受托经营者,是构成公司执行机构和监督机构的成员,当然要通过股东会议选举产生。关于对公司设立费用进行审核:公司的设立费用是指发起人在筹办公司事项中的花销,也包括向社会公开发行股份的费用。设立费用在公司成立后由公司以开办费的名义承担,所以认股人享有知情权和审议权,只有经过成立大会的审核才能在公司费用中列支。关于对发起人非货币财产出资的作价进行审核:在募集设立的情况下,发起人的出资方式与认股人的出资方式是不相同的,发起人可以用非货币财产抵作价款认购公司的股份,而认股人则只能以货币认购股份。因此,认股人对发起人非货币财产出资的作价有权进行审核,有权提出异议。由于发起人非货币财产作价的高低虚实,直接关系到认股人的利益和公司资本是否充实,所以公司法规定要经过成立大会的审核。对于发生不可抗力或者经营条件发生重大变化直接影响公司设立的,可以作出不设立公司的决议:这是《公司法》规定的成立大会可以作出不设立公司决议的两种情形。据此,可以理解为除了这两种情况外,成立大会不得作出不设立公司的决议。

成立大会对上述事项作出决议,必须经出席会议的认股人所持表决权的过半数通过。

176. 认股人要求返还出资的情形

认股人应当按照认股书的规定按时足额缴纳出资。根据《公司法》第一百零五条的规定,公司设立时应发行的股份未募足,或者发行股份的股款缴足后,发起人在30日内未召开成立大会的,认股人可以按照所缴股款并加算银行同期存款利息,要求发起人返还。发起人、认股人缴纳股款或者交付非货币财产出资后,除未按期募足股份、发起人未按期召开成立大会或者成立大会决议不设立公司的情形外,不得抽回其股本。据此,在认股人缴纳股款后,出现如下两种情形时认股人有权要求发起人返还已经缴纳的股款,并加算同期银行存款利息作为对损失的赔偿。

(1)设立公司时应募集的股份未募足,即募集的股份未达到公司设立时应当发行的股份数,换句话说就是没有募集足够的资本。发起人在什么期限内应当募集多少资本,认股人可以在招股书和认股书中了解到,如果发起人未能募足股本,认股人有权要求返还已经缴纳的股款。

(2)股款募足后发起人未在30天内召开成立大会。成立大会应当在设立公司时应当募集的股款募足后的30天内召开,这是公司规定的期限,发起人应当遵守,如果发起人未在股款募足后的30天内召开成立大会,认股人也有权要求返还已经缴纳的股款。

如果不存在上述两种情形,认股人无权要求返还已经缴纳的股款。根据《公司法》的规定,发起人、认股人缴付股款或者交付抵作股款的出资后,除未按期募足股份、发起人未按期召开成立大会或者成立大会决议不设立公司的情形外，不得抽回其股本。据此，只有在出现《公司法》规定的情形时，否则发起人、认股人不得抽回其出资。且发起人还需要按照发起人协议的规定承担公司设立失败的责任。

177. 股份有限公司与有限责任公司的异同

发起设立的股份有限公司与有限责任公司既有区别又有相同点，分析它们的区别和相同点有助于选择适当的公司类型。

（1）股东人数。发起设立股份有限公司的股东人数为200人以下，有限责任公司的股东人数为50人以下。

（2）注册资本额。都无限制性规定，但金融或者类金融等特殊公司除外。

（3）股东的出资期限。除金融或者类金融等特殊公司外，有限责任公司在公司成立后5年之内全部实际缴付，股份有限公司设立前股东实际缴付公司设立时认缴的全部出资。

（4）资本表现。股份有限公司的资本表现为若干相等的份额，称为股份，有限责任公司资本不表现为相等的份额，用股权比例表示。

（5）能否发行股份并上市。股份有限公司只要符合条件可以经核准公开发行股票并上市，有限责任公司则不能，有限责任公司如欲公开发行股票并上市必须首先进行改制，使之变更为股份有限公司。

（6）股份有限公司的机构、机构的产生办法、机构的职权和议事规则法律规定得比较严格，而有限责任公司的机构、机构的产生办法、机构的职权和议事规定法律规定得比较宽泛，相对自由度比较大。

178. 公司改制前后为同一法人

《公司法》第十二条规定，有限责任公司变更为股份有限公司，应当符合本法规定的股份有限公司的条件。股份有限公司变更为有限责任公司，应当符合本法规定的有限责任公司的条件。有限责任公司变更为股份有限公司的，或者股份有限公司变更为有限责任公司的，公司变更前的债权、债务由变更后的公司承继。《公司法》第一百零八条规定，有限责任公司变更为股份有限公司时，折合的实收股本总额不得高于公司净资产额。有限责任公司变更为股份有限公司，为增加注册资本公开发行股份时，应当依法办理。中国证监会在《首次公开发行股票并上市管理办法》中规定的首发条件,股份公司存续3年,有限责任公司按照账面净资产折股整体改制为股份有限公司的可连续计算。原国家工商行政管理总局2014年3月修订的《公司注册资本登记管理规定》规定,有限责任公司变更为股份有限公司时,折合的实收股本总额不得高于公司净资产额。有限责任公司变更为股份有限公司,为增加资本公开发行股份时,应当依法办理。《民法典》第七十六条规定,以取得利润并分配给股东等出资人为目的成立的法人,为营利法人。营利法人包括有限责任公司、股份有限公司和其他企业法人等。

有限责任公司和股份有限公司都是营利法人。从股份有限公司改制为有限责任公司,或者从有限责任公司改制为股份有限公司,作为民事主体的法人前后同一,只是法人内部的组织机构发生了变更。因此,改制前后的公司虽然名称变更了、组织机构变更了,甚至经营范围和法定代表人也发生了变更,但改制前后仍然是同一个法人,同一个民事主体,其权利义务全面持续。

有鉴于股份有限公司和有限责任公司资本表现形式的不同,有鉴于改制的目的不同,有鉴于改制时公司的股东权益和注册资本的差异情况的不同,在改制时可以将改制前公司的股东权益(净资产)折合成公司的注册资本,前提是公司的股东权益(净资产)大于公司的注册资本;也可以不折合,维持公司的注册资本和股东权益不变。公司改制将股东权益(净资产)转化为公司的注册资本,并不损害债权人的利益,因为股东权益从来源和归属上为公司股东所有,净资产折股并不减少公司对债权人的责任财产。从实务来看,为了上市有限责任公司改制为股份有限公司的较多,从股份有限公司改制为有限责任公司的较少。

179. 股份有限公司股东的绝对知情权

《公司法》第一百零九条规定,股份有限公司应当将公司章程、股东名册、股东会会议记录、董事会会议记录、监事会会议记录、财务会计报告、债券持有人名册置备于本公司。

第一百一十条第一款规定,股东有权查阅、复制公司章程、股东名册、股东会会议记录、董事会会议决议、监事会会议决议、财务会计报告,对公司的经营提出建议或者质询。可见,股份有限公司的股东对公司也享有绝对知情权。

180. 股份有限公司股东的相对知情权

《公司法》第一百一十条第二款、第三款规定,连续180日以上单独或者合计持有公司3%以上股份的股东要求查阅公司的会计账簿、会计凭证的,适用本法第五十七条第二款、第三款、第四款的规定。公司章程对持股比例有较低规定的,从其规定。股东要求查阅、复制公司全资子公司相关材料的,适用前两款的规定。连续180日以上单独或者合计持有公司3%以上股份的股东,有理由怀疑公司业务执行违反法律、行政法规和公司章程的,可以委托会计师事务所、律师事务所等依据执业行为规范负有保密义务的中介机构,在必要范围内,查阅公司的会计账簿、会计凭证。公司拒绝查阅的,股东可以向人民法院提起诉讼。这是《公司法》关于股份有限公司股东相对知情权的规定,是《公司法》新增的一项重要内容。

股份有限公司股东相对知情权和有限责任公司股东相对知情权有以下相同点:第一,相对知情权的对象相同,都是公司的财务会计账簿和会计凭证;第二,都可以通过向法院提起诉讼进行救济;第三,都可以委托中介机构协助;第四,都负有保密义务,且给公司造成损失的要承担赔偿责任。股份有限公司股东相对知情权和有限责任公司股东相对知情权有以下不同点:第一,对主体的要求不同,有限责任公司股东相对知情的主体只要是公司的股东就可以,对持股比例没有要求,而股份有限公司股东相对知情的主体要求连续180日以上单独或者合计持有公司3%以上的股份。这是因为股份有限公司股东的持股比例普遍低,且流动性特别大。第二,有限责任公司股东相对知情权的启动是股东向公司提出查阅的书面请求,股份有限公司股东相对知情权的启动是有理由怀疑公司业务执行违反法律、行政法规或者公司章程的。第三,有限责任公司股东相对知情权的诉讼有法定的前置程序,而股份有限公司股东相对知情权的诉讼却没有法定的前置程序,只要能证明公司拒绝查阅就可以。关于股份有限公司股东相对知情权的其他问题可以参考本书第三章的有关内容。

181. 股东会临时会议的法定情形

股份有限公司的股东会由全体股东组成,是公司的权力机构。一人股份公司不设股东会,股东会的职权由股东一人行使。股东会会议分为定期会议和临时会议,定期会议每年召开一次,根据《公司法》第一百一十三条的规定,"有下列情形之一的,应当在两个月内召开临时股东会:(一)董事人数不足本法规定人数或者公司章程所定人数的三分之二时;(二)公司未弥补的亏损达股本总额三分之一时;(三)单独或者合计持有公司百分之十以上股份的股东请求时;(四)董事会认为必要时;(五)监事会提议召开时;(六)公司章程规定的其他情形"。

据上,出现《公司法》第一百一十三条规定的六种情形时,公司董事会应当在两个月之内召开股东会临时会议。

182. 股东自行召集和主持股东会

《公司法》第一百一十四条规定:"股东会会议由董事会召集,董事长主持;董事长不能履行职务或者不履行职务的,由副董事长主持;副董事长不能履行职务或者不履行职务的,由过半数的董事共同推举一名董事主持。董事会不能履行或者不履行召集股东会会议职责的,监事会应当及时召集和主持;监事会不召集和主持的,连续九十日以上单独或者合计持有公司百分之十以上股份的股东可以自行召集和主持。单独或者合计持有公司百分之十以上股份的股东请求召开临时股东会会议的,董事会、监事会应当在收到请求之日起十日内作出是否召开临时股东会会议的决定,并书面答复股东。"

据上,无论股东会的定期会议还是临时会议,依法都应当由董事会召集,董事长主持,董事会不召集的由监事会召集和主持,监事会不召集的连续90日以上单独或者合计持有公司10%以上股份的股东可以自行召集和主持。在特殊情况下,股份有限公司符合条件的股东有权自行召集和主持股东会会议,包括定期会议和临时会议。当然符合条件的股东拟自行召集和主持股东会会议应当履行必要的前置程序,即在董事会不履行召集股东会会议的职责的情况下,提请监事会召集和主持,监事会不召集和主持的情况下,股东自行召集和主持。

183. 股东会会议的通知和提案

《公司法》第一百一十五条第一款规定,召开股东会会议,应当将会议召开的时间、地点和审议的事项于会议召开20日前通知各股东;临时股东会会议应当于会议召开15日前通知各股东。公司不得提高提出临时提案股东的持股比例。《公司法》第一百一十五条第三款、第四款规定:"公开发行股份的公司,应当以公告方式作出前两款规定的通知。股东会不得对通知中未列明的事项作出决议。"

《公司法》之所以对股份有限公司股东会会议的通知和提案作出严格的规定,是因为股份有限公司的股东众多,人合性差,只有如此才能充分保障中小股东的利益。股份有限公司股东会会议的提案一般多由董事会提出,应当属于股东会职权范围内的事项,上会提案必须事先通知股东,否则不能作出决议。

184. 关于股东会临时提案权

股东临时提案权,是指符合条件的股东向董事会提交股东会会议的临时提案,从而在股东会会议上对提案进行表决。《公司法》第一百一十五条第三款规定:"单独或者合计持有公司百分之一以上股份的股东,可以在股东会会议召开十日前提出临时提案并书面提交董事会。临时提案应当有明确议题和具体决议事项。董事会应当在收到提案后二日内通知其他股东,并将该临时提案提交股东会审议;但临时提案违反法律、行政法规或者公司章程的规定,或者不属于股东会职权范围的除外……"

本次修订前《公司法》第一百零二条规定的股东临时提案权,要求单独或者合计持有公司3%以上股份的股东,《公司法》将其标准降低为10%,更具实践意义。

185. 关于股东累积投票权

根据《公司法》第一百一十六条的规定,股东出席股东会会议,所持每一股份有票一表决权,类别股股东除外。但是,公司持有的本公司股份没有表决权。股东会作出决议,必须经出席会议的股东所持表决权的过半数通过。但是,股东会作出修改公司章程、增加或者减少注册资本的决议,以及公司合并、分立、解散或者变更公司形式的决议,必须经出席会议的股东所持表决权的2/3以上通过。

《公司法》第一百一十七条规定,股东会选举董事、监事,可以按照公司章程的规定或者股东会的决议,实行累积投票制。本法所称累积投票制,是指股东会选举董事或者监事时,每一股份拥有与应选董事或者监事人数相同的表决权,股东拥有的表决权可以集中使用。这就是《公司法》规定的股份有限公司股东累积投票权。

由于股份有限公司实行法定的按股分配选举权的制度,在不实行累积投票权时,大股东拥有绝对多数选举票,因此,在公司选举董事、监事时往往是一人或几人一锤定音。董事、监事是公司的重要职务,在公司决策、管理和经营活动中起着举足轻重的作用,全部由大股东控制往往对中小股东非常不利。实行累积投票制可以防止董事、监事一边倒。累积投票制是指在选举董事、监事时,允许股东集中使用自己的选票。比如,某公司一大股东拥有公司70%的股份,其他股东拥有30%的股份,选举10名董事。如果不实行累积投票制,每个董事将均以70%的赞成票由大股东选出;如果实行累积投票制,小股东的选票集中在一起使用,300票至少也能选出3名董事。由此可见,累积投票制有利于保护小股东的利益。实行累积投票制必须在公司章程中作出明文规定,如果公司章程中没有相关规定,就只能在股东会上以决议的方式作出决定,否则小股东不能享有这一权利。需要提请注意的是,根据《公司法》的规定,只有股份有限公司在选举公司董事、监事时可以依法实行累积投票制,在决定其他事项时,则不能实行累积投票制。

186. 执行董事和非执行董事

《公司法》第一百二十条规定,股份有限公司设董事会,本法第一百二十八条另有规定的除外。本法第六十七条、第六十八条第一款、第七十条、第七十一条的规定,适用于股份有限公司。

董事会成员可以按照公司章程的规定确定为执行董事和非执行董事。与此有关系的是2023年修订将《公司法》(2018年修正)第五十条规定的关于规模较小的有限责任公司可以不设董事会,设一名执行董事,修改为设一名董事。

执行董事指不仅拥有公司董事的身份,还拥有公司经营层身份的董事。作为公司的董事他参加董事会议,对会议议题发表自己的意见,对会议决议进行表决;作为公司的经营层他还负有执行股东会决议和董事会决议的职责,负有履行公司行政或者业务职能的义务,所以他被称为执行董事。执行董事不仅开会期间在公司,他是公司的雇员,在公司担任高管,是公司经营层的重要成员,故也称其为内部董事。

非执行董事指在公司除董事身份外,没有其他身份,不在公司担任经理层成员,只参加董事会对议题发表意见,对决议进行表决,不负责决议的执行的董事。非执行董事是执行董事的对称,非执行董事不一定是独立董事,但执行董事一定不是独立董事。非执行董事是不在公司经营层担任职务的董事,是董事的一种,也是构成董事会的成员之一。非执行董事对执行董事起着监督、检查和平衡的作用。

187. 审计委员会和其他专业委员会

《公司法》第一百二十一条第一款、第二款、第三款、第四款、第五款规定,股份有限公司可以按照公司章程的规定在董事会中设置由董事组成的审计委员会,行使本法规定的监事会的职权,不设监事会或者监事。审计委员会成员为3名以上,过半数的成员不得在公司担任除董事以外的其他职务,且不得与公司存在任何可能影响其独立客观判断的关系。公司董事会成员中的职工代表可以成为审计委员会成员。审计委员会作出决议,应当经审计委员会成员的过半数通过。审计委员会决议的表决,应当一人一票。审计委员会的议事方式和表决程序,除本法有规定的外,由公司章程规定。

《公司法》本条关于在股份有限公司董事会内设审计委员会,以及关于在有限责任公司董事会内设审计委员会的规定,表明我国《公司法》在公司内部治理上越来越倾向于独立董事制度。有关在董事会内设审计委员会的其他问题请参考本书第三章的有关内容。

股份有限公司除设审计委员会外,还可以在董事会中设战略委员会、提名委员会、薪酬委员会等专业委员会。

188. 关于董事会临时会议

董事会是公司的执行机构,行使除股东会职权以外的职权。根据《公司法》的规定,董事会会议由董事长召集和主持,董事长不履行职务的,由副董事长召集和主持,副董事长不履行职务的由过半数董事推举一名董事召集和主持。董事会每年度至少召开两次会议,每次会议应当于会议召开10日前通知全体董事和监事。代表1/10以上表决权的股东、1/3以上董事或者监事会,可以提议召开董事会临时会议。董事长应当自接到提议后10日内,召集和主持董事会会议。董事会会议应有过半数的董事出席方可举行。董事会作出决议,必须经全体董事的过半数通过。董事会决议的表决,实行一人一票。董事会会议,应由董事本人出席;董事因故不能出席,可以书面委托其他董事代为出席,委托书中应载明授权范围。董事会应当对会议所议事项的决定作成会议记录,出席会议的董事应当在会议记录上签名。

代表1/10以上表决权的股东、1/3以上董事或者监事会可以提议召开董事会;董事会召开会议必须有全体董事过半数出席方能有效召开,通过决议必须经全体董事过半数的同意才为有效;董事表决每人一票,董事因故不能出席会议的可以委托其他董事代为表决;董事会会议应当对所议事项作出的决定制成记录,由出席会议的董事签名。

189. 关于董事对公司的赔偿责任

《公司法》第一百二十五条规定,董事会会议,应当由董事本人出席;董事因故不能出席,可以书面委托其他董事代为出席,委托书应当载明授权范围。董事应当对董事会的决议承担责任。董事会的决议违反法律、行政法规或者公司章程、股东会决议,给公司造成严重损失的,参与决议的董事对公司负赔偿责任;经证明在表决时曾表明异议并记载于会议记录的,该董事可以免除责任。

董事履职必须遵守法律、行政法规、公司章程和股东会决议。如果董事会通过的决议违反法律、行政法规、公司章程或者股东会决议给公司造成了损失,董事应当承担赔偿责任,公司、监事会、股东可以就董事的赔偿责任提起诉讼,当然,如果有证据证明董事对决议持异议的除外。不仅董事要对董事会决议承担责任,非独立董事还应当对履行职务行为承担责任。如果董事的履职行为违反法律、行政法规、公司章程或者股东会决议给公司造成了损失,也负有赔偿的责任,公司、监事会、股东也可以对此提起诉讼。《公司法解释(四)》第二十三条第一款规定:"监事会或者不设监事会的有限责任公司的监事依据公司法第一百五十一条(2023年修订后的《公司法》第一百八十八条——编者注)第一款规定对董事、高级管理人员提起诉讼的,应当列公司为原告,依法由监事会主席或者不设监事会的有限责任公司的监事代表公司进行诉讼。"《公司法解释(四)》第二十四条第一款规定,符合《公司法》第一百五十一条第一款规定条件的股东,依据《公司法》第一百五十一条第二款、第三款规定,直接对董事、监事、高级管理人员或者他人提起诉讼的,应当列公司为第三人参加诉讼。

如果给公司造成了损失,但是,董事会决议或者执行董事的行为没有违反法律、行政法规、公司章程或者股东会决议,董事就不承担赔偿责任,但可能根据公司的有关管理制度承担相应的公司内部行政责任。

190. 股份有限公司可以不设董事会

根据《公司法》的规定,股份有限公司也可以有一人公司,一人公司不设股东会,股东会的职权事项由股东一人作出决定。根据《公司法》第一百二十八条的规定,规模较小或者股东人数较少的股份有限公司,可以不设董事会,设一名董事,行使本法规定的董事会的职权。该董事可以兼任公司经理。据此,股份有限公司也可以不设董事会。

据上,在《公司法》实施后有限责任公司与股份有限公司,特别是与发起设立的股份有限公司的区别将会越来越小。

191. 对公司特殊人员报酬的知情权

《公司法》第一百二十九条规定,公司应当定期向股东披露董事、监事、高级管理人员从公司获得报酬的情况。董事、监事、高级管理人员从公司获得的报酬除工资外,还应包括公司为其提供的通信费、交通费、租房费、各种补助和津贴、保险费、招待费等。由于这些人员掌握公司财务支出的管理权,由公司定期将其报酬情况向股东通报是非常必要的。这是《公司法》对股份有限公司股东知情权的一项特别规定。

192. 股份有限公司的监事会

根据《公司法》第一百三十条的规定,股份有限公司设监事会,其成员为3人以上,由股东代表和适当比例的员工代表组成,股东代表由股东会选举产生。监事会设主席一人,由全体监事过半数选举产生。监事会会议至少每6个月召开一次,由监事会主席主持,监事会表决实行每人一票,监事会决议应当经全体监事的过半数通过。董事、高级管理人员不得兼任监事。股份有限公司监事会的职权与有限责任公司监事会的职权相同。

《公司法》第一百三十三条规定,规模较小的股份有限公司,可以不设监事会,设一名监事,行使本法规定的监事会的职权。

193. 上市公司股东会特别决议事项

《公司法》第一百一十六条第二款、第三款规定,股份有限公司股东会作出决议,应当经出席会议的股东所持表决权的过半数通过。但是,股东会作出修改公司章程、增加或者减少注册资本的决议,以及公司合并、分立、解散或者变更公司形式的决议,应当经出席会议的股东所持表决权的 2/3 以上通过。《公司法》第一百三十五条规定,上市公司在一年内购买、出售重大资产或者向他人提供担保的金额超过公司资产总额 30% 的,应当由股东会作出决议,并经出席会议的股东所持表决权的 2/3 以上通过。

据上,上市公司的法定股东会特别决议事项比非上市公司法定股东会特别决议事项多了 3 项,共计 10 项。另外,股份有限公司股东会特别决议事项股东表决权的基数是参加会议的股东所持的表决权,无论是上市公司还是非上市的股份公司都是如此。而有限责任公司法定股东会特别表决的表决权基数,公司法没有明确,一般理解为全体股东所持的表决权。相关差异可能是缘自股份有限公司的股东人数多,小股东不愿意参加股东会,且股东会有法定的严格的通知程序。

根据中国证监会《上市公司重大资产重组管理办法》的规定,上市公司及其控股或者控制的公司购买、出售资产,达到下列标准之一的,构成重大资产重组:

(1) 购买、出售的资产总额占上市公司最近一个会计年度经审计的合并财务会计报告期末资产总额的比例达到 50% 以上;

(2) 购买、出售的资产在最近一个会计年度所产生的营业收入占上市公司同期经审计的合并财务会计报告营业收入的比例达到 50% 以上;

(3) 购买、出售的资产净额占上市公司最近一个会计年度经审计的合并财务会计报告期末净资产额的比例达到 50% 以上,且超过 5000 万元人民币。

上市公司自控制权发生变更之日起 36 个月内,向收购人及其关联人购买资产,导致上市公司发生以下根本变化情形之一的,构成重大资产重组(买壳上市):

(1) 购买的资产总额占上市公司控制权发生变更的前一个会计年度经审计的合并财务会计报告期末资产总额的比例达到 100% 以上;

(2) 购买的资产在最近一个会计年度所产生的营业收入占上市公司控制权发生变更的前一个会计年度经审计的合并财务会计报告营业收入的比例达到

100%以上；

（3）购买的资产净额占上市公司控制权发生变更的前一个会计年度经审计的合并财务会计报告期末净资产额的比例达到100%以上；

（4）为购买资产发行的股份占上市公司首次向收购人及其关联人购买资产的董事会决议前一个交易日的股份的比例达到100%以上；

（5）上市公司向收购人及其关联人购买资产虽未达到本款第（1）项至第（4）项标准，但可能导致上市公司主营业务发生根本变化；

（6）中国证监会认定的可能导致上市公司发生根本变化的其他情形。

上述重大资产重组应当报中国证监会核准。

194. 关于上市公司设独立董事

《公司法》第一百三十六条第一款规定，上市公司设独立董事，具体管理办法由国务院证券监督管理机构规定。独立董事在上市公司不得担任除董事以外的其他职务，且不得与上市公司存在任何可能影响其独立客观判断的关系。

2001年中国证监会发布《关于在上市公司建立独立董事制度的指导意见》（现已失效），要求在上市公司全面推行独立董事制度。根据指导意见，上市公司独立董事是指不在公司担任除董事外的其他职务，并与其所受聘的上市公司及其主要股东不存在可能妨碍其进行独立客观判断的关系的董事；独立董事对上市公司及全体股东负有诚信与勤勉义务。独立董事应当按照相关法律法规、本指导意见和公司章程的要求，认真履行职责，维护公司整体利益，尤其要关注中小股东的合法权益不受损害。独立董事应当独立履行职责，不受上市公司主要股东、实际控制人或者其他与上市公司存在利害关系的单位或个人的影响。独立董事原则上最多在5家上市公司兼任独立董事，并确保有足够的时间和精力有效地履行独立董事的职责。

根据指导意见的规定，下列人员不得担任独立董事：

"（一）在上市公司或者其附属企业任职的人员及其直系亲属、主要社会关系（直系亲属是指配偶、父母、子女等；主要社会关系是指兄弟姐妹、岳父母、儿媳女婿、兄弟姐妹的配偶、配偶的兄弟姐妹等）；

（二）直接或间接持有上市公司已发行股份1%以上或者是上市公司前十名股东中的自然人股东及其直系亲属；

（三）在直接或间接持有上市公司已发行股份5%以上的股东单位或者在

上市公司前五名股东单位任职的人员及其直系亲属；

（四）最近一年内曾经具有前三项所列举情形的人员；

（五）为上市公司或者其附属企业提供财务、法律、咨询等服务的人员；

（六）公司章程规定的其他人员；

（七）中国证监会认定的其他人员。"

根据指导意见的规定，担任独立董事应当符合下列基本条件：

"（一）根据法律、行政法规及其他有关规定，具备担任上市公司董事的资格；

（二）具有本《指导意见》所要求的独立性；

（三）具备上市公司运作的基本知识，熟悉相关法律、行政法规、规章及规则；

（四）具有五年以上法律、经济或者其他履行独立董事职责所必需的工作经验；

（五）公司章程规定的其他条件。"

独立董事是上市公司的法定事项，现在国内上市公司均设有独立董事。独立董事也是由股东提名，经股东会选举产生的，独立董事的独立性主要表现在他不在经理层担任任何职务，与公司和股东没有任何其他利益关系，他为全体股东的利益独立于公司的管理层。从《公司法》关于股份有限公司非执行董事、独立董事的有关规定看，有重独立董事轻监事会的倾向。

195. 独立董事制度在英美公司

法律快车刊文称，在许多西方国家，企业聘请独立董事早已蔚然成风。经合组织在"1999年世界主要企业统计指标的国际比较"报告中专门列项比较了董事会中独立董事成员所占的比例，其中美国是62%，英国34%，法国29%。《财富》杂志显示，美国公司1000强中，董事会的平均规模为11人，其中独立董事高达9人。例如，摩托罗拉公司董事会12席中，有9席为独立董事；美林集团董事会由16位董事组成，其中11位为独立人士，其中包括纽约证券交易所主席及一些专营公司的总裁。

独立董事制度之所以备受欢迎，源于独立董事在复杂的利益纷争前保持的那份可贵的冷静与客观。独立董事超脱于公司的管理和经营，以及那些有可能影响他们作出独立判断的事务，与公司间不能有任何影响其客观、独立地作出判断的关系，在公司战略、运作、资源、经营标准以及一些重大问题上有权作出自己独立的判断。另外，独立董事还易于组织实施一个清晰而制度化的评价程序,从而避免内部董事"自己为自己打分",以最大限度地谋求股东利益。

总之,独立董事在西方是比较成熟的一项制度,实践效果比较好。

196. 上市公司的审计委员会

《公司法》第一百三十七条规定:"上市公司在董事会中设置审计委员会的,董事会对下列事项作出决议前应当经审计委员会全体成员过半数通过:(一)聘用、解聘承办公司审计业务的会计师事务所;(二)聘任、解聘财务负责人;(三)披露财务会计报告;(四)国务院证券监督管理机构规定的其他事项。"

审计委员会是上市公司董事会中最重要的一个专门委员会,主要负责对公司财务、审计及财务报告的审核。笔者也有幸成为一家主板上市公司的审计委员会成员。

197. 上市公司设董事会秘书

《公司法》第一百三十八条规定,上市公司设董事会秘书,负责公司股东会和董事会会议的筹备、文件保管以及公司股东资料的管理,办理信息披露事务等事宜。

董事会秘书是上市公司独有的一项制度,也是上市公司与非上市股份有限公司及有限责任公司的一个区别。上市公司的董事会秘书是公司的高级管理人员,主要负责股东会、董事会会议的筹备工作、资料管理工作和信息披露工作。

198. 上市公司董事回避制度

《公司法》第一百三十九条规定,上市公司董事与董事会会议决议事项所涉及的企业或者个人有关联关系的,该董事应当及时向董事会书面报告。有关联关系的董事不得对该项决议行使表决权,也不得代理其他董事行使表决权。该董事会会议由过半数的无关联关系董事出席即可举行,董事会会议所作决议须经无关联关系董事过半数的通过。出席董事会会议的无关联关系董事人数不足3人的,应当将该事项提交上市公司股东会审议。

一般而言,由于上市公司的股东人数众多,股东会会议召集程序复杂、费用高,公司的日常事务基本由董事会会议决策,除独立董事外的董事或者是某一方股东的人士，或者与某一方股东或者其控制的企业有利益关系。为了保证董事会决议公平正义，关联交易公正公平，《公司法》规定了上市公司非独立董事关联事项回避制度。有限责任公司《公司法》仅规定了关联担保的股东回避制度；非上市股份有限公司仅规定了关联担保的股东回避制度。由此可见，上市公司董事回避制度适用范围的扩大。另外，《公司法》新增了关联董事书面报告制度，这也非常有利于关联董事回避制度的贯彻。

199. 控股子公司不得持有上市公司的股票

《公司法》第一百四十一条规定，上市公司控股子公司不得取得该上市公司的股份。上市公司控股子公司因公司合并、质权行使等原因持有上市公司股份的，不得行使所持股份对应的表决权，并应当及时处分相关上市公司股份。这是公司法对上市公司新增的一项制度。

子公司持有母公司的股份或者股权，会使母公司对子公司的投资又回到母公司，难避虚假投资甚至抽逃之嫌。比如，母公司对子公司出资1000万元，持有子公司60%的股权，子公司收到母公司的出资回报，又将这1000万元作为对母公司的出资投回母公司，持有母公司20%的股权。虽然表面上发生了两个1000万元的投资，实则一分投资没有发生。

如果上市公司的子公司吸收合并非子公司，而非子公司持有上市公司的股票，就会导致上市公司的子公司不得已持有上市公司的股票，且不会形成虚假投资。如果有非子公司用其持有的上市公司的股份向上市公司的子公司提供质押担保，上市公司子公司持权的实现，也会使上市公司的子公司不得已持有上市公司的股份。根据《公司法》的规定，子公司持有的上市公司的股份不得行使表决权，并应当尽快处理。

第六章 股份有限公司的股份发行和转让

200. 关于无面额股及其优点

无面额股是指在股票票面上不标明面额的股份；有面额股是指在股票票面上标明面额的股份。有面额股其股票的面额即为每股的股本，公司发行的股票数乘以每股的股本等于公司的注册资本。公司发行面额股的价格必须等于或者大于股票的面额，不能小于股票的面额，而发行无面额股则不受此限制，其发行价格比较灵活，这是无面额股的优点。无面额股是《公司法》新增的一项制度。无论是发起设立股份有限公司、还是募集设立股份公司，无论是公开发行股份募集资本、还是非公开发行股份私募资本，股份有限公司股东向公司投资都称为公司发行股份。有限责任公司的资本不分份额，股东持有公司资本的多少不用持有多少股份表示，而用持有多少比例的股权表示。

《公司法》第一百四十二条规定，公司的资本划分为股份。公司的全部股份，根据公司章程的规定择一采用面额股或者无面额股。采用面额股的，每一股的金额相等。公司可以根据公司章程的规定将已发行的面额股全部转换为无面额股或者将无面额股全部转换为面额股。采用无面额股的，应当将发行股份所得股款的 1/2 以上计入注册资本。面额股和无面额股的最大不同在于，面额股的面额是事先确定的，发行价格受到面额的限制，只能等于或者高于面额，而无面额股发行价格不再受面额的限制，自由度大，可以随行就市。先发行后定每一股份的股本，这是无面额股的最大优点。不过根据《公司法》本条的规定，在采用无面额股的情况下，股份发行后确定的每股的股本不能少于发行价格的 1/2。因此，只要将随行就市发行所得股款的一半以上确定为注册资本就不违法。

201. 公募股份同股同价的原则

《公司法》第一百四十三条规定，股份的发行，实行公平、公正的原则，同类别的每一股份应当具有同等权利。同次发行的同类别股份，每股的发行条件和价格应当相同；认购人所认购的股份，每股应当支付相同价额。同种股份同权，同次发行的同种股份的条件和价格相同，是股份公司公开募集股份必须遵循的公平公正原则。

股份公司定向发行股份不受上述同种股份的发行条件和价格相同的规定限制，受自愿原则的规定限制。首先，定向发行股份是一对一的交易，不存在同次不同次的问题；其次，对不同投资者发行股份的条件和价格可以不同，仅以双方意思合一为要求。

202.《公司法》规定的股份有限公司发行的类别股

类别股，是指对股东持有的股权中的各项权利进行重新组合后形成的股东享有的权利不同的股份。比如，优先股、表决权差异股等都属于类别股，类别股相对于普通股，持有相同数量股份的普通股股东和类别股股东对公司享有的权利不同。

《公司法》第一百四十四条规定："公司可以按照公司章程的规定发行下列与普通股权利不同的类别股：（一）优先或者劣后分配利润或者剩余财产的股份；（二）每一股的表决权数多于或者少于普通股的股份；（三）转让须经公司同意等转让受限的股份；（四）国务院规定的其他类别股。公开发行股份的公司不得发行前款第二项、第三项规定的类别股；公开发行前已发行的除外。公司发行本条第一款第二项规定的类别股的，对于监事或者审计委员会成员的选举和更换，类别股与普通股每一股的表决权数相同。"《公司法》第一百四十五条规定："发行类别股的公司，应当在公司章程中载明以下事项：（一）类别股分配利润或者剩余财产的顺序；（二）类别股的表决权数；（三）类别股的转让限制；（四）保护中小股东权益的措施；（五）股东会认为需要规定的其他事项。"

据上，第一，不仅上市公司和新三板公司可以发行类别股，其他股份有限公司也可以发行类别股；第二，股份有限公司首次公开发行股份后，只能发行优先股，不能再发行其他类别股；第三，公开发行股份前发行的类别股上市之后可以保留。

203. 类别股股东的法定特别决议权

《公司法》第一百四十六条规定:"发行类别股的公司,有本法第一百一十六条第三款规定的事项等可能影响类别股股东权利的,除应当依照第一百一十六条第三款的规定经股东会决议外,还应当经出席类别股股东会议的股东所持表决权的三分之二以上通过。公司章程可以对需经类别股股东会议决议的其他事项作出规定。"

《公司法》第一百一十六条第二款、第三款规定:"股东会作出决议,应当经出席会议的股东所持表决权过半数通过。股东会作出修改公司章程、增加或者减少注册资本的决议,以及公司合并、分立、解散或者变更公司形式的决议,应当经出席会议的股东所持表决权的三分之二以上通过。"

据上,第一,类别股股东的法定特别决议事项包括修改公司章程、增加或者减少注册资本、公司合并、分立、解散或者变更公司形式,共计七项;第二,公司章程可以在这七项之外规定类别股股东的特别决议事项;第三,对类别股股东特别决议事项,普通股股东和类别股股东分别进行表决;第四,只有出席会议的普通股股东和类别股股东均以 2/3 以上表决权通过,决议才生效。

204. 董事会发行新股的特别决议

授权资本制度是《公司法》新引入的关于股份有限公司资本的一项制度。在授权资本制度下,公司章程规定公司的股份总数及资本总额、设立时发行的股份总数和募集的资本总额,同时授权董事会在公司成立后,根据公司对资金的需求和资本市场的情况,决定公司剩余的股份总数和募集资本的总额。

《公司法》第一百五十二条规定:"公司章程或者股东会可以授权董事会在三年内决定发行不超过已发行股份百分之五十的股份。但以非货币财产作价出资的应当经股东会决议。董事会依照前款规定决定发行股份导致公司注册资本、已发行股份数发生变化的,对公司章程该项记载事项的修改不需再由股东会表决。"《公司法》第一百五十三条规定:"公司章程或者股东会授权董事会决定发行新股的,董事会决议应当经全体董事三分之二以上通过。"

据上,公司章程或者股东会可以授权董事会在公司成立后的合适时间决定发行授权股份,但是董事会通过该决议必须经全体董事 2/3 以上通过。

205. 公开发行股份的法定程序

根据《公司法》第一百五十四条、第一百五十五条、第一百五十六条的规定，股份公司向社会公开募集股份的基本程序大致如下。

(1)无论是首次公开发行还是上市后公开增发新股，都应当经证券交易所审核后报证监会注册，只有注册后才可以公开发行股份募集资本。证券交易所核准和证监会注册是公开发行股份的法定前置程序。

(2)向社会公开募集股份，必须公告招股说明书，并制作认股书。招股说明书应当附公司章程，并载明下列事项：发行的股份数；发行面额股的，每股的票面金额和发行价格，发行无面额股的，每股的发行价格；募集资金的用途；认股人的权利和义务；股份种类及其权利和义务；本次募股的起止期限及逾期未募足时认股人可以撤回所认股份说明。公司设立时发行股份的还应当载明发起人认购的股份数。招股说明书是发行股份募集资本的广告和要约书。

(3)与证券公司签订承销协议，委托证券公司销售股票。证券公司承销股票的方式有包销和代销两种，包销是指由证券公司首先向社会公开销售，销售期届满时尚未销售出去的股票由证券公司购买；代销是指在销售期间届满时尚未售出的股票由证券公司返还给委托人。

(4)与银行签订代收股款的协议，由银行代收并保管股款。公开发行股份募集的股款，不能直接汇入公司的账户，必须首先存入公司在银行开立的监管账户，在股款募足之前由银行监管，公司不得动用。银行应当向缴纳股款的认股人出具收款的凭据。在设立公司的情况下，只有在公司注册成立后才可以动用银行监管的股款，只有在公司成立之后才能向投资人交付股票。

206. 关于股东约定限制转让的股份

根据《公司法》第一百四十四条的规定，股份有限公司可以发行转让受到限制的类别股。根据《公司法》第一百五十七条的规定，股份有限公司的股东持有的股份可以向其他股东转让，也可以向股东以外的人转让；公司章程规定转让受限的股份，其转让按照公司章程的规定。这是《公司法》关于股份有限公司发行限制转让股份的规定。

股份有限公司多种多样，有发起设立的股份有限公司，有定向募集设立的股份有限公司,有公开募集设立的股份有限公司,有上市的股份有限公司,除法定限制股份转让外,《公司法》允许公司章程约定限制转让,换句话说,就是如果公司章程对股东持有公司的股份转让作出限制,法律予以认同,赋予其效力。这是因为公司成立、成长的背景不同,相同数额股份享有的权利也可能不同,允许公司章程对某些股份的转让作出限制,有利于平衡股东之间的利益关系,有利于公司融资和成长。

207. 非上市股份公司可否规定股份优先购买权

根据《公司法》第一百五十七条关于股份有限公司股东持有的股份可以向其他股东转让,也可以向股东以外的人转让;公司章程规定转让受限的股份,其转让按照公司章程的规定,笔者本人倾向于非上市股份公司章程可以规定股东向股东以外的人转让股份,其他股东在同等条件下享有优先购买权。理由:第一,《公司法》第一百五十七条规定的限制转让,可以包括其他股东在同等条件下的优先购买权或者公司享有收购该股份的权利,或者说公司章程规定其他股东在同等条件下对转让股份享有优先购买权或者公司有权收购该股份属于限制转让的范围;第二,发起设立的股份有限公司和定向募集设立的股份有限公司,股东人数比较少,不能说股东之间没有人合的属性,股份有限公司股东之间没有人合属性的说法,过于武断,不客观;第三,在股份不上市交易的情况下,股东之间彼此享有特定条件下的股份优先购买权,有利于股东之间的凝聚,有利于公司的发展,有利无害;第四,法律、行政法规没有不允许非上市股份公司股东之间约定股份优先购买权的规定。

据上,只要公司章程规定股东向股东以外的人转让股份,其他股东在同等条件下享有优先购买权,法律就应当给予肯定和支持。

208. 关于法定限制转让股份

《公司法》第一百六十条规定,公司公开发行股份前已发行的股份,自公司股票在证券交易所上市交易之日起一年内不得转让。法律、行政法规或者国务院证券监督管理机构对上市公司的股东、实际控制人转让其所持有的本公司股份另有规定的,从其规定。公司董事、监事、高级管理人员应当向公司申报所持有的本公司的股份及其变动情况,在就任时确定的任职期间每年转让的股份不得超过其所持有本公司股份总数的25%;所持本公司股份自公司股票上市交易之日起一年内不得转让。上述人员离职后半年内,不得转让其所持有的本公司股份。公司章程可以对公司董事、监事、高级管理人员转让其所持有的本公司股份作出其他限制性规定。这是《公司法》关于股份有限公司股东持有的股份法定限制转让的规定。

上述法定限制转让的考量和目的主要是:第一,公司经营的连续性。如果公司的股份上市交易后,公司的控股股东、董事、监事、高管将其持有的本公司股票一起全部转让,势必导致公司的经营管理异常。第二,维护公司股票价格的稳定性。如果公司的股票一上市交易,公司的控股股东、董事、监事、高管将其持有的本公司股票一起全部转让,势必产生市场恐慌,使股票价格陡跌。第三,防止伪装上市。如果公司的股票一旦上市,允许公司的控股股东、董事、监事、高管将其持有的本公司股票一起全部转让,无异于鼓励那些伪装上市公司的控股股东和董事、监事、高管。《公司法》《证券法》对上市公司股票限制转让的规定,是法定限制转让,公司的原始股东、控股股东、董监高必须遵守。

209. 关于限售股票质押权的限制

《公司法》第一百六十条第三款规定,股票在法律、行政法规规定的限制转让期限内出质的,质权人不得在限制转让期限内行使质权。这是《公司法》新引入的对法定限售股票质押权的限制性规定。据此,凡是处于限售期内的股票,可以设立质押,但是在限售期限届满前质押权人不能行使质押权,可谓质权不破限售期限。

需要提请注意的是,这里规定的是法律、行政法规规定的限制转让期,对约定限制转让可能不能成立,也就是说约定限制转让无法对抗质押权。故此,公司、其他股东应当注意约定限制转让的弱点,在设立质押时进行对抗,防止约定限制转让遭到破坏。

210. 关于上市公司股票除权日

上市公司的股票在交易所挂牌交易,股票的流动性非常大。这就引出一个问题,上市公司召开股东会时谁来参加会议,是前手还是后手;上市公司分配股利时向谁分配,是前手还是后手。为了解决这个问题,人们为上市公司设计了一个机制,由截至某一日收盘时登记在册的股东享有前述权利,停盘后再开盘交易股票的买方不享有上述权利。这个日子就称为除权日,意为自次日起交易股票的买方不享有相应的权利。

《公司法》第一百五十九条规定,股票的转让,由股东以背书方式或者法律、行政法规规定的其他方式进行;转让后由公司将受让人的姓名或者名称及住所记载于股东名册。股东会会议召开前20日内或者公司决定分配股利的基准日前五日内,不得变更股东名册。法律、行政法规或者国务院证券监督管理机构对上市公司股东名册变更另有规定的,从其规定。

211. 股份有限公司股东要求公司收购股份的权利

《公司法》第一百六十一条规定:"有下列情形之一的,对股东会该项决议投反对票的股东可以请求公司按照合理的价格收购其股份,公开发行股份的公司除外:(一)公司连续五年不向股东分配利润,而公司该五年连续盈利,并且符合本法规定的分配利润条件;(二)公司转让主要财产;(三)公司章程规定的营业期限届满或者章程规定的其他解散事由出现,股东会通过决议修改章程使公司存续。自股东会决议作出之日起六十日内,股东与公司不能达成股份收购协议的,股东可以自股东会决议作出之日起九十日内向人民法院提起诉讼。公司因本条第一款规定的情形收购的本公司股份,应当在六个月内依法转让或者注销。"

这是《公司法》从本次修订前《公司法》(2018年修正)关于有限责任公司股权转让部分引入的条款,适用于非公开发行股份的股份有限公司。《公司法》的这一规定,有利于平衡发起设立的股份有限公司和定向募集设立的股份有限公司股东之间的利益关系,具有十分重要的实践意义。因为发起设立的股份有限公司和定向募集设立的股份有限公司的股东少,股份流动性非常弱,与有限责任公司没有什么区别,上述三种情况均改变了股东建立共同投资关系的初衷和意愿,但是,也不能因为少数股东的反对而禁止上述行为,故建立一种既尊重多数股东的意志,又保护少数股东利益的平衡机制非常必要。

需要提请注意的是:第一,股东要想享有要求公司收购股份的权利,就必须参加股东会,并对有关决议投反对票,不参加股东会、未投反对票的股东不享有这项法定权利;第二,合理价格可以通过双方协商一致形成,也可以通过对目标公司评估产生;第三,股东和公司不能在公司作出相关决议之后 60 日内达成收购协议的,必须在 90 日内提起诉讼,诉讼时效期只有 30 天。

212. 为什么限制公司的持股时间

《公司法》第一百六十一条第三款规定,公司因本条第一款规定的情形收购的本公司股份,应当在 6 个月内依法转让或者注销。为什么《公司法》限制公司持有本公司股份的时间呢？原因如下。

(1)公司是股东财产受托经营的平台,由受托经营股东财产的董事、监事和高管负责运营,如果允许公司长期持有本公司的股份,会使财产的委托经营者和财产的受托经营者的身份混淆,不利于规范和处理股东与公司及董、监、高之间的法律关系；

(2)公司持有本公司的股份其收购价款源自公司,公司长期大额持有本公司的股份,会影响公司资本的充实,减少公司的责任财产,降低公司的偿债能力,这与股东以出资额为限对公司承担责任,公司以其全部资产为限对其负债承担责任的公司企业制度相悖；

(3)公司持有的本公司股份无法行使股东表决权,公司长期大量持有本公司的股份会异化公司的股东表决权,影响公司股东依法进行决策。

据上,《公司法》虽允许在特定情况下公司收购本公司的股份,但不允许长期持有。

213. 关于为减资收购本公司的股份

根据《公司法》第一百六十二条第一款第一项的规定,公司不得收购本公司的股份,但为减少公司注册资本的除外；根据第二款和第三款的规定,为减少公司注册资本收购本公司的股份应当经股东会决议,并应当自收购后 10 日内注销收购的股份。根据《公司法》的规定,公司需要减少注册资本时,必须编制资产负债表及财产清单。公司应当自作出减少注册资本决议之日起 10 日内通知债权人,并于 30 日内在报纸上或者统一的企业信息公示系统上公告。债权人自接到通知之日起 30 日内,未接到通知的自公告之日起 45 日内,有权要求公司清偿债务或者提供相应的担保。

据上,股份有限公司减少注册资本的业务流程大致如下。

（1）公开发行股份的股份有限公司拟减少公司注册资本的：第一步，由股东会通过减少公司注册资本的特别决议；第二步，根据公司法的规定通知债权人并进行公告；第三步，按照股东会决议批准的减少公司注册资本的金额，在股票交易所收购本公司的股份；第四步；在减资公告满45日后、收购股份10日之内办理公司减少注册资本的变更登记和股票注销登记。

（2）非公开发行股份的股份有限公司拟减少公司注册资本的：第一步，公司与减资股东达成附条件生效的减资协议或者公司减资方案；第二步，股东会通过减少公司注册资本的特别决议；第三步，按照公司法的规定通知债权人并公告；第四步，在公告满45天后进行公司减少注册资本的变更登记。

实际上，非上市的股份有限公司的减资程序与有限责任公司的减资程序基本相同，只是上市的股份有限公司的减资程序要通过收购股份来完成，因为上市公司的股份分散且流动性大，只能通过收购股份的方法代替与减资股东达成减资协议。另外，上市公司减资要注意《公司法》规定的公司减资公告期与注销股份期限的衔接问题。

214. 为与母公司合并收购本公司股份

根据《公司法》第一百六十二条第一款第二项的规定，公司不得收购本公司的股份，但为与持有本公司股份的其他公司合并的除外；根据第二款和第三款的规定，为与持有本公司股份的其他公司合并收购本公司的股份应当经股东会决议，并应当在收购后6个月内注销收购的股份。原国家工商行政管理总局在《关于做好公司合并分立登记支持企业兼并重组的意见》（工商企字〔2011〕226号）中，对合并后公司的注册资本问题予以明确，支持公司自主约定注册资本数额。因合并而存续或者新设的公司，其注册资本、实收资本数额由合并协议约定，但不得高于合并前各公司的注册资本之和、实收资本之和。合并各方之间存在投资关系的，计算合并前各公司的注册资本之和、实收资本之和时，应当扣除投资所对应的注册资本、实收资本数额。

之所以《公司法》规定在母子公司合并时，子公司要向母公司收购本公司的股份，是因为在公司合并中需要对参加合并的各公司进行估值，并根据估值结果确定各公司股东在合并后公司的持股比例。母公司对子公司的股权投资，已经作为子公司的资产加入子公司的估值，如果不将其从母公司的估值中删除，就会发生重复估值的情况。为了防止重复估值的情况发生，《公司法》规定，在母子公司合并时,子公司可以收购母公司持有的本公司的股份。如此,子公司就通过收购股份价款的名义将属于母公司的资产归还给了母公司,子公司的股东不再包含该母公司,子公司的资产中也不再包含母公司的,子公司的估值也就不再与该母公司有关,重复估值隐患也就被消除了。

其实,在实务中不需要按照《公司法》的规定,履行一个股份回购程序,只要按照国家市场监督管理总局文件的精神,对母公司参加评估的资产作出调整即可。比如,A是甲公司的全资股东,甲公司是母公司,基准日资产总额3亿元,负债1亿元,资产中有三项对外股权投资,其中一项投资额为1000万元,持有乙公司50%的股份。乙公司是A和B两个股东的合资公司,实收资本2000万元,基准日资产总额2亿元,负债1亿元。现在甲、乙两个公司合并,需要对参加合并的两个公司进行估值,在给甲公司估值时,删除甲公司对乙公司的长期股权投资1000万元,资产按2.9亿元进行评估。假定甲公司估值2.5亿元,乙公司估值1亿元。如此,A股东投入合并后公司的股东权益估值为3亿元(甲公司的2.5亿元加乙公司的0.5亿元),B股东投入合并后公司的股东权益价值为0.5亿元(乙公司估值的一半);如此,A股东持有合并后公司85.7%的股份,B股东持有合并后公司14.3%的股份。

如果按照《公司法》的规定,由乙公司(子公司)收购甲公司(母公司)持有的乙公司的股份,结果是一样的。在乙公司估值1亿元(上市公司就是市值1亿元)的情况下,乙公司向甲公司收购占本公司注册资本50%股份的价格就是0.5亿元。收购完成后,甲公司的资产从3亿元提高为3.5亿元,估值提高为3亿元,乙公司的资产从2亿元减少为1.5亿元,估值下降为0.5亿元。如此,也是A股东持有合并后公司85.7%的股份,B股东持有合并后公司14.3%的股份。

无论怎样做,这里遵循的都是等价交换的规则,结果都是一样的,只不过前述两种方法中,前者节省一个收购股份并减资的程序,后者多一个收购股份并减资的程序而已。

215. 为员工持股或股权激励收购股份

根据《公司法》第一百六十二条第一款第三项的规定,公司不得收购本公司的股份,但将股份用于员工持股计划或者股权激励的除外;根据第二款和第三款的规定,公司为员工持股计划或者股权激励收购本公司的股份,可以按照公司章程或者股东会的授权经 2/3 以上董事出席的董事会会议决议,公司收购的股份数不得超过公司已经发行股份总数的 10%,并应当在 3 年内转让给员工或者受激励者。

员工持股计划是一种新型的股权形式。企业内部员工出资认购或者购买本公司部分或全部股权,委托员工持股管理委员会或者金融机构托管运作,集中管理。员工持股计划包括两种类型:其一,企业员工通过购买企业部分股票而拥有企业部分产权,并获得相应的管理权和收益权;其二,员工购买企业全部股权而拥有企业的全部产权,并对本企业具有完全的管理权和收益权。员工持股计划是员工所有权的一种实现形式,是企业所有者与员工分享企业所有权和未来收益权的一种制度安排。员工通过购买企业部分股票而拥有企业的部分产权,并获得相应的管理权。实施员工持股计划的目的,是使员工成为公司的股东。

股权激励,是指为使受激励对象对企业整体和长远利益更为努力地付出,企业有条件地给予受激励对象一定数量的股权或其对应的权益,使受激励对象与企业利益深度绑定、风险高度共担的制度安排。受激励对象包括企业的董事、监事、高管、技术业务骨干和其他员工。国务院国资委在《中央企业控股上市公司实施股权激励工作指引》中明确,为进一步推动中央企业控股上市公司建立健全长效激励约束机制,完善股权激励计划的制定和实施工作,充分调动上市公司核心骨干人才的积极性,促进国有资产保值增值,推动国有资本做强、做优、做大,根据《公司法》、《企业国有资产法》、《关于修改〈上市公司股权激励管理办法〉的决定》(证监会令第 148 号)和国有控股上市公司实施股权激励的有关政策规定,制定本指引,供企业在工作中参考使用。本指引所称股权激励,是指上市公司以本公司股票或者其衍生权益为标的,对其董事、高级管理人员及管理、技术和业务骨干实施的长期激励。中国证监会在《上市公司股权激励管理办法》(2016 年 7 月 13 日证监会令第 126 号公布根据 2018 年 8 月 15 日证监会令第 148 号《关于修改〈上市公司股权激励管理办法〉的决定》修订)中规定,为进一步促进上市公司建立健全激励与约束机制,依据《公司法》《证券法》及其他法律、行政法规的规定,制定本办法。本办法所称股权激励是指上市公司以本公司股票为标的,对其董事、高级管理人员及其他员工进行的长期性激励。上市公司以限制性股票、股票期权实行股权激励的,适用本办法;以法律、行政法规允许的其他方式实行股权激励的,参照本办法有关规定执行。

实施员工持股计划或者股权激励可以收购本公司的股份为标的,也可以采取增资方式生成的股份为标的;股份有限公司可以实施,有限责任公司也可以实施。

216. 因合并分立股东要求收购股份

根据《公司法》第一百六十二条第一款第四项的规定,公司不得收购本公司的股份,但因股东对股东会作出的公司合并、分立决议持异议,要求公司收购其股份的除外;根据第三款的规定,公司因股东对公司合并、分立决议持异议要求公司收购的股份,公司应当在6个月之内转让或者注销。

这里需要提请注意的是:第一,不要求股东参加股东会并对有关决议投反对票,只要对公司通过的合并、分立决议持异议即可;第二,《公司法》没有给予股东司法救济的权利;第三,公司收购后应当在6个月内完成转让或者注销,股份可以转让给公司的股东,也可以转让给公司股东以外的人,注销要履行减少注册资本的程序。无论是股份有限公司还是有限责任公司,股东都享有这项权利,不同的是,有限责任公司的股东必须参加会议投反对票,并且享有司法救济权。

217. 为发行可转债收购本公司股份

根据《公司法》第一百六十二条第一款第五项的规定,公司不得收购本公司的股份,但因将股份转让为上市公司发行的可转换为股票的公司债券的除外;根据第二款和第三款的规定,公司为发行可转债收购本公司的股份,可以按照公司章程或者股东会的授权经2/3以上董事出席的董事会会议决议,公司收购的股份数不得超过公司已经发行股份总数的10%,并应当在3年内转让给购买公司债券的投资人。

根据《证券法》的规定,上市公司公开发行债券,必须符合法律、行政法规规定的条件,并依法报经国务院证券监督管理机构或者国务院授权的部门注册。未经依法注册,任何单位和个人不得公开发行证券。发行人申请公开发行可转换为股票的公司债券,依法采取承销方式的应当聘请证券公司担任保荐人。公开发行公司债券筹集的资金,必须按照公司债券募集办法所列资金用途使用;改变资金用途,必须经债券持有人会议作出决议。公开发行的证券,应当在依法设立的证券交易所上市交易或者在国务院批准的其他全国性证券交易场所交易。非公开发行的证券,可以在证券交易所、国务院批准的其他全国性证券交易场所、按照国务院规定设立的区域性股权市场转让。

可转股债券是可转换为公司股票的债券的简称,是一种可以在特定时间、按特定条件转换为公司股票的特殊企业债券,只有上市公司可以发行可转股债券。

公司发行可转股的债券,发行人应当在招募说明书中承诺根据转换价格在一定时间内可将债券转换为公司普通股,也可以不转,转不转由债券持有人决定。可转换债券的优点为普通股所不具备的固定收益(借贷投资)和一般债券不具备的升值潜力(权益投资)。可转换债券兼有债券和股票的特征,具有债权性特征,即与其他债券一样,可转换债券也有规定的利率和期限,投资者可以选择持有债券到期,收取本息;股权性特征,即可转换债券在转换成股票之前是纯粹的债券,但转换成股票之后,原债券持有人就由债权人变成了公司的股东,可以参与企业的经营决策和红利分配,享有公司成长带来的红利。

上市公司可以通过收购股票作为可转债转股的标的,也可以采取增资的方法兑现可转债中的转股。

218. 为维护市值收购本公司股份

根据《公司法》第一百六十二条第一款第六项的规定,公司不得收购本公司的股份,但上市公司为维护公司价值及股东权益所必需的除外;根据第二款和第三款的规定,公司为维护价值和股东权益收购本公司的股份,可以按照公司章程或者股东会的授权经 2/3 以上董事出席的董事会会议决议,公司收购的股份数不得超过公司已经发行股份总数的 10%,并应当在 3 年内转让或者注销。

上市公司的市值等于公司股票的交易价格乘以公司发行的股份总数。由于资本市场受各种因素的影响,股票的价格有时会严重偏离其价值,这不仅会影响公司的价值,也会影响股东的权益。允许公司在法律允许的限度内干预股票的价格,允许公司在股票价格严重偏低于股票价值的时候收购本公司的股票,有利于维护公司的价值,也有利于维护股东的权益,且对资本市场有利无害。当然,这要有一个度,否则好事就可能变成坏事,故此,公司仅允许在 10%的范围内收购股份干预股票的价格。

219. 不接受公司股票为质押标的

《公司法》第一百六十二条第五款规定,公司不得接受本公司的股票作为质押权的标的。《公司法》这一规定的意思是,公司作为债权人时,不能接受债务人或者第三人用其持有的本公司的股票提供的质押担保。这是因为，如果公司接受本公司股票作为质押权的标的，在债务人不履行义务或者发生当事人约定的实现质押权的情形时，公司无法实现质押权。这是因为，如果公司实现了质押权，就可能构成公司绕开收购本公司股份及减资的法定程序实施的收购股份及减资的行为。这是因为，在公司实施质押权时，很可能由公司持有质押的股份，实际构成公司收购质押的股份。当然，如果质押股票由第三方购买了，就不会产生前述结果，而且公司也能从拍卖价款中优先受偿。

股票是股东的财产，股东享有以其持有的股票设立质押权的权利，但是如果公司接受以本公司股票作为质押权的标的，的确存在违法减资的风险。其实，不仅股份有限公司存在这个问题，有限责任公司也存在这个问题。

220. 限制资助他人取得本公司股份

《公司法》第一百六十三条规定，公司不得为他人取得本公司或者其母公司的股份提供赠与、借款、担保以及其他财务资助，公司实施员工持股计划的除外。为公司利益，经股东会决议，或者董事会按照公司章程或者股东会的授权作出决议，公司可以为他人取得本公司或者其母公司的股份提供财务资助，但财务资助的累计总额不得超过已发行股本总额的10%。董事会作出决议应当经全体董事的2/3以上通过。违反前两款规定，给公司造成损失的，负有责任的董事、监事、高级管理人员应当承担赔偿责任。

公司为他人取得本公司股份提供赠与、借贷、担保的，存在预设抽逃出资的风险。也就是说，他人为取得本公司股份而履行的出资义务，其资金是从公司取得的，实际上与股东履行出资义务后又将资金从公司抽走，没有什么本质上的区别。在公司为股东取得本公司股份提供财务资助的情况下，虽然从表面上看，股东履行了出资义务，但是公司实际控制的财产并没有增加，公司对债权人的责任财产也不确定。

《公司法》第二百五十条规定，违反本法规定，虚报注册资本、提交虚假材料或者采取其他欺诈手段隐瞒重要事实取得公司登记的，由公司登记机关责令改正，对虚报注册资本的公司，处以虚报注册资本金额5%以上15%以下的罚款；对提交虚假材料或者采取其他欺诈手段隐瞒重要事实的公司，处以5万元以上20万元以下的罚款；情节严重的，吊销营业执照。第二百五十二条规定，公司的发起人、股东虚假出资，未交付或者未按期交付作为出资的货币或者非货币财产的,由公司登记机关责令改正,处以虚假出资金额5%以上15%以下的罚款。

公司为他人取得本公司股份提供财务资助,很可能构成上述严重违反《公司法》的行为。

第七章 | 国家出资公司组织机构的特别规定

221. 关于国家出资公司的范围

《公司法》第一百六十八条规定,国家出资公司组织机构适用本章规定;本章没有规定的,适用本法其他规定。本法所称国有出资公司,是指国家出资的国有独资公司、国有资本控股公司,包括国家出资的国有有限责任公司、有限责任公司。据此,《公司法》规定的国家出资公司包括国有独资公司和国有资本控股公司。

国务院国资委、财政部令第32号《企业国有资产交易监督管理办法》,第四条在明确国有独资公司、国有控股公司、国有实际控制公司的范围时,规定:"本办法所称国有及国有控股企业、国有实际控制企业包括:

(一)政府部门、机构、事业单位出资设立的国有独资企业(公司),以及上述单位、企业直接或间接合计持股为100%的国有全资企业;

(二)本条第(一)款所列单位、企业单独或共同出资,合计拥有产(股)权比例超过50%,且其中之一为最大股东的企业;

(三)本条第(一)、(二)款所列企业对外出资,拥有股权比例超过50%的各级子企业;

(四)政府部门、机构、事业单位、单一国有及国有控股企业直接或间接持股比例未超过50%,但为第一大股东,并且通过股东协议、公司章程、董事会决议或者其他协议安排能够对其实际支配的企业。"

据上,笔者认为:

(1)国有独资公司的范围包括:第一,单一政府部门、机构、事业单位持有100%股权的公司;第二,符合第一种情况的公司直接或者间接持有100%股权的公司。总之,国有独资公司,指一个政府部门、机构、事业单位或者国有独资公司直接或者间接持有100%股权的公司。

(2)国有全资公司的范围包括:第一,同一政府的数个政府部门、机构、事业单位合计持有100%股权的公司;第二,非同一政府的数个政府部门、机构、事业单位合计持有100%股权的公司;第三,国有独资公司和政府部门、机构、事业单位合计持有100%股权的公司;第四,两个以上国有独资公司合计持有100%股权的公司。总之,国有全资公司,指资本的主体不同,但资本的本质属性相同,都是国有资本,数个国有资本主体合计持有100%股权的公司。

(3)国有控股公司的范围包括:前述国有独资公司和国有全资公司及其他国有资本主体合计持有股权不足100%,但大于50%,且国有资本主体之一是最大股东的各种公司。总之,不问资本主体,只要国有资本持股比例大于50%,且国有资本主体之一是最大股东,即为国有控股公司;

(4)国有实际控制公司的范围包括:虽然政府部门、机构、事业单位、国有独资公司、国有全资公司及国有控股公司的直接、间接持股比例未超过50%,但为第一大股东,并且通过股东协议、公司章程、董事会决议或者其他协议安排能够实际控制的公司。总之,不问持股比例,只要国有资本主体能够控制公司,即为国有实际控制的公司。

《公司法》规定的国有出资公司,是指国家出资的国有独资公司和国有资本控股公司。

222. 国家出资公司的股东权利

出资人就是公司的股东,股东应当根据法律、行政法规和公司章程履行股东的义务,享有股东的权益。国家出资公司按照股权结构可以分为一级公司、二级公司和三级公司。对三级公司履行出资义务享有出资人权益的是二级公司,对二级公司履行出资义务享有出资人权益的是一级公司,那么,对一级公司履行出资义务享有出资人权益的是谁呢?对此,《公司法》第一百六十九条第一款规定,国家出资公司,由国务院或者地方人民政府分别代表国家依法履行出资人责任,享有出资人权益。国务院或者地方人民政府可以授权国有资产监督管理机构或者其他部门、机构代表本级人民政府对国家出资公司履行出资人职责。据此,对国家出资的一级公司履行股东职责、并对本级政府持有的国有资产履行监督管理职责的是,由本级人民政府授权的国有资产监督管理机构或者其他机构,统称为履行出资职责的机构。

制定公司章程是公司股东的法定职责,《公司法》第一百七十一条规定,国有独资公司的章程由履行出资人职责的机构制定。

股东会是公司的法定权力机构,《公司法》第一百七十二条规定,国有独资公司不设股东会,由履行出资职责的机构行使股东会的职权。履行出资人职责的机构可以授权公司董事会行使股东会的部分职权,但公司章程的制定和修改,公司的合并、分立、解散、申请破产,增加或者减少注册资本,分配利润,应当由履行出资人职责的机构决定。关于股东代表参加国有资本控股公司股东会问题,《公司法》第一百七十二条规定,国有独资公司不设股东会,由履行出资人职责的机构行使股东会职权。履行出资人职责的机构可以授权公司董事会行使股东会的部分职权,但公司章程的制定和修改,公司的合并、分立、解散、申请破产,增加或者减少注册资本,分配利润,应当由履行出资人职责的机构决定。国有资本控股公司的重大事项,依照法律、行政法规或者公司章程应当由股东会决议的,履行出资人职责的机构委派的股东代表参加股东会会议,应当按照委派机构的指示提出提案、发表意见、行使表决权,并将履行职责的情况和结果及时报告委派机构。

223. 国有独资公司的董事会

董事会是公司的执行机构。《公司法》第一百七十三条规定,国有独资公司的董事会依照本法规定行使职权。国有独资公司的董事会成员中,应当过半数为外部董事,并应当有公司职工代表。董事会成员由履行出资人职责的机构委派;但是,董事会成员中的职工代表由公司职工代表大会选举产生。董事会设董事长一人,可以设副董事长。董事长、副董事长由履行出资人职责的机构从董事会成员中指定。《公司法》第一百七十五条规定,国有独资公司的董事、高级管理人员,未经履行出资职责的机构同意,不得在其他有限责任公司、股份有限公司或者其他经济组织兼职。

总之,各级政府授权国有资产监督管理机构代表本级政府对国有独资公司,依法履行一人公司股东的各项义务,依法享有一人公司股东的各项权利;对国有资本控股或者参股的公司,依法履行出资人的义务,依法享有出资人的权利。

224. 发挥党组织的领导作用

《公司法》第一百七十条规定,国家出资公司中中国共产党的组织,按照中国共产党章程的规定发挥领导作用,研究讨论公司重大经营管理事项,支持公司的组织机构依法行使职权。坚持党的领导是国有企业的本质特征和独特优势,是完善中国特色现代企业制度的根本要求。《公司法》根据党章的规定,明确中国共产党对国有企业的领导,保证党组织把方向、管大局、保落实的领导作用。

225. 国有控股公司的决策程序

国有资本控股公司、国有资本参股公司均非一人公司,应当依法成立股东会,股东会是公司的权力机构,依法行使法律、行政法规和公司章程规定的职权。国有资本主体应当以股东身份参加股东会,依法行使股东的各项权利。对此,国有资本控股公司的重大事项,依照法律、行政法规或者公司章程应当由股东会决议的,履行出资人职责的机构委派的股东代表参加股东会会议,应当按照委派机构的指示提出提案、发表意见、行使表决权,并将履行职责的情况和结果及时报告委派机构。国有资本主体依法享有委派代表参加股东会、对所议事项发表意见、对决议行使表决权等各项权利。

在国有资本控股公司和国有资本参股公司中,国有股东与其他股东一样,依法承担股东责任,依法享有股东权利。

226. 国有独资公司不设监事会

《公司法》第一百七十六条规定,国有独资公司在董事会中设置由董事组成的审计委员会行使本法规定的监事会职权的,不设监事会或者监事。审计委员会负责对公司财务、会计进行监督,并行使公司章程规定的其他职权。

第八章 公司董事、监事、高级管理人员的资格和义务

227. 董、监、高的忠诚勤勉义务

《公司法》第一百七十九条规定,董事、监事、高级管理人员应当遵守法律、行政法规和公司章程。第一百八十条规定,董事、监事、高级管理人员对公司负有忠实义务,应当采取措施避免自身利益与公司利益冲突,不得利用职权牟取不正当利益。董事、监事、高级管理人员对公司负有勤勉义务,执行职务应当为公司的最大利益尽到管理者通常应有的合理注意。公司的控股股东、实际控制人不担任公司董事但实际执行公司事务的,适用前两款规定。

在公司企业制度中,财产的所有权和管理权相分离,股东是公司财产的所有者,是财产的委托经营者,董事、监事、高级管理人员他们不是财产的所有者,是财产的受托经营者。公司则是董、监、高从事受托经营活动的平台,是股东共同利益的所在。因此,董、监、高作为受托者对股东的忠诚勤勉,不是对某一个股东的忠诚勤勉,而是对所有股东的忠诚勤勉,即对股东共同利益所在的忠诚勤勉。董、监、高的忠诚勤勉义务是公司企业制度的要求,是由其受托经营者的身份决定的。

228. 关于董、监、高不得为事项

根据《公司法》第一百八十一条的规定,公司董事、监事、高级管理人员不得有下列行为:

(1)侵占公司财产,挪用公司资金。侵占公司财产,是指剥夺公司财产的所有权,是对公司财产包括货币资金及其他有形资产和无形资产所有权的侵犯,目的是将公司财产占为己有,使公司丧失对财产的所有权。挪用公司资金,是

指将公司资金归为自己使用,是侵占公司对货币资金的使用权,虽然资金仍为公司所有,但公司不能使用资金,资金由其个人占有和使用。无论是侵占公司财产,还挪用公司资金,都是对公司财产的侵犯,都可能构成犯罪。无论是否构成犯罪,根据《公司法》第一百八十六条的规定,侵占的财产和挪用的资金应当返还给公司,有所得的其所得应当归公司所有。

(2)将公司资金以个人名义或者其他个人名义开列账户存储。公司资金应当存入公司账户,不能存入董、监、高个人的账户。从实务中看,一些中小企业这种现象比较普遍地存在,特别是财务人员用个人的银行卡存储公司资金的情况居多,他们将公司资金存入个人账户的目的不是侵占或者挪用,主要是为了方便。随着金税四期的推广,公款私存的现象有所减少。

(3)利用职权收受贿赂或者其他非法收入。这是一种犯罪行为,行为人很可能受到刑事处罚,不过,无论实施该行为的董、监、高是否受到刑事处罚,公司都有权要求行为人赔偿公司的损失;有违法所得的,根据《公司法》第一百八十六条的规定,所得应当归公司所有。在公司有充分理由怀疑董、监、高有收受贿赂或者获取其他非法收入时,可以向司法机关举报,由司法机关立案侦查。

(4)接受他人与公司交易的佣金归为己有。董事、监事、高管是公司的雇员,从公司取得薪酬,不得接受交易对方给予的佣金。

(5)擅自披露公司的秘密。这要从以下两个方面理解:第一,上市公司依法负有披露公司信息的义务,并且董事必须保证所披露的信息全面、准确、真实,不存在重大遗漏和误导性陈述,但是在公司披露之前董事、监事、高管不得擅自对外泄露公司尚未披露的信息,也不得为私利使用这些信息;第二,除上市公司以外,公司没有公开自己商业秘密的义务。公司的秘密可能构成公司的财产,擅自披露这些秘密可能使公司遭受损失。根据《刑法》和《公司法》第一百八十六条的规定,董事、监事、高管出卖、泄露公司、国家秘密,构成犯罪的依法追究刑事责任,如果出卖、泄露公司秘密获得收入的,公司有权追收。

(6)违反对公司忠诚义务的其他行为。董事、监事、高管是股东财产的受托经营者,必须对股东进而对公司尽忠诚义务,任何违反忠诚义务的行为都与身份相悖。

229. 规范董、监、高与公司的交易

《公司法》第一百八十二条规定,董事、监事、高级管理人员,直接或者间接

与本公司订立合同或者进行交易,应当就与订立合同或者进行交易有关的事项向董事会或者股东会报告,并按照公司章程的规定经董事会或者股东会决议通过。董事、监事、高级管理人员的近亲属,董事、监事、高级管理人员或者其近亲属直接或者间接控制的企业,以及与董事、监事、高级管理人员有其他关联关系的关联人,与公司订立合同或者进行交易,适用前款规定。

据上,董事、监事、高级管理人员与公司关联交易的范围如下。

(1)董事、监事、高级管理人员与公司订立合同或者进行交易;

(2)董事、监事、高级管理人员所控制的企业与公司订立合同或者进行交易;

(3)董事、监事、高级管理人员的近亲属与公司订立合同或者进行交易;

(4)董事、监事、高级管理人员的近亲属所控制的企业与公司订立合同或者进行交易;

(5)与董事、监事、高级管理人员有其他关联关系的人与公司订立合同或者进行交易。

不仅股东有与公司进行关联交易的事情,董、监、高通过关联交易损害公司利益在中小企业是比较常见的事情,不过关联交易就像本书前面讨论的那样,有积极的一面也有消极的一面。《公司法》新增关联交易报告制度和决策制度,对规范董、监、高与公司之间的关联交易,防控其消极的一面、发扬其积极的一面非常具有实践意义。关于关联交易是由股东会批准,还是由董事会批准,《公司法》并没有作出强制规定,由股东根据公司的具体情况在公司章程中规定。根据《公司法》第一百八十六条的规定,董、监、高违反第一百八十一条至第一百八十四条的规定,与公司进行关联交易取得收入的,其收入应当归公司所有。

230. 限制董、监、高与公司的同业竞争

《公司法》第一百八十四条规定,董事、监事、高级管理人员未向董事会或者股东会报告,并经董事会或者股东会决议,不得自营或者为他人经营与本公司有竞争关系的同类业务。这是《公司法》关于禁止董监高与公司进行同业竞争的规定。

同业竞争,是指具有竞争关系的相同行业或者其产品或者服务可以互相替代的行业。限制董、监、高与公司进行同业竞争有利于促进董、监、高一心一意为公司服务,防止泄露公司的商业秘密,杜绝转移公司的商业机会,对董监高忠

诚勤勉、敬业履职非常必要。发生同业竞争有两种情况：一种是在公司聘请其为董监高之前已经从事相关业务，甚至公司正是基于这个事实才聘请的；另一种是在公司聘请为董监高之后，借助在公司担任职务的便利从事相关业务的。第一种是可以容忍的，第二种是不能容忍的。同业竞争包括董、监、高自营相关业务，也包括与他人合伙合作从事相关业务。根据《公司法》第一百八十六条的规定，董、监、高违反第一百八十四条的规定与公司进行同业竞争取得收入的，其收入应当归公司所有。

231. 不得谋取公司的商业机会

《公司法》第一百八十三条规定："董事、监事、高级管理人员，不得利用职务便利为自己或者他人谋取属于公司的商业机会。但是，有下列情形之一的除外：（一）向董事会或者股东会报告，并按照公司章程的规定经董事会或者股东会决议通过；（二）根据法律、行政法规或者公司章程的规定，公司不能利用该商业机会。"商业机会就是经营者取得业务的机会，就是市场需求，就是获得业务赚取利润的机会。公司的董事、高级管理人员很重要的一项职责就是为公司寻求、发现、争取商业机会，开展、扩大公司的业务，为公司取得更多的利润。董、高在履行职责过程中会遇到许多商业机会，甚至有时这些商业机会在公司只有个别人掌握，其他人并不知晓。禁止董、监、高谋取公司的商业机会，就是董、监、高不能将自己在履行公司职责时获知的商业机会转由自己或者与自己有关联的人或者企业实施。打个比方说，就是不允许董、监、高在为公司烧锅炉的同时又为自己家捡煤渣。这种现象在过去大锅饭时期十分常见。

《公司法》虽然规定了两个但书，但是笔者还是希望读者冷静思考，在为公司起草章程或者规章制度时，慎重使用这两个但书。因为这个口子一旦打开，用心捡煤渣的人会越来越多，而且会使董、监、高与公司进行同业竞争合理化。

根据《公司法》第一百八十六条的规定，董、监、高为自己或者他人谋取属于公司的商业机会取得收入的，其收入应当归公司所有。

232. 董、监、高"三违"的赔偿责任

"三违"，是指违反法律、违反行政法规、违反公司章程。法律、行政法规、公司章程是董、监、高履行职务的三条红线，不能触碰。董、监、高在履行职务过程

中无论触碰了这三条红线中的哪一条,只要给公司造成了损失,都应当负赔偿责任。《公司法》第一百八十八条规定,董事、监事、高级管理人员执行职务违反法律、行政法规或者公司章程的规定,给公司造成损失的,应当承担赔偿责任。

《公司法》第一百八十六条的规定,在第一百八十一条至第一百八十四条规定的董、监、高"三违"行为,与第一百八十八条和第一百八十九条规定的公司诉讼之间起到承前启后的作用。换句话说,根据《公司法》第一百八十六条的规定,董、监、高有第一百八十一条至第一百八十四条列举的"三违"行为,或者有其他"三违"行为,公司、股东等可以根据《公司法》第一百八十八条和第一百八十九条的规定提起诉讼,通过司法程序维护公司利益。据此,董、监、高有《公司法》第一百八十一条至第一百八十四条规定的行为,公司、股东也可以根据第一百八十八条和第一百八十九条的规定提起公司诉讼。

233. 什么是公司诉讼

公司诉讼,是指股东、公司、董事、监事、高管、清算组成员、管理人成员、公司债权人以及其他人之间,因公司事务依据公司法及相关法规进行的诉讼。公司诉讼的主体主要是在公司事务中具有特定身份的人,公司诉讼中的债权人和其他人虽然在公司中不担当什么角色,但与公司之间发生了身份以外的关系,并且基于公司法及相关法规发生了与公司有关的诉讼。公司诉讼主要适用《公司法》《证券法》及相关司法解释,当然同时也适用《民法典》等其他法律法规。公司诉讼的案由与公司事务或者公司利益有关,比如股东关于知情权的诉讼,公司关于董事、高管赔偿责任的诉讼,债权人关于股东对公司负债承担补充赔偿责任的诉讼等。

234. 什么是股东代表诉讼

股东代表诉讼也叫股东派生诉讼,是指在公司利益受到损害时,公司应当提起诉讼而不提起诉讼的情况下,股东以自己的名义为维护公司的利益向法院提起的诉讼。股东代表诉讼制度的法理基础是股东为财产的委托人,公司董、监、高为财产的受托人,董、监、高应当尽职尽责地运营、维护公司的财产和权益,当公司的财产、权益受到损害时,如果公司由于某种原因不提起诉讼,股东作为财产的委托人享有通过诉讼直接救济公司的财产和权益,间接救济自己的财产和权益的权利。股东代表诉讼是公司诉讼的一种,是公司企业制度的一项重要内容,也是股东享有的一项权利。公司诉讼包括:(1)股东对董事、高管因其损害公司利益提起的股东代表诉讼;(2)股东对监事因其损害公司利益提起的股东代表诉讼;(3)股东对其他股东因其损害公司利益提起的股东代表诉讼;(4)股东对其他人因其损害公司利益提起的股东代表诉讼;(5)股东对董、监、高或其他股东利用关联交易损害公司利益提起的股东代表诉讼;(6)股东对董、监、高或其他股东利用担保关系损害公司利益提起的股东代表诉讼;(7)股东对其他股东行使知情权后损害公司商业秘密提起的股东代表诉讼;(8)股东对清算组成员损害清算财产或者违反法律、行政法规或者公司章程损害公司利益提起的股东代表诉讼;等等。股东代表诉讼的核心和共同点是,公司利益受到损害,股东为维护公司利益提起诉讼。股东代表诉讼的特征如下。

(1)必须是公司的利益受到了损害。比如,在股东滥用股东权利损害公司利益,股东利用关联交易损害公司利益、董、监、高违反法律、行政法规和公司章程损害公司利益,其他民事主体损害公司利益等公司利益受到损害时,在公司不起诉的情况下,股东才有权提起股东代表诉讼。判断是否应为股东代表诉讼,关键看是不是公司利益受到了损害。如果是公司利益受到了损害,股东提起的就应当是股东代表诉讼;如果不是公司的利益受到了损害,股东提起的就不是股东代表诉讼;如果是股东自己的利益受到了损害,股东提起的诉讼就是股东自益诉讼,比如股东为行使知情权提起的诉讼,股东为要求公司以合理价格收购其股权提起的诉讼等,这些都是股东自益诉讼。

(2)股东为公司利益提起诉讼,胜诉利益归公司。既然是公司的利益遭受了损害,既然是股东为公司利益提起的代表诉讼,胜诉利益就应当归公司享有。《公司法解释(四)》第二十五条规定,股东依据《公司法》第一百五十一条(为2024年《公司法》第一百八十九条)第二款、第三款规定直接提起诉讼的案件,胜诉利益归属于公司。股东请求被告直接向其承担民事责任的,人民法院不予支持。这一制度的缘由是:第一,这是公司财产独立性对股东代表诉讼的要求。股东代表诉讼的诉由是公司的利益遭受了损害,如果股东代表诉讼的胜诉利益归提起诉讼的股东,势必击破公司财产独立于股东的原则,造成股东财产和公司财产的混同,因此,股东代表诉讼的胜诉利益只能归公司享有,而股东包括提起诉讼的股东不能直接享有。第二,这是平衡股东利益的要求。如果股东代表诉讼的胜诉利益归起诉的股东,起诉者得,不起诉者不得,不仅有驾诉之嫌,而且也会冲击股东按照出资比例享有权利的原则,使股东之间的利益关系失去平衡。第三,这是股东有限责任制度的要求。股东以自己的出资对公司债务承担有限责任,这是公司企业制度的基石,而该制度的维持以公司以全部财产对公司债务承担责任为前提。在公司成立后股东只有三种情况可以从公司取得财产,即利润分配、减资和清算。如果股东代表诉讼的胜诉利益归起诉的股东,势必造成对债权人利益的损害。因此,股东代表诉讼是股东的一种共益行为,胜诉利益只能由公司享有,所以所有股东代表诉讼案件都必须列公司为第三人。《公司法解释(四)》第二十四条规定,符合《公司法》第一百五十一条(《公司法》第一百八十九条)第一款规定条件的股东,依据《公司法》第一百五十一条第二款、第三款规定,直接对董事、监事、高级管理人员或者他人提起诉讼的,应当列公司为第三人参加诉讼。

(3)股东以自己的名义提起诉讼。股东代表诉讼是在公司应当起诉而不起诉的前提下提起的诉讼,如果在制度设计上再要求股东以公司的名义提起诉讼,势必增加股东起诉的难度,甚至使股东代表诉讼制度名存实亡。股东以自己的名义提起诉讼,不仅降低了诉讼的难度,而且在胜诉利益归公司的制度下,不会出现公司损失股东得利的结果,因此,在设计这一制度时就允许股东以自己的名义为公司的利益提起诉讼。

(4)股东代表诉讼应当履行前置程序。关于股东代表诉讼的前置程序的规定存在于《公司法》第一百八十九条,该条共分四款。其中,第一款规定,董事、高级管理人员有前条(《公司法》第一百八十八条)规定的情形的,有限责任公司的股东、股份有限公司连续180日以上单独或者合计持有公司1%以上股份的股东,可以书面请求监事会向人民法院提起诉讼;监事有前条(《公司法》第一百八十八条)规定的情形的,前述股东可以书面请求董事会向人民法院提起诉讼。第二款规定,监事会或者董事会收到前款规定的股东书面请求后拒绝提起诉讼,或者自收到请求之日起30日内未提起诉讼,或者情况紧急、不立即提起诉讼将会使公司利益受到难以弥补的损害的,前款规定的股东有权为公司利益以自己的名义直接向人民法院提起诉讼。第三款规定,他人侵犯公司合法权益,给公司造成损失的,本条第一款规定的股东可以依照前两款的规定向人民法院提起诉讼。

235. 什么是股东共益诉讼

股东共益诉讼,是指股东为全体股东共同利益提起的或者法院判决对全体股东都有约束力的诉讼。股东共益诉讼是股东自益诉讼的对称,可以分为对未履行出资义务或者未完全履行出资义务或者抽逃出资提起的诉讼;对损害公司利益者提起的股东代表诉讼;对公司决议或者行为提起的诉讼三大类。具体而言,股东共益诉讼包括:(1)股东对未履行出资义务股东提起的要求其向公司履行出资义务的诉讼;(2)股东对未全面履行出资义务股东提起的要求其补充出资义务的诉讼;(3)股东对抽逃出资股东提起的要求其返还出资的诉讼;(4)股东因董、监、高损害公司利益提起的股东代表诉讼;(5)股东对其他股东或者他人损害公司利益提起的股东代表诉讼;(6)股东为解散公司提起的诉讼;(7)股东为分配利益提起的诉讼;(8)股东为撤销公司决议或者请求认定公司决议不成立或者无效的诉讼;等等。股东共益诉讼的本质和共同点是,原告主观为自己利益,客观上为股东共同利益,法院判决对全体股东有约束力。股东共益诉讼的特征如下。

(1)由全体股东享有胜诉利益或者判决对全体股东有约束力。在公司企业制度下,股东与股东之间是一种共同投资关系,无论是一起设立公司的发起人股东之间,还是增资股东与公司原股东之间都是如此。在共同投资关系中股东之间既有利益一致的一面,也有利益冲突的一面,而股东之间利益一致的一面正是股东共益诉讼的基础。由此而生的是股东共益诉讼的胜诉利益不能由原告独自享有,只能由全体股东共同享有,法院的判决不能只对原告股东有约束力,而是对全体股东均有约束力。比如,股东对股东未履行出资义务提起的诉讼,法院只能判决被告向公司履行义务,由全体股东按照股份比例分享胜诉利益;又如,股东提起请求公司分配利润的诉讼,法院支持的只能判决公司向全体股东分配利润,不能判决只向原告分配利润;再如,股东提起撤销公司决议的诉讼,法院支持的判决对全体股东均有效,不能只对原告有效对其他股东无效。

(2)股东共益诉讼或者以公司为被告或者以公司为第三人。在公司企业制度下,公司是全体股东的受托者,公司的行为应当符合股东的共同意志和利益,如果股东认为公司的行为不符合其意志和利益,可以以公司为被告提起股东共益诉讼,法院一旦作出判决,无论判决结果如何,其判决对全体股东和公司均有约束力。在公司企业制度下,公司也是全体股东共同利益的载体,不允许股东绕开公司额外获取共同利益。如此,既不允许原告独享股东共益诉讼的利益,也不允许股东绕开公司分配股东共益诉讼的利益。因此,凡是请求给付义务的股东共益诉讼都应当列公司为第三人参加诉讼,以便法院判决被告向公司履行给付义务。比如,股东对未履行出资义务的股东提起的共益诉讼、对抽逃出资股东提起的共益诉讼等都应当列公司为第三人,法院判决被告向公司履行出资义务。

(3)其他股东可以申请作为共同原告加入诉讼。既然股东共益诉讼法的院判决无论是支持还是反对股东的诉讼请求，对全体股东均有约束力，故此就应当允许其他股东参加诉讼发表自己的意见。对此，《公司法解释（二）》第四条第一款规定，股东提起解散公司诉讼应当以公司为被告。第三款规定，原告提起解散公司诉讼应当告知其他股东，或者由人民法院通知其参加诉讼。其他股东或者有关利害关系人申请以共同原告或者第三人身份参加诉讼的，人民法院应予准许。《公司法解释（四）》第三条第一款规定，原告请求确认股东会或者股东大会、董事会决议不成立、无效或者撤销决议的案件，应当列公司为被告。对决议涉及的其他利害关系人，可以依法列为第三人。第二款规定，一审法庭辩论终结前，其他有原告资格的人以相同的诉讼请求申请参加前款规定诉讼的，可以列为共同原告。第十三条第一款规定，股东请求公司分配利润案件，应当列公司为被告。第二款规定，一审法庭辩论终结前，其他股东基于同一分配方案请求分配利润并申请参加诉讼的，应当列为共同原告。

(4)股东共益诉讼只能在公司成立之后。前面已经说过公司在股东共同投资关系中的角色，它既是受托者又是共同利益的平台。因此，在公司未成立的情况下，这个股东共同的受托者和共同利益的平台并不存在，股东的个人利益还不能让位于共同利益。股东只能提起自益诉讼，不需要也不能提起共益诉讼。故此，只有在公司成立之后，股东才能提起股东共益诉讼。

(5)股东共益诉讼以股东自己的名义提起。股东共益诉讼虽然由全体股东受益，虽然法院的判决对全体股东有效，但是股东只需要以自己的名义提起相关诉讼，不需要其他股东授权或者代表其他股东。

236. 什么是股东自益诉讼

股东自益诉讼是股东共益诉讼的对称，股东为共同利益提起的公司诉讼为股东共益诉讼，股东为自己利益提起的诉讼就是股东自益诉讼。当股东因自己的利益受到公司、其他股东或者事董、高管履行公司事务损害时，股东为维护自己的合法权益而提起的诉讼就是股东自益诉讼。股东自益诉讼中法院无论是支持还是反对股东的诉讼请求，相关判决只对原告股东有约束力，对其他股东没有约束力。股东自益诉讼包括：(1)公司未成立股东为分担设立费用提起的诉讼；(2)股东为知情权提起的诉讼；(3)股东为请求公司以合理价格收购其股权提起的诉讼；(4)股东为主张股权优先购买权提起的诉讼；(5)股东因受让股权为请求股权变更登记提起的诉讼；（6）发起人股东因承担连带责任向其他股东追偿提起的诉讼；等等。股东自益诉讼的本质和共同点是，股东为自己的利益提起诉讼，法院判决只对提起诉讼的股东有效，对其他股东无效。股东自益诉讼案件的特征如下。

（1）股东自益诉讼必须是股东自己的利益直接受到了损害。股东提起自诉案件必须是股东自己的利益受到了损害，如果不是股东自己的利益受到了损害，而是股东共同利益受到了损害，那就只能提起股东共益诉讼，不能提起股东自益诉讼。比如，股东为知情权提起的诉讼，股东为公司以合理价格收购自己股权提起的诉讼等都是股东自益诉讼。对此，《公司法》第一百九十条规定，董事、高级管理人员违反法律、行政法规或者公司章程的规定，损害股东利益的，股东可以向人民法院提起诉讼。

（2）损害股东利益与公司事务或者与董事高管履行职务有关。股东利益受到损害之所以提起公司诉讼，而非一般民事诉讼，是因为损害的主体是公司或者是董事高管，是公司在处理公司事务或者董事高管在履行公司职务时对股东的利益造成了损害，因此需要依据《公司法》《证券法》及相关司法解释进行审理。如果是股东与公司之间、股东与董事高管之间因买卖合同，或者交通肇事赔偿责任发生了纠纷，就是一般的民事诉讼，而非公司诉讼中的股东自益诉讼。

（3）股东自益诉讼胜诉的利益归股东，法院判决只对原告股东有约束力。股东自益诉讼的案由是因为股东自己的利益受到了损害，诉讼的目的就是获得法律救济，因此胜诉利益只能由提起诉讼的股东享有，法院无论是支持还反对原告股东的诉讼请求，其判决仅对提起诉讼的原告有效，对其他股东无约束力。股东自益诉讼是股东的一种自益行为。因此，股东自益诉讼不但不会像股东共益诉讼那样把公司列为受益的第三人，而且可能会把公司列为被告或者共同被告。

（4）股东自益诉讼中股东以自己的名义提起。根据谁受害谁主张，谁主张谁受益的原则，股东自益诉讼案件只能由股东自己提起诉讼。

237. 对董、监、高侵占公司财产的诉讼

公司的董事、监事、高级管理人员是受托经营管理公司财产的人，他们应当遵守法律、行政法规和公司章程，对股东和公司尽忠实勤勉的义务。如果董事、监事、高管利用职权收受贿赂或者侵占公司的财产或者损害公司的权益，公司

可以向公安机关报案,股东也可以向公安机关报案。在刑事审判的同时公司可以提起相关的附带民事诉讼,股东也可以提起附带民事股东代表诉讼。

(1)公司提起诉讼的,以受贿或者侵占公司财产的董事、监事、高管为被告,诉讼请求为赔偿因董事、监事、高管违法行为给公司造成的损失或者返还侵占的财物。视其情况,公司既可以提起刑事诉讼中的附带民事诉讼,也可以提起独立的民事诉讼。

(2)如果董事、高管实施了受贿或者侵占公司财产的行为,公司不起诉的,监事会可以提起诉讼,监事会可以主动提起诉讼,也可依股东的请求提起诉讼,被告和诉讼请求同上。

(3)如果监事实施了受贿或者侵占公司财产的行为,公司不起诉的,董事会可以提起诉讼,董事会可以主动提起诉讼,也可依公司股东的请求提起诉讼,被告和诉讼请求同上。

(4)公司股东在履行了《公司法》第一百八十九条规定的前置程序后也可以提起诉讼,被告和诉讼请求同上。但股东提起的是股东代表诉讼,应当列公司为第三人,由公司享受胜诉利益。

238. 对关联交易损害公司利益的诉讼

关联交易,是指具有关联关系的主体之间进行的交易。法律并不禁止关联交易,但是反对通过关联交易转移利润或者费用,因为这样做会损害公司及其他股东的利益,也可能构成违法避税。公司进行关联交易要像没有关联关系的主体之间的交易一样,公允定价等价交易。如果公司股东、实际控制人、董事、监事、高管利用自己对公司的控制权或者利用职务的便利安排公司与自己或者与自己的关联方进行交易,并通过关联交易损害公司利益获取不当利益,公司可以提起诉讼,监事会可以提起诉讼,股东也可以提起代表诉讼。

公司因关联交易提起诉讼的,被告和诉讼请求视情势而定。如果公司已经签订了相关合同,但尚未履行合同,公司可以以合同相对方为被告,诉讼请求为认定合同无效或者解除合同;如果合同已经履行,以合同相对方、操纵公司进行关联交易的股东、实际控制人、董事、监事、高管为被告,以连带赔偿公司损失为诉讼请求。如果公司不提起诉讼,监事会可以提起诉讼,被告和诉讼请求同上。如果监事会不提起诉讼,股东可以提起诉讼,被告和诉讼请求同上。但是股东提起的是股东代表诉讼,应当履行《公司法》第一百八十九条规定的前置程序,列公司为第三人,由公司享受胜诉利益。

239. 对董、监、高有不得为事项的诉讼

为了规范董事、监事、高级管理人员的行为,《公司法》第一百八十一条规定了六项董、监、高不得为的事项。从实务中看,许多公司章程还另外规定了公司董事、监事、高管不得为的事项。如果公司的董事、监事、高管违反了这些规定,或者给公司造成了损失或者取得了不应得的收入,公司可以对相关董事、监事、高管提起诉讼,股东也可以对相关董事、监事、高管提起股东代表诉讼。

公司提起诉讼的,以有不得为事项的董事、监事、高管为被告,诉讼请求为停止相关行为,如果行为已经给公司造成了损失,以赔偿公司的损失为诉讼请求,如果董事、监事、高管因相关行为取得了收入以相关收入给付公司为诉讼请求。在公司不起诉的情况下,监事会可以提起诉讼,监事会可以主动提起诉讼,可以应公司股东的请求提起诉讼,被告和诉讼请求同上。公司股东在履行《公司法》第一百八十九条规定的前置程序后可以提起股东代表诉讼,被告和诉讼请求同上。但股东提起的是代表诉讼,应当列公司为第三人,胜诉利益归公司享有。

240. 对股东损害公司利益的诉讼

股东是公司的投资者和受益者,股东应当像维护自身利益一样维护公司的利益,但是在公司有两个以上股东时,公司的利益与股东自身的利益就会有差异,个别股东特别是公司的控股股东就会以损害公司利益的方法牟取私利。根据《公司法》的规定,股东对公司享有各项权利,股东无论持股比例多少,在行使权力处理公司事务的过程中,都应当遵守法律、行政法规和公司章程,否则给公司利益造成损失的,应当依法赔偿公司的损失。注意,这里说的是直接给公司利益造成了损失,不是直接给股东利益造成了损失,直接给股东利益造成损失的,由股东提起自益诉讼。面对股东对公司的违法损害,公司可以提起诉讼,公司不起诉的董事会或者监事会可以提起诉讼,董事会或者监事会不提起诉讼的,股东可以提起股东代表诉讼。

公司提起诉讼的,以实施违法损害行为的股东为被告,以停止损害行为赔偿因损害行为给公司造成的损失为诉讼请求。董事会、监事会提起诉讼的,被

告和诉讼请求同上。股东提起股东代表诉讼的,列公司为第三人,胜诉利益归公司享有。另外,股东提起此类股东代表诉讼要履行必要的前置程序。

241. 他人损害公司利益的诉讼

这里所说的他人,是指《公司法》第一百八十九条第三款规定的"他人",笔者认为,是指除公司董事、监事、高管和股东以外的其他主体。公司作为商品经济的市场主体,其利益不仅可能受到来自内部的董、监、高或者个别股东的损害,更可能受到来自外部民事主体的损害。在公司的利益受到外部主体的损害时,公司有权依法维护自己的合法利益,包括通过诉讼进行救济。公司不提起诉讼的监事会或者董事会可以提起诉讼,监事会或者董事会不提起诉讼的,股东也可以提起股东代表诉讼。

他人损害公司利益,公司提起诉讼的,以损害行为人为被告,诉讼请求为停止损害行为,赔偿因损害行为致公司的损失。股东提起股东代表诉讼的,被告与诉讼请求同上。股东提起股东代表诉讼需要履行《公司法》第一百八十九条规定的前置程序,列公司为第三人,胜诉利益归公司享有。

242. 股东对给全资子公司造成损失的诉讼

《公司法》第一百八十九条规定:"董事、高级管理人员有前条规定的情形的,有限责任公司的股东、股份有限公司连续一百八十日以上单独或者合计持有公司百分之一以上股份的股东,可以书面请求监事会向人民法院提起诉讼;监事有前条规定的情形的,前述股东可以书面请求董事会向人民法院提起诉讼。监事会或者董事会收到前款规定的股东书面请求后拒绝提起诉讼,或者自收到请求之日起三十日内未提起诉讼,或者情况紧急、不立即提起诉讼将会使公司利益受到难以弥补的损害的,前款规定的股东有权为公司利益以自己的名义直接向人民法院提起诉讼。他人侵犯公司合法权益,给公司造成损失的,本条第一款规定的股东可以依照前两款的规定向人民法院提起诉讼。公司全资子公司的董事、监事、高级管理人员有前条规定情形,或者他人侵犯公司全资子公司合法权益造成损失的,有限责任公司的股东、股份有限公司连续一百八十日以上单独或者合计持有公司百分之一以上股份的股东,可以依照前三款规定书面请求全资子公司的监事会、董事会向人民法院提起诉讼或者以自己的名义直接向人民法院提起诉讼。"

全资子公司的董、监、高违反法律、行政法规或者公司章程给全资子公司造成损失，他人给全资子公司造成损失，有限责任公司的股东或者符合要求的股份有限公司的股东，可以按照《公司法》第一百八十九条规定的程序提起股东代表诉讼。注意，此类诉讼要向全资子公司的董事会或者监事会履行前置程序，并且诉讼利益归全资子公司享有。股东对给全资子公司造成损失的董、监、高或者他人的诉讼权是《公司法》新增添的内容。

243. 控股股东或实际控制人的连带责任

《公司法》第一百九十二条规定，公司的控股股东、实际控制人指示董事、高级管理人员从事损害公司或者股东利益的行为的，与该董事、高级管理人员承担连带责任。据此，如果董、监、高是听从公司控股股东或者实际控制人的指示或者要求从事的损害行为，控股股东或者实际控制人要与从事损害行为的董、监、高对公司承担连带赔偿责任。如此，股东在提起代表诉讼时可以将他们列为共同被告。

244. 股东代表诉讼的管辖问题

《民事诉讼法》第二十二条第一款规定，对公民提起的民事诉讼，由被告住所地人民法院管辖；被告住所地与经常居住地不一致的，由经常居住地人民法院管辖。第二款规定，对法人或者其他组织提起的民事诉讼，由被告住所地人民法院管辖。第三款规定，同一诉讼的几个被告住所地、经常居住地在两个以上人民法院辖区的，各该人民法院都有管辖权。这是关于民事诉讼一般管辖的规定，如果对民事诉讼有特殊管辖的规定，执行特殊管辖的规定，没有特殊管辖的规定执行一般管辖的规定。关于公司诉讼特殊管辖的规定见于《民事诉讼法》第二十七条和《最高人民法院关于适用〈中华人民共和国民事诉讼法〉的解释》第二十二条。其中《民事诉讼法》第二十七条规定，因公司设立、确认股东资格、分配利润、解散等纠纷提起的诉讼，由公司住所地人民法院管辖。《最高人民法院关于适用〈中华人民共和国民事诉讼法〉的解释》第二十二条规定，因股东名册记载、请求变更公司登记、股东知情权、公司决议、公司合并、公司分立、公司减资、公司增资等纠纷提起的诉讼，依照《民事诉讼法》第二十七条规定确定管辖。均未见关于股东代表诉讼或者董、监、高、股东或者他人损害公司利益的案件管辖的特殊规定，故股东代表诉讼的管辖问题只能适用原告就被告的原则，且股东代表诉讼案件中公司不能作为被告，因此，股东代表诉讼的案件也不能由公司所在地的人民法院管辖。

245. 股东代表诉讼的时效问题

这是一个尚无定论而且讨论比较多的问题。对这个问题笔者的观点如下。

第一，关于股东代表诉讼时效的期间问题，笔者认为股东代表诉讼的案由为损害公司利益，应当适用3年的一般诉讼时效，但是如果涉及撤销合同的则适用1年的特殊时效，涉及撤销公司决议的则适用60天的诉讼时效。

第二，关于股东代表诉讼的起算时点问题，这个问题讨论得比较多，有的主张从公司知道或者应当知道损害事实时起算，有的主张从股东知道或者应当知道损害事实时起算。从理论上说，应当从公司知道或者应当知道损害事实时起算，因为股东是代表公司提起诉讼，维护的是公司的利益；从实务上看，从股东知道或者应当知道损害事实时起算更好，因为股东代表诉讼针对的主要是大股东损害公司利益，公司是损害行为的受害者，是第一个知情人，但是因公司受控于大股东，不可能提起诉讼，所以以公司知道或者应当知道损害事实为诉讼时效的起算时点，没有任何意义。在许多情况下，由于小股东不参与公司管理，没有条件知道损害事实的发生，往往是在公司清算时、经营出现问题时，经过知情权诉讼之后才知道公司利益被损害的事实。故此，笔者认为应当以股东知道或者应当知道公司利益遭受损害的事实为股东代表诉讼的诉讼时效起算时点。

第九章 公司债券

246. 债券是证明债权债务的凭证

债券是证明债权债务关系的凭证,是企业进行借贷性融资的工具,也是债权人交易债权的工具。

公司的存在和发展需要资金,企业资金的来源有两个:一个是权益性融资,即向股东融资,取得的称为权益资本;另一个是借贷性融资,即向债权人融资,取得的称为借贷资本。《公司法》主要规范的是权益资本的生成和运行规则,本书前面讨论最多的也是权益资本。债券是企业为获得借贷资本发行的一种债权债务凭证,债券持有人依法对债务发行人享有债权人的各项权利。

247. 权益资本和借贷资本的异同

(1)有期限和无期限。权益资本没有期限,即使公司章程约定了公司的经营期限,经营期限届满公司解散,也不能理解为是权益资本的期限,因为公司解散股东分得的只是公司清算的剩余财产,并非股东的权益资本。故此,公司不用按照权益资本的期限准备偿还的资金。而借贷资本则有期限,即使借贷双方在借贷发生时未约定期限,债权人也可以通过通知的方式形成借贷的期限。当借贷期限届满时,公司需要履行归还的义务。故此,公司需要按照借贷资本的期限准备好偿还的资金。

(2)还本和不还本。权益资本不需要还本,即使公司经法定程序减资或者解散,已不能理解为是公司向股东清偿权益资本,因为,减资股东从公司取得的是其享有的权益资本的对价,公司从公司取得的是公司清算的剩余财产,无论是在法律关系上,还是在财税处理上都不是对权益资本的归还。而借贷资本则需要还本，因为在借贷资本项下双方交易的只是借贷标的的使用权，借贷的标的迟早需要归还。因此，对借贷资本公司必须按照约定的期限归还。

(3) 固定回报和不固定回报。权益资本是股东对公司的投资，是股东委托公司经营的资产，公司无须支付固定的回报。公司有利则分，无利则不分，利多则多分，利少则少分，这是权益投资者回报的规则。即使在优先股的情况下，也不能突破这个原则，否则就可能构成抽逃出资，因此，对股东来说必须甘冒权益性投资无回报的风险。而借贷资本的投资者是公司的债权人（包括股东作为公司的债权人），债权人有权要求固定的回报，公司作为债务人也有义务按照约定向债权人支付利息，而不问公司的经营结果如何，这是借贷投资者回报的规则。因此，就回报是否固定、回报是否受公司经营业绩影响这一点而言，权益性投资的风险大于借贷性投资的风险。

(4) 股息税后利息税前。股息税后利息税前是权益资本和借贷资本的一个重要区别。股息是权益资本的回报，公司向股东分配股息的前提是公司确有盈利，而且就所盈之利已经缴纳了企业所得税，未完税的利润是不能进行分配的。这就是说作为权益资本的投资者在取得股息之前，转化成股息的利润必须先缴税，能够作为股息分配的利润只是公司全部利润扣除税款之后的部分。而借贷资本则不然，借贷资本的回报是利息，根据企业所得税法的规定，利息可以作为公司经营的成本税前扣除。也就是说，公司向债权人支付的利息公司不仅不用纳税，而且利息本身还作为公司的经营成本在计算企业利润时扣除。一个税前扣除，一个税后分配，对投融资双方利益的影响很大。

(5) 可担保和不可担保。权益资本是股东对公司的投入，也是股东对公司责任的限额，因此，不需要、也不允许公司为股东对自己的权益性投资提供担保。如果认可公司为股东对自己的权益性投资提供担保，这种担保权的实现就可能实际构成抽逃注册资本。而借贷资本是债权人对公司的投入，是一种借贷关系，公司需要付息还本，债权人可以要求公司提供担保，即便是股东对公司的借贷性投资，也可以要求公司提供担保。是否可以提供担保直接影响投资的安全，所以就这一点来说，借贷性投资要比权益性投资安全。

(6) 清算时清偿的顺位不同。在公司解散清算或者破产清算的情况下，借贷资本包括股东投入的借贷资本的偿还顺位先于权益资本，只有借贷资本全部偿还完毕之后有剩余财产的才能按照股东投入的权益资本的比例进行分配。面对一个经营业绩不好的公司，在选择投资方式时这一点对投资者更加重要。清偿顺位的不同，也凸显了借贷性投资相比权益性投资的安全性。

(7) 是否享受公司的成长不同。权益资本的投资者是公司的股东，股东持有公司的股票或者股权,如果公司成长了,公司的估值就会上升,股东不仅可以通过享受利润分配权获得回报,还能享受因股票或者股权价格上涨给自己带来的更大的利益。而借贷资本的投资人是公司的债权人,他们的权利限制在还本付息的范围之内,无权享受公司的成长性,公司股票或者股权价格的上涨不能给他们带来任何利益(可转债除外)。也正是基于这一点,风险投资和创业投资主要是通过对成长性好的公司进行权益性投资,在公司上市或者被并购时享受公司的成长性,通过转让股票或者股权获得高额利润。

(8)对公司的影响力不同。在权益性投融资的情况下,投资人作为公司的股东有权参加公司的决策,并依据其持有的股份和公司章程的规定行使表决权,甚至有提名公司管理层的权力,对公司的影响力比借贷投资者大得多。而在借贷性投融资的情况下,投资者作为公司的债权人原则上不能对公司的重大决策行使表决权,更谈不上提名公司的管理层,对公司的影响力小得多。从这个角度讲,借贷性投资的安全性又比权益性投资的安全性差。不过从实务中看,借贷性投融资的投资者总是以各种方法弥补自己在这方面的缺欠,以提高借贷性投资的安全性。

(9)交易主体及是否改变公司的股份结构不同。借贷性投融资的交易主体是投资者和公司,公司是债务人,股东不是债务人,无论哪种借贷性投融资者均是如此。而权益性投融资的主体是投资者和公司的股东,是外来投资者与公司的股东建立共同投资关系,在增资的情况下投资者将出资交给公司只是股东与公司之间财产委托经营关系的要求。总之,权益性投融资法律关系的主体是投资者与公司的股东,而借贷性投融资的法律关系主体是投资者和公司。权益性投融资会增加公司的注册资本,进而会改变公司的股份结构,在某些特定情况下甚至会使公司的控股股东发生变化,触发公司并购。而借贷性投融资不会增加公司的注册资本,也不会改变公司的股份结构和控股股东,更不能成为公司并购。

(10)标的和程序不同。从实务中看,权益性投融资的标的比较复杂,其中以货币为主,其他非货币财产也常见,如股权、不动产等。而借贷性投融资的标的几乎全部是货币,其他非货币财产绝对少见。公司权益资本的变动要走公司增资扩股或者减资的法律程序,相对比较复杂。而借贷性投融资在许多公司中属于经营范畴,程序相对比较简单。

以上是笔者对权益性投融资和借贷投融资的对比分析,从中可以看出两种资本的本质特征,正确认识两种资本的这些特点,对我们设计公司的资本结构,特别是设计股东的投资结构意义重大。总体上说,借贷性投资在安全性、回报稳定性上表现突出，比较适合于有较大预期现金流，但成长性差的企业；而权益性投资在安全性、回报稳定性上都略差一筹，但能够享受公司的成长，比较适合于成长性好的企业。

248.《企业债券管理暂行条例》规定的企业债券

1993年8月2日，国务院发布《企业债券管理暂行条例》（第121号令），根据2011年1月8日《国务院关于废止和修改部分行政法规的决定》修订。该条例规定，本条例所称企业债券，是指企业依照法定程序发行、约定在一定期限内还本付息的有价证券。企业债券持有人有权按照约定期限取得利息、收回本金，但是无权参与企业的经营管理。企业债券持有人对企业的经营状况不承担责任。企业债券可以转让、抵押和继承。

关于企业债券的管理条例规定，国家计划委员会会同中国人民银行、财政部、国务院证券委员会拟订全国企业债券发行的年度规模和规模内的各项指标，报国务院批准后，下达各省、自治区、直辖市、计划单列市人民政府和国务院有关部门执行。未经国务院同意，任何地方、部门不得擅自突破企业债券发行的年度规模，并不得擅自调整年度规模内的各项指标。企业发行企业债券必须按照本条例的规定进行审批；未经批准的，不得擅自发行和变相发行企业债券。中央企业发行企业债券，由中国人民银行会同国家计划委员会审批；地方企业发行企业债券，由中国人民银行省、自治区、直辖市、计划单列市分行会同同级计划主管部门审批。

249.《证券法》规定的公司债券

根据《证券法》的规定，在中华人民共和国境内，股票、公司债券、存托凭证和国务院依法认定的其他证券的发行和交易，适用本法；本法未规定的，适用《公司法》和其他法律、行政法规的规定。国务院证券监督管理机构依法对全国证券市场实行集中统一监督管理。

公开发行证券，必须符合法律、行政法规规定的条件，并依法报经国务院证券监督管理机构或者国务院授权的部门注册。未经依法注册，任何单位和个人不得公开发行证券。证券发行注册制的具体范围、实施步骤，由国务院规定。有下列情形之一的，为公开发行：(1)向不特定对象发行证券；(2)向特定对象发行证券累计超过 200 人，但依法实施员工持股计划的员工人数不计算在内；(3)法律、行政法规规定的其他发行行为。非公开发行证券，不得采用广告、公开劝诱和变相公开方式。

公开发行公司债券，应当符合下列条件：(1)具备健全且运行良好的组织机构；(2)最近 3 年平均可分配利润足以支付公司债券 1 年的利息；(3)国务院规定的其他条件。公开发行公司债券筹集的资金，必须按照公司债券募集办法所列资金用途使用；改变资金用途，必须经债券持有人会议作出决议。公开发行公司债券筹集的资金，不得用于弥补亏损和非生产性支出。申请公开发行公司债券，应当向国务院授权的部门或者国务院证券监督管理机构报送下列文件：(1)公司营业执照；(2)公司章程；(3)公司债券募集办法；(4)国务院授权的部门或者国务院证券监督管理机构规定的其他文件。依照本法规定聘请保荐人的，还应当报送保荐人出具的发行保荐书。有下列情形之一的，不得再次公开发行公司债券：(1)对已公开发行的公司债券或者其他债务有违约或者延迟支付本息的事实，仍处于继续状态；(2)违反本法规定，改变公开发行公司债券所募资金的用途。

250. 公司发行债券的程序

《公司法》第一百九十四条规定，本法所称公司债券，是指公司发行的约定按期还本付息的有价证券。公司债券可以公开发行，也可以非公开发行。公司债券的发行和交易应当符合《证券法》等法律、行政法规的规定。

发行公司债券，对公司内部来说是公司的重大事项，对社会来说也是有重大影响的事项，所以，公司法规定了比较严格的程序，公司必须按照法律规定处理债券事务。公司债券发行程序可以概括为两项：第一，内部决定程序。根据公司法和证券法的规定，无论是有限责任公司还是股份有限公司，均可以依法发行公司债券筹集资金。但是，根据《公司法》第五十九条和第一百一十二条的规定，公司关于发行债券的决定必须经公司的股东会会议作出决定，这是公司发行债券的内部决策程序；第二，外部核准程序。根据《公司法》第一百九十五条和《证券法》第十五条的规定，公开发行证券，必须符合法律、行政法规规定的条件，并依法报经国务院证券监督管理机构或者国务院授权的部门核准或者审批，未经依法核准或审批的，任何单位和个人不得向社会公开发行证券。发行公司债券必须向国务院授权部门提出申请，按其要求报送有关文件，填制有关表格，在经其核准后方可发行。根据《证券法》的规定国务院授权部门应在3个月内作出核准或不核准的决定，并通知申请人。未经核准发行公司债券或以其他方式向社会发行债券或集资是违法的。

251. 公司发行债券的办法

公司发行债券的申请经国务院授权部门核准后，应当向社会公告债券募集办法。公司债券募集办法的内容应当符合《公司法》的要求。公司债券募集办法从法律角度说，就是公司向社会公众发出的借贷要约，所以其内容要真实、具体，并对公司和认购者具有约束力。

《公司法》第一百九十五条规定："公开发行公司债券，应当经国务院证券监督管理机构注册，公告公司债券募集办法。公司债券募集办法应当载明下列主要事项：（一）公司名称；（二）债券募集资金的用途；（三）债券总额和债券的票面金额；（四）债券利率的确定方式；（五）还本付息的期限和方式；（六）债券担保情况；（七）债券的发行价格、发行的起止日期；（八）公司净资产额；（九）已发行的尚未到期的公司债券总额；（十）公司债券的承销机构。"

债券总额，是指公司本次发行的债券的总额，这对投资者评估投资风险及债券成长性很有帮助。票面金额，是指记载在债券券面上的金额，债券到期公司还本时，公司仅按券面金额还本，而不按投资者购买债券的价格还本，因此，券面金额属投资者的应知事项。债券募集资金的用途就是公司发行债券所筹集到的资金干什么用，是用来增加公司的流动资金，还是用来对原有的生产线进行技术、设备改造，还是用来发展新的生产经营项目，必须在债券募集办法中说明。公司发行债券所募集的资金必须按照债券募集办法中公示的用途使用，不得挪作他用，否则就是违约。《公司法》之所以规定公司债券募集办法应当载明募集资金的用途，目的是保护社会公众投资者的知情权和选择权。社会公众作为公司债券的投资人，有权知道自己投资的领域和方向，从而对投资风险及是否投资作出判断。关于债券利率的确定方式。债券投资人的目的是获取债券的利息，而利率又是计算利息的重要依据，债券利率的高低直接影响债券投资人的投资决策和投资利益。在绝大多数情况下债券的利率是固定不变的，即在债券募集办法中向社会公众公示债券的利率，并且在此后不可改变。但也有极少数浮动利率的债券，一般规定了上限和下限，在上限和下限之间随银行利率的变动而变动。关于还本付息的期限和方式。一般情况下债券还本的期限是固定的,也就是大家平常说的二年期公司债券或三年期公司债券。这是指到期,公司一次将本金全部偿还。但是,也有可以提前还本或可以分期还本的债券,对于这类债券,公司就可以分批偿还投资人的本金,以防公司资金过剩增加财务成本。付息方式:有期限届满一次付息的;有分期付息的;还有预付利息的,即按低于债券券面金额的价格发售,到期按债券券面金额还本,不另外支付利息。公司选择何种还本付息的期限和方式,应在募集债券办法中公示,并一经公示不得改变。关于债券的发行价格、发行的起止日期。债券的发行价格不同于债券的票面金额,是指投资者购买债券的价格。债券的价格可以等于债券的票面金额,也可以高于债券的票面金额,还可以低于债券的票面金额。由于债券到期,公司仅按债券的票面金额向投资者还本,因此,债券的发行价格对投资者就十分重要。发行的起止日期,是为了方便投资者购买而公示的。关于债券担保。债券根据是否有担保可分为有担保的担保债券和无担保的信誉债券。公司应当在债券募集办法中公示债券的担保情况,并且一经公布不得改变。公司债券担保情况如何,不仅关系到投资人对投资风险的评估,也关系到投资人的切身利益,还关系到公司募集债券的成本。公司在发行债券时可以用自己的资产如土地使用权、房屋等设立抵押担保,也可以请求银行、企业等为自己提供信用保证,这些都是债券的担保形式。在公司债券有担保的情况下,如果公司不能如期偿还债券的本金和利息或者公司破产,债券持有人可以依据担保法主张优先受偿的权利,或者向保证人主张债权。而无担保的债券,如果遇到公司破产,债券持有人就只能以一般债权人的身份主张自己的权利。由于《公司法》规定了公示债券担保的情况,而未规定公示债券是否有担保,笔者理解,《公司法》不允许发行无担保的公司债券。公司发行债券与发行股票一样,不可自行发售,必须与承销机构签订承销协议,由承销机构代为销售。这样就必须公示公司债券的承销机构,便于公众购买。

252. 关于公司债券的转让问题

根据《公司法》第二百条第一款的规定,公司债券可以转让,转让价格由转让人与受让人约定。公司债券在证券交易所上市交易的,按照证券交易所的交易规则转让。无论是从公司债券是有价证券角度来说,还是从公司债券是持券人对公司的债权凭证角度来说,公司债券都是可以转让的。公司不能限制债权人对权利的转让,且债权人的变更也不会对公司产生任何影响。《公司法》没有对债券持有人转让债券作出任何限制,体现了交易自由的原则。公司债券转让价格由出让人和受让人自由商定,也是这一原则的体现。根据《公司法》的规定,只有在证券交易所上市交易的公司证券,需要按证券交易所的规则以集中竞价的方式进行交易,其他公司债券如何交易不受限制。

253. 可转换为股票的公司债券

《公司法》第二百零二条规定,股份有限公司经股东会决议,或者经公司章程、股东会授权由董事会决议,可以发行可转换为股票的公司债券,并规定具体的转换办法。上市公司发行可转换为股票的公司债券,应当经国务院证券监督管理机构注册。发行可转换为股票的公司债券,应当在债券上标明可转换公司债券字样,并在公司债券持有人名册上载明可转换公司债券的数额。

股份有限公司经股东大会决议可以发行可转换为股票的公司债券,并在公司债券募集办法中规定具体的转换办法。上市公司发行可转换为股票的公司债券,应当经国务院证券监督管理机构注册。发行可转换为股票的公司债券,应当在债券上标明可转换公司债券字样,并在公司债券存根簿上载明可转换公司债券的数额。

可转换为股票的公司债券,是指公司发行的债券在经过一定期间后可以转换为公司的股票,从而使公司的债权人转换为公司的股东。根据《公司法》本条的规定,只有上市公司可以发行可转换为公司股票的债券。这是因为,只有上市公司才达到其所发行的股票在证券交易所挂牌交易的条件,其他公司由于不具备股票挂牌交易的水平,所以不能允许其发行可转换为股票的公司债券。上市公司发行可转换为股票的公司债券,相当于向社会公众发行新股,所以必须经公司股东大会决议方可。

上市公司发行可转换为股票的债券,除需公司股东大会决议外,还需报国务院证券监督管理委员会注册,这是因为发行可转换的公司债券等于发行新股,所以必须具备相应的条件。公司债券转换为公司股票的办法,是债券投资人一定要了解的事项,主要包括:申请转换的程序,转换期间及当年利息或红利的分配方法等。公司应当在债券募集办法中对债券转换为股票的办法作出明确的说明,并载明在股票上,以便债券持有人知晓。公司债券转换为公司的股票,可以减轻偿还债务对公司资金的压力,使公司的短期融资转变为对公司的长期投资。

254. 转换债券持有人的选择权

根据《公司法》第二百零三条的规定,发行可转换为股票的公司债券的,公司应当按照其转换办法向债券持有人换发股票,但债券持有人对转换股票或者不转换股票有选择权。法律、行政法规另有规定的除外。

公司可以发行不转换为股票的债券,也可以发行可以转换为股票的债券,但不能发行必须转换为股票的债券。这就是说,可转换为股票的债券只是可转换而已,是否转换,抉择权不在公司,而在债券的持有者。对于可转换的债券来说,在期限到来时,如果债券的持有人选择转换,公司就应当按照已经公示的办法将持有人的债券兑换成股票;如果债券的持有人不选择转换,公司就应当按照公示的期限和利率向持有人还本付息。《公司法》之所以将是否转换的抉择权授予债券的持有人,主要是考虑保护社会公众投资者的利益,防止公司制造陷阱。

255. 公司债券上市交易申请

根据《证券法》的规定,申请公司债券上市交易,应当向证券交易所报送下列文件:(1)上市报告书;(2)申请公司债券上市交易的董事会决议;(3)公司章程;(4)公司营业执照;(5)公司债券募集办法;(6)公司债券的实际发行数额;(7)证券交易所上市规则规定的其他文件。申请可转换为股票的公司债券上市交易,还应当报送保荐人出具的上市保荐书。

256. 债券暂停或终止上市的情形

根据《证券法》的规定,公司债券上市交易后有下列情形之一的,由证券交易所决定暂停上市交易:(1)公司有重大违法行为;(2)公司情况发生重大变化不符合公司债券上市条件;(3)发行公司债券所募集的资金不按照所核准的用途使用;(4)未按照公司债券募集办法履行义务;(5)公司最近两年连续亏损。

公司有上述第(1)项、第(4)项所列情形之一经查实后果严重的,或者有上述第(2)项、第(3)项、第(5)项所列情形之一,在限期内不能消除的,由证券交易所决定终止其公司债券上市交易。公司解散或者宣告破产的,由证券交易所终止其公司债券上市交易。

257. 债券持有人会议

《公司法》第二百零四条规定,公开发行公司债券的,应当为同期债券持有人设立债券持有人会议,并在债券募集办法中对债券持有人会议的召集程序、会议规则和其他重要事项作出规定。债券持有人会议可以对与债券持有人有利害关系的事项作出决议。除公司债券募集办法另有约定外,债券持有人会议决议对同期全体债券持有人发生效力。

公开发行债券的公司应当为同期债券持有人设立债券持有人会议。债券持有人会议是维护债券持有利益的组织,可以对关于债权持有重大利益的事项作出决议。债券持有人的决议,只要不违反法律、行政法规、公司章程或者证券法,公司应当履行债券持有会议作出的决议。

258. 债券受托管理人

《公司法》第二百零五条规定,公开发行公司债券的,发行人应当为债券持有人聘请债券受托管理人,由其为债券持有人办理受领清偿、债权保全、与债券相关的诉讼以及参与债务人破产程序等事项。第二百零六条规定,债券受托管理人应当勤勉尽责,公正履行受托管理职责,不得损害债券持有人利益。受托管理人与债券持有人存在利益冲突可能损害债券持有人利益的,债券持有人会议可以决议变更债券受托管理人。债券受托管理人违反法律、行政法规或者债券持有人会议决议,损害债券持有人利益的,应当承担赔偿责任。

公开发行债券的,债券的许多事项不能由债券持有人直接办理,应当由公司为债券持有人聘请债券受托管理人,由受托管理人代表债券持有人办理。比如,代表持有人接受清偿,代表持有人提起诉讼等。如果受托管理不尽职,债券持有人会议可以通过决议更换。如果受托管理违反法律、行政法规或者债券持有人会议决议给持有人造成损失的,应当承担赔偿责任。

第十章 公司财务、会计

259. 依法建立财务会计制度

根据《公司法》第二百零七条的规定,公司应当依照法律、行政法规和国务院财政部门的规定建立本公司的财务、会计制度。公司是以集合方式成立的社会经济组织,必须核算并公开经营成果,必须向财产的所有者报告经营成果,这是公司建立完备的财务、会计制度的内部需求;国家推行统一的企业会计准则,监督企业对经营成果的核算,照章征缴税赋,这是公司建立完备的财务、会计制度的外部需求。任何公司必须依照法律、行政法规和国务院财政部门的规定建立本公司的财务、会计机构和制度,保存本公司的会计凭证,设立本公司的会计账簿,记录本公司的收入和支出,核算本公司的年度经营成果。会计制度包括会计核算制度、会计监督制度、会计机构的设置、会计工作制度等内容,由公司根据国家法律、行政法规和财税部门的规定制定。公司也可以不设立自己的财务会计机构,将自己的会计记录、核算工作委托社会服务机构完成,但不可违背独立核算的原则。

260. 应当编制财务会计报告

公司财务会计报告是反映公司报告期间资产、负债、权益变动情况的工具,是公司报告期间经营业绩的总结,是财产的受托经营者向委托者报告经营结果的文件。财务会计报告包括资产负债表、利润表和现金流量表及有关附注。资产负债表反映报告期结束时公司资产、负债和权益的构成情况,利润表反映报告期内公司经营的总支出、总收入和盈亏情况,现金流量表反映报告期内公司资金流出、流入和结余情况。会计报表附注是会计报表的编制者根据需要对报表特殊内容的说明，以便阅读者正确理解报表的内容。财务会计报告分为月报、季报和年报，但公司年度财务会计报表必须经会计师事务所或审计师事务所审计。

上市公司年度财务会计报告必须经依法登记的会计师事务所审计，这是法律的一项强制性要求，目的是对公司执行法律、行政法规和财政部门有关公司财务会计准则和制度进行监督。根据《公司法》第二百一十五条和第二百一十六条的规定，公司聘用、解聘承办公司审计业务的会计师事务所，依照公司章程的规定，由股东会或者董事会决定。股东会、董事会或者监事会就解聘会计师事务所进行表决时，应当允许会计师事务所陈述意见。公司应当向聘用的会计师事务所提供真实、完整的会计凭证、会计账簿、财务会计报告及其他会计资料，不得拒绝、隐匿、谎报。

261. 上市公司公告财务会计报告

根据《公司法》第二百零九条的规定，有限责任公司应当按照公司章程规定的期限将财务会计报告送交各股东。股份有限公司的财务会计报告应当在召开股东大会年会的20日前置备于本公司，供股东查阅；公开发行股份的股份有限公司必须公告其财务会计报告。

公司是利用股东投资的资产设立并运营的经济组织，因此，反映公司经营状况和经营成果的财务会计报告，必须报告给公司的股东。这不仅是股东的权利，也是股东行使权利的需要。有限责任公司的股东人数少，又不向社会募集资本，且股东相对稳定，所以必须根据公司章程规定的期限，向全体股东及时报送公司的财务会计报告。如果公司章程规定按季报，就应当每季一报；如果公司章程规定按年报，就应当每年一报。股份有限公司的股东多，流动性大，直接报送股东不现实。非公开发行股份的股份有限公司应当在召开股东大会年会的20日前将本公司的财务会计报告置备于本公司，供股东查阅。公开发行股份的股份有限公司，不仅应当按上述要求在公司置备本公司的财务会计报告，供股东查阅，还应当依法公告公司的财务会计报告，以便社会投资人及时了解。根据中国证监会的有关规定，上市公司必须依照法律、行政法规的规定，公开其财务状况、经营情况及重大诉讼，在每个季度结束后公布简要报告，在每半年结束后公布半年报告，在一个会计年度结束后公布年度财务会计报告。

262. 公司不得另立会计账簿

根据《公司法》第二百一十七条的规定,公司除法定的会计账簿外,不得另立会计账簿。对公司资金,不得以任何个人名义开立账户存储。公司的法定会计账簿,是指公司依法设立、记录收支、核算成果、申报纳税、提交审计、依法公告核算结果的财务会计账簿。另立账簿,是指公司在法定账簿之外,登记收入和支出或者截留公司收入和经营成果的行为。公司的全部资产、全部收入、全部支出、全部经营成果、全部财务凭证、全部财务会计账簿必须统一。根据《公司法》第二百五十四条的规定,公司在法定会计账簿以外另立会计账簿的,由县级以上人民政府财政部门责令改正,对公司进行处罚。

263. 关于公司分配利润的流程

股东向公司投资的目的是参与公司利润的分配,获取经济利益。因此,利润分配构成股东与股东之间共同投资关系的重要组成内容,也是正确处理股东与公司之间关系的重要环节。公司分配利润不仅关系到股东与股东、股东与公司之间的利益,也关系到公司债权人的利益,必须依法进行。

根据《公司法》第二百一十条的规定,公司在一个会计年度中取得的利润在分配之前应当依次完成以下事项。

(1)弥补前溯5年以内的亏损。公司年度利润在缴纳企业所得税之前,如果公司以前年度尚有未弥补的亏损,应当首先用来弥补公司以前年度的亏损,在公司有亏损未弥补的情况下是不可以分配利润的。但是,在公司本年利润缴纳企业所得税之前只可以弥补前溯5年以内(从亏损发生的下一年起算)的亏损,超过5年以前年度的亏损不可以用税前利润弥补,只可以用税后利润弥补,即先缴纳所得税,然后用税后利润弥补。如果公司年度利润用于弥补前溯5年以内的亏损后已经没有余额了,那么公司本年度既不用缴纳所得税,也不用提取法定公积金,更不能分配利润。如果公司在有亏损尚未弥补的情况下分配利润,可以被认定为股东抽逃资本,根据《公司法》的规定将被强令退回。

(2)缴纳企业所得税。如果公司的年度利润用于弥补前溯5年以内的亏损后仍有余额的,公司应按企业所得税法规定的税率,以该余额作为应税所得额计算缴纳企业所得税。企业所得税的税率为25%,个别企业的优惠税率为

15%。公司按月预缴企业所得税,小公司按季度预缴企业所得税,年终汇缴,多退少补。应当指出的是,这里说的应税所得额很可能与公司财务账上的剩余利润额不一致,是经过国家税务机关调整后的剩余利润额。这是因为税务机关在计征企业所得税时,往往根据税法的规定调整企业的利润额,并按调整后的应税所得额计算征收企业所得税。缴纳企业所得税是公司的法定义务,是公司分配利润的必经前置程序。

(3)用税后利润弥补5年以前的亏损。公司当年的利润缴纳企业所得税之后,首先应当考虑弥补公司5年以前的亏损,没有尚未弥补的历史亏损或者弥补完的剩余利润才可以进行分配。在有亏损没有弥补的情况下分配利润可能构成股东抽逃注册资本,只有消弭历史亏损后公司才可以分配利润。

(4)提取法定公积金。公司年度利润已无历史亏损需弥补,包括5年以内的税前弥补和5年以上的税后弥补,对已缴纳完企业所得税后的余额,在进行分配之前必须按税后剩余利润额的10%提取法定公积金,当然,如果不分就不能提。所谓公积金,就是从公司可分配利润中提取的积累,归全体股东按股份比例所有,主要用于备补亏损或扩大生产规模。所谓法定公积金,就是法律规定的公司必须提取的公积金,不提取法定公积金而直接进行利润分配是违法的。《公司法》第二百一十条规定,公司分配当年税后利润时,应当提取利润的10%列入公司法定公积金。公司法定公积金累计额为公司注册资本的50%以上的,可以不再提取。

(5)提取任意公积金。任意公积金是法定公积金的对称,顾名思义,任意公积金就是公司自由、自愿提取的公积金。公司提不提任意公积金,提多少任意公积金,法律不予干涉。根据《公司法》第二百一十条的有关规定,公司提取任意公积金须经股东会决议。无论是法定公积金,还是任意公积金,都是盈余公积金,指有盈余才提取的公积金。

(6)分配利润。公司只有完成上述各项利润分配前置事项后,才可以向股东分配股利。根据《公司法》的规定,公司的利润分配方案应由董事会提出,然后经股东会批准。根据《公司法》第二百一十条的规定,有限责任公司按股东实缴的出资比例分配利润,全体股东约定不按照出资比例分配的除外;股份有限公司按照股东持有的股份比例分配利润,公司章程另有规定的除外;公司持有本公司的股份不得分配利润。

264. 对违法分配利润的处理

《公司法》第二百一十一条规定,公司违反本法规定向股东分配利润的,股东应当将违反规定分配的利润退还公司;给公司造成损失的,股东及负有责任的董事、监事、高级管理人员应当承担赔偿责任。

公司违反《公司法》关于利润分配前置事项的规定,在弥补亏损和提取法定公积金之前向股东分配利润,实际上是破坏了股东有限责任的规则,相当于抽逃公司资本。《公司法解释(三)》第十二条明确规定,在公司成立后制作虚假财务会计报表虚增利润进行分配的,公司、股东或者公司债权人以相关股东的行为损害公司权益为由,请求认定该股东抽逃出资的,人民法院应予支持。这是因为,在公司企业制度中,股东对公司的投资是构成公司责任财产的物质基础,公司发生亏损时,公司的资产就会减少,公司的责任财产也会相应地减少,但是,公司法并不要求股东对公司的亏损立即进行填补,因此,公司有盈利时,在公司向股东分配盈利之前,就应当首先以公司的利润填补公司责任资产因公司经营亏损而致的减少,只有在填补完成后才能进行经营成果的分配。只有这样,公司的资本才能充实,股东对公司的有限责任才是公正的。否则,公司有亏损就挂账,公司有利润就分配,一亏一盈,公司的资本就会被股东抽空,股东的责任就会名存实亡。正是因为这样,《公司法》明确规定,股东必须将违反规定分配的利润退还公司。

265. 关于公司分配利润的时限

《公司法》第二百一十二条规定,股东会作出分配利润的决定的,董事会应当在股东会决议作出之日起6个月之内进行分配。这是《公司法》关于公司分配利润时限的规定,是《公司法》新引入的制度。《公司法》的这一规定主要是针对有些公司本来应当分配利润,但因大股东控制迟迟不能分配利润的情形。公司是否分配利润,什么时候分配利润,在什么前提下分配利润,法律不好直接规定。应当以公司章程为主,股东会决议次之,进行决定。

关于公司分配利润问题的司法救济问题,《公司法解释(四)》第十三条至第十五条规定,股东请求公司分配利润案件,应当列公司为被告。一审法庭辩论终结前,其他股东基于同一分配方案请求分配利润并申请参加诉讼的,应当列为共同原告。股东提交载明具体分配方案的股东会或者股东大会的有效决议,请求公司分配利润,公司拒绝分配利润且其关于无法执行决议的抗辩理由不成立的,人民法院应当判决公司按照决议载明的具体分配方案向股东分配利润。股东未提交载明具体分配方案的股东会或者股东大会决议,请求公司分配利润的,人民法院应当驳回其诉讼请求,但违反法律规定滥用股东权利导致公司不分配利润,给其他股东造成损失的除外。可见,没有公司章程的规定或者股东会决议,司法也无能为力。

据上,股东最好在公司章程中对分配利润问题作出明确、具体的规定,而不采用《公司法》关于由股东会决议的规定。

266. 法定公积金和任意公积金

《公司法》第二百一十条第一款、第三款规定,公司分配当年税后利润时,应当提取利润的10%列入公司法定公积金。公司法定公积金累计额为公司注册资本的50%以上的,可以不再提取。公司从税后利润中提取法定公积金后,经股东会决议,还可以从税后利润中提取任意公积金。

关于法定公积金的提取,从《公司法》的上述规定可见:第一,如果公司的年度利润全部用于弥补公司以前年度(无论是5年以内的还是5年以上)的亏损,公司就无须提取法定公积金;第二,公司年度利润用于缴纳所得税的部分,也无须提取法定公积金;第三,公司仅就分配的完税后剩余利润部分提取法定公积金,不分配的也不必提取;第四,公司提取法定公积金的比例为分配利润额的10%;第五,在公司提取的法定公积金累计达到公司注册资本的50%后,公司再分配利润时可以不再提取法定公积金。

关于任意公积金的提取,从《公司法》的上述规定可见:第一,任意公积金,公司可以提也可以不提,这是任意公积金与法定公积金的区别;第二,公司提取任意公积金必须在公司提取法定公积金之后,任意公积金不得抵减法定公积金的基数;第三,公司是否提取任意公积金,提取多少,法律未作限制,有限责任公司由股东会决定,股份公司由股东大会决定。

267. 公司资本公积金的来源

根据《公司法》第二百一十三条的规定,公司以超过股票票面金额的发行价格发行股份所得的溢价款、发行无面额股所得股款未计入注册资本的金额,以及国务院财政部门规定列入资本公积金的其他项目,应当列为公司资本公积金。资本公积金是公司非营业活动所形成的基金。资本盈余主要是指公司因接受股东出资或发行股份所得的溢价部分。比如,投资人向有限责任公司增资,增资出资额高于相应的注册资本的部分;又如,股份有限公司以高于股票票面金额的价格发行股票所得的溢价款减去发行费用后产生的收益,这些都是资本公积金的重要来源。

268. 关于公积金的使用

根据《公司法》第二百一十条的规定,公司的公积金用于弥补公司的亏损、扩大公司生产经营或者转为增加公司资本。公积金弥补公司亏损,应当先使用任意公积金和法定公积金;仍不足弥补的,可以按照规定使用资本公积金。法定公积金转为资本时,所留存的该项公积金不得少于转增前公司注册资本的25%。

《公司法》之所以规定公司的净利润在分配之前必须提取10%的法定公积金,并且规定可以提取任意公积金,目的就是使公司的运营和发展有充实的物质基础作保证,同时具备应对市场风险和债务风险的能力。因此,公司的法定公积金和任意公积金首先可以用来弥补公司的亏损,同时可以用来转增公司的注册资本。在弥补亏损或转增注册资本上,法定公积金、任意公积金、资本公积金存在区别:第一,任意公积金,在公司有亏损需弥补的前提下,可以全额用于弥补亏损,在公司决定转增注册资本的情况下,可以全额用于转增注册资本;第二,法定公积金,在公司有亏损需弥补时,可以全额用于弥补公司的亏损,在公司决定转增注册资本时,法定公积金可以用于转增注册资本,但必须留存相当于公司增资前注册资本额的25%部分;第三,资本公积金,全额可以用于转增公司的注册资本。

根据《公司法》第二百一十条的规定,公积金弥补公司亏损,应当先使用任意公积金和法定公积金;仍不足弥补的,可以按照规定使用资本公积金。一般来说,公司不会用资本公积去弥补5年以内容的亏损,因为5年以内的亏损依法可以在税前弥补,用税后的盈余公积金去弥补,无论是法定盈余公积金还是任意盈余公积金,公司将亏掉25%。用盈余公积金和资本公积金去弥补公司5年以前的亏损,不存在前述问题,而且可以使公司提前获得分配利润的资格。

269. 公司持有的股份不分配利润

《公司法》第二百一十条第五款规定,公司持有的本公司股份不得分配利润。根据《公司法》的有关规定,无论是有限责任公司还是股份公司,在特定情况下都有可能短时持有本公司的股权或股份,对此,《公司法》明确规定,公司持有的本公司的股权或股份不得参与公司利润的分配。公司是股东资产的管理者和经营者,不是本公司的投资者,因此,公司持有的本公司的股权或股份不代表投资关系,进而不能享受对本公司利润的分配权。公司收购本公司的股权或股份所用的资金表面上来源于本公司,实际上来源于股东,因此,公司持有的本公司的股权或股份不参加利润的分配,而是将相应的利润分配给股东。如果公司持有的本公司的股权或股份也参加本公司利润的分配,就会减少股东应分得的利润额,实际上会侵害股东的利益。

270. 关于不按股比分配利润

《公司法》第二百一十条第四款规定,有限责任公司按照股东实缴的出资比例分配利润,全体股东约定不按照出资比例分配利润的除外;股份有限公司按照股东所持有的股份比例分配利润,公司章程另有规定的除外。

笔者认为:第一,公司不同于合作也不同于合伙,在合作或合伙的情况下,"合"的不一定是"资",可以是行为,也可以是业务,各方可以协商分利的依据,如按照承担的业务分配,按照提供的劳务分配等。公司是一个独立核算的经济实体,公司向股东分配的只能是利润,而利润只能是公司一个经营周期的财务结果,这种财务结果是以全体股东的出资作为物质条件取得的,所以不能在股东出资以外寻找公司利润分配的依据。如果在股东出资以外确定公司分配利润的依据,必然会撼动整个公司法律制度的体系;第二,《公司法》允许在全体股东一致同意的前提下,同一公司的股东可以不按出资比例分配利润,并不能理解为股东之间可以在出资比例以外另找分配公司利润的依据,只能理解为在公司有利润可分的前提下相同的出资额可以从公司分取不相同的红利,出资比例仍然是股东间分配公司利润的基础依据,所不同的只是相同比例的股权可以从公司分得不同数额的红利;第三,不按照股权比例分配利润,必须经全体股东一致同意,是全数决,不是多数决,不能通过2/3决修改公司章程。

271. 股东能否要求固定回报率

笔者认为不可以。投资回报率,是指股东从公司分取的红利与其出资额之间的比率。在按股东出资比例分配利润的情况下,股东的投资回报率随着公司经营业绩的变动而变动,公司利润多时,股东分得的红利就多,反之就少。但无论怎样变动,同一公司全体股东的投资回报率都是相同的。在不按股东出资比例分配利润的情况下,股东的投资回报率必然会不相同,即相同数额的出资,有的股东分配的红利会多,有的股东分配的红利则会少,这是《公司法》允许的。根据《公司法》的规定,有限责任公司和股份有限公司都可以发行优先股和普通股,在公司有利润可分的前提下(包括以前年度结转的未分配利润),优先股可以分得较多的红利,普通股只能视公司的业绩确定分得红利的多少。但是这并不等于说,可以无条件地约定给予部分股东固定的投资回报率,因为公司不一定年年都有利润可分,脱离公司有税后利润可分这个先决条件,约定固定的投资回报率就等于某些股东享有了在公司无利润可分的年份仍可从公司分取"红利"的特权,这是《公司法》不允许的。根据公司财务会计准则的规定,只有公司无须亏损弥补且有税后利润的前提下,才可在股东之间进行分配。如果在公司无利润可分的情况下仍然按固定回报率向部分股东分配"利润",就可能构成抽逃出资,是对债权人利益的侵害,是违法的。所以笔者认为,可以为股东规定固定回报率,但是不能突破公司没有亏损,且有税后利润可分的前提。

272. 关联借贷损失的赔偿责任

关联拆借也是一种关联交易,是以货币使用权为标的的关联交易。公司借钱给股东,基本都是公司借钱给大股东,没有借钱给小股东的。公司的资金是公司生产经营的资源,一般不应当流出体外。如果公司确有资金闲置,是可以对外拆借的。但公司对外拆借资金应当通过必要的审批流程,签订合同,提供必要的担保,收取合理的利息。从许多案例来看,多是大股东利用自己对公司的控制权,背着小股东将公司资金拆借给自己的关联企业,而且不签合同不收利息。这种情况不仅使公司资金处于风险境地,而且特别影响股东之间的团结,甚至导致公司僵局。因此,不规范的关联拆借对公司的消极影响极大,有时甚至是致命的。

虽然《最高人民法院关于审理民间借贷案件适用法律若干问题的规定》中

明确,该规定所称的民间借贷,是指自然人、法人和非法人组织之间进行资金融通的行为,从而使公司和股东及股东所控制企业之间的借贷行为合法性。但有鉴于公司借钱给股东或者股东关联企业的消极性,应当在公司章程中对这种资金拆借作如下限制和规范:第一,公司向股东或者股东的关联企业出借资金,有关董事、高级管理人员必须向公司董事会或者监事会书面报告关联关系;第二,出借公司资金必须经董事会批准,向股东或者其关联企业出借资金的,有关联关系的董事应当回避表决;第三,向股东或者其关联企业出借资金达到一定金额的应当报股东会批准,有关联关系的股东应当回避表决;第四,公司对外拆借资金必须是公司自有的闲置资金;第五,公司对外拆借资金的最长期限不得超过多少个月(具体由公司章程确定);第六,公司对外拆借资金必须要求借款人提供适当的担保;第七,公司对外拆借资金必须签订书面合同;第八,公司对外拆借资金应当收取合理的利息。只有对关联拆借进行严格的限制和明确的规范,才能最大限度地减控其消极性,有效地防范公司的财产风险和道德风险。

第十一章 | 公司合并、分立、增资、减资

273. 公司合并的传统分类

按照《公司法》第二百一十八条对公司合并的分类,公司合并可以分为吸收合并和新设合并两类。一个公司吸收其他公司为吸收合并,被吸收的公司解散。两个以上公司合并设立一个新的公司为新设合并,参加合并的各公司解散。由此可见,吸收合并是指参加合并的公司中一个公司存续,其他公司因并入存续公司而解散;新设合并是指参加合并的各公司合并到一起成立一个新公司,参加合并的诸公司因合并而解散。

需要提请注意的是,《公司法》虽然对参加合并的公司使用"解散"一词,但是因合并而解散公司的程序不同于一般而言的解散公司的程序。前者无须进行清算和分配剩余资产,而后者必须进行清算,否则公司不得解散。这是因为,因合并而解散虽然公司也不复存在,但是其民事权利、义务有法定的承继者,并不归于消灭,其民事关系可以继续;而为终结公司而进行的解散却不再有民事权利、义务的承继者,民事权利义务关系要归于消灭。因此,因合并而解散公司实际就是注销公司登记,其民事权利义务关系仍然存续。

公司合并是公司重组的方式之一,也是经济发展和市场竞争的结果。公司合并可以是横向合并,如同行业的两个以上公司合并为一个公司;公司合并也可以是纵向合并,如原料行业的公司与加工行业的公司合并为一个公司。适度的公司合并有利于消除恶性竞争,有利于集约化大生产,有利于新技术的推广,是经济发展的客观要求。公司合并也是公司并购的重要形式,是大企业集团形成和发展的重要途径。同一类型的公司,如股份有限公司与股份有限公司、有限责任公司与有限责任公司可以合并;不同类型的公司,如有限责任公司与股份有限公司也可以合并。公司合并涉及股东、公司、管理层、债权人、上下游企

业的利益，必须依法合规操作。

274. 公司合并的实操分类

吸收合并和新设合并是公司合并的传统分类。笔者总结实务经验，在2007年中国法制出版社出版的《公司法实务指南》一书中提出另一种分类，即复杂合并和简单合并（从本书起更名为交易性合并和非交易性合并）。交易性合并，是指股东及持股比例不相同的公司之间的合并；非交易性合并，是指股东及持股比例相同的公司之间的合并。在非交易性合并的情形下，由于参加合并的各公司的股东及持股比例相同，或者参加合并的各公司为同一投资人的全资子公司，因此，这种合并没有交易的意义，实务操作非常简单，股东与股东之间无须就自己在合并后的公司中的持股比例讨价还价，股东无须因合并所致的得失而言，对股东来说等于原来放在两个口袋的钱通过合并放到一个口袋中。在交易性合并的情形下，不仅参加合并的各公司股东不同，而且参加合并的各公司股东的持股比例也可能不同，因此，这种合并有交易的意义，有利益冲突在其中，参加合并的各公司股东必须对各公司的估值、各方在合并后公司的持股比例进行协商，并达成一致，否则合并不能进行。

由上述分析可见，交易性合并甚至比单纯的股权转让还要复杂，相当于买卖合同中的以物易物，需要双向或多向作价。而非交易性合并则不存在作价的问题，只须履行相关法律手续而已。了解非交易性合并与交易性合并的区别，有利于我们做好公司合并的实务工作。

275. 非交易性合并的规则和适用

非交易性合并是一种参加合并的各公司股东及持股比相同的公司合并，没有交易的属性是这种合并的根本特征。非交易性合并的特征和实操规则如下：

（1）不是交易，参加合并的各公司及各公司股东之间没有利益冲突。这类合并相当于一个所有者放在两个地方的财产改为存放一起，不存在交易的属性。参加合并的各公司的股东和持股比例相同，说明公司资产的委托经营者同一，原来委托两部分董事、监事、高管经营，为了分别独立经营而设立的两个公司，现在要改为委托一部分董事、监事、高管经营，将两个公司合并为一个公司，合并之后公司的股东及持股比例与参加合并的各公司相同，这样的合并中没有利益冲突,不是交易。

（2）不需要对参加合并的各公司进行估值,资产、负债原值划转即可。如果参加合并的各公司的股东及持股比例不同,就需要按照参加合并的各公司的股东对合并后公司的投入额划分其在合并后公司的持股比例,而参加合并的各公司股东对合并后公司的投入额正是参加合并的各公司的估值额,这就需要对参加合并的各公司进行估值。在非交易性合并的情况下,参加合并的各公司的股东及持股比例相同,合并后公司的股东及持股比例与参加合并的各公司股东及持股比例相同,除因特别需求外,对参加合并的各公司进行估值没有任何必要,无论参加合并的各公司资产的成本高低,负债多少,原值划转即可。

（3）不受等价交换规则的规限,只考虑有利于合并后公司的生产经营和发展即可。等价交换是一切交易必须遵循的规则,非交易性合并不是交易,就无须遵循等价交换的规则,即不问参加合并的各公司资产、负债、股东权益的多少,按照合并各股东的持股比例分配各公司在合并后公司的持股比例。

（4）参加合并的各公司股东的股权比例维持不变。在非交易性合并的情况下,参加合并的各公司的控股股东、实际控制人,将成为合并后公司的控股股东和实际控制人,只是原来控股几个公司,现在控制一个更大规模的公司。

（5）一般不需要订立合并协议,只需要参加合并的各公司股东会通过合并决议或者共同的母公司股东会通过合并决议即可。协议是固定交易的工具,不是交易的合并,当然就不需要订立合并协议了。但是,非交易性合并也是公司的重大事项,故需要公司权力机构通过决议批准合并。

（6）没有违约责任问题,不需要惩戒违约者。违约责任是指在交易过程中因违反约定依法应当承担的责任,既然不是交易,当然也就没有违约责任问题了。

（7）没有或然负债赔偿问题,即使有公司漏报负债也不存在赔偿问题。负债是一个公司估值调整问题,既然在非交易性合并的情形中无须对参加合并的公司进行估值,当然也就不存在或然负债的赔偿问题了。即使是参加合并的某个公司遗漏了负债,就不会影响参加合并的各公司股东的利益,也不存在赔偿问题。

从公司重组的实务看,非交易性合并多发生在企业集团内部的重组中,包括以下几种情况。

（1）同一母公司的全资子公司之间的合并；

（2）全资母子公司之间的合并,以及全资母、子、孙公司之间的合并；

（3）股东和股权比例相同的公司之间的合并；

(4)同一自然持股的全资公司之间的合并；

(5)同一家庭成员所属公司之间的合并。

276. 交易性合并的规则和适用

交易性合并,是指参加合并的各公司的股东及持股比例不同的合并。这种合并不仅参加合同的各公司的股东不同,持有的股权比例也可能不同,合并后公司的股东及持股比例与参加合并的各公司的股东及股权比例也不同。这种合并具有交易的属性,参加合并的各股东之间有利益的冲突,必须按照交易的规则进行操作。交易性合并的特征和实操规则如下。

(1)是交易,与买卖一样,存在利益冲突。交易性合并的利益冲突表现在每个公司、每个公司的股东都希望本公司的估值高,其他参加合并的公司估值低,本公司的股东在合并后公司的持股比例高,参加合并的其他公司的股东在合并后公司的持股比例低。这就像买卖合同中卖方希望价格高,买方希望价格低一样。

(2)必须对参加合并的各个公司进行公允估值。既然是交易,既然存在利益冲突就需要对标的进行公允估值,否则不能进行交易。在交易性合并中各个公司的资产、负债、权益就是交易的标的,为参加合并的各个公司估值就是给标的作价,这是交易性合并的最艰难但又是必经的步骤。

(3)需要遵循等价交换的规则。既然是交易就必须遵循等价交换的规则,也就是按照参加合并的各公司的估值计算各股东在合并后公司中的股权比例,实际上就是按照各公司股东对合并后公司的投入额换算其在合并后公司的持股比例。

(4)必须订立合并协议,固定交易,防范风险。既然是交易,为了固定交易,为了赋予交易法律的效力,就必须签订协议。在交易性合并的情况下,应当由参加合并的各公司股东签订协议,或者由参加合并的各公司签订合并协议然后报股东会批准。

(5)为了惩治违约者,应当约定违约责任。既然是交易就可能有违约者,既然要签订合同就应当规定违约责任。规定违约责任有利于促进交易,有利于防范违约,有利于救济守约者。

(6)有或然负债赔偿问题。如果有参加合并的公司隐藏或者遗漏了负债,该公司的估值就会虚高,该公司的股东就负有赔偿其他公司股东的义务。

（7）可能存在合并差价问题。在有些情况下，参加合并的各公司股东可能不是按照参加合并的各公司估值分配股权，而是事先商定好合并后的股权比例，并且作为合并的前提。在如此情况下，就可能存在合并差价问题。就是在约定的股比与各公司估值不匹配时，通过支付差价进行调整，实现匹配。

（8）有合并后公司控制权问题。交易性合并实际上是原来几个不同的共同投资关系和财产委托经营关系，集合成一个更大规模的共同投资关系和财产委托经营关系。因此，交易性合并存在谁成为合并后公司的控股股东的问题，有时甚至演化成企业并购。

交易性合并主要适用于以下几种情况。

（1）为消除竞争，同一行业的具有竞争关系的几个公司合并为一个公司，从而消除竞争，实现抱团取暖共同发展；（2）为上市增加公司的体量对相同行业的公司进行合并并购，从而增加公司的注册资本额、净资产额、营业额、利润额，满足首发上市的要求；（3）为上市消除企业集团内部公司之间的关联交易而合并，将独立核算的公司合并，可能使业务继续进行，但又不再是关联交易；（4）为上市消除企业集团内部公司之间的同业竞争而合并，通过合并可以使业务照常进行，但消除彼此之间的竞争关系；（5）国企压减整合的方法之一，通过非全资兄弟公司之间的合并从而减少公司主体；（6）为实现联合发展将同一行业的若干小公司合并为一个大公司，从而提高公司的竞争能力和发展潜力。

277. 关于公司合并决议

公司合并是公司的重大决策，应当经公司的权力机构批准，否则不能实行。根据《公司法》的规定，公司合并应由公司董事会拟定合并方案，然后提请股东会批准。而股东会批准公司合并的决议，与修改章程、增加或者减少注册资本、公司分立、解散公司和变更公司形式一样，是股东会的特别决议事项。根据《公司法》第五十九条和第一百一十二条的规定，公司合并必须经股东会决议，并且该决议必须经代表 2/3 以上表决权的股东通过，有所不同的是，有限责任公司应当是全体股东表决权的 2/3，股份公司应当是出席会议的股东所持表决权的 2/3。

参加合并的各公司均须通过股东会特别决议。

278. 关于特殊母子公司合并

《公司法》第二百一十九条规定:"公司与其持股百分之九十以上的公司合并,被合并的公司不需经股东会决议,但应当通知其他股东,其他股东有权请求公司按照合理的价格收购其股权或者股份。公司合并支付的价款不超过本公司净资产百分之十的,可以不经股东会决议;但是,公司章程另有规定的除外。公司依照前两款规定合并不经股东会决议的,应当经董事会决议。"

这是《公司法》新增加的关于公司合并的内容。但是其实践意义不大,因为如果主张公司合并的大股东持有公司90%的股权,基本上可以通过关于公司合并的股东会决议,合并应当不会受阻。但是有三个问题值得讨论:第一,虽然规定通知其他股东,也赋予其他股东要求公司收购其股权或者股份的权利,而且股东享有司法救济权。第二,公司与其持股90%以上的公司合并,是母子公司合并,且母公司持有子公司90%以上的股份或者股权,应当属于关联交易的范畴。因为按照我们前面讨论的这种合并属于交易性合并,母子公司估值的高低直接关系到股东的利益,大股东希望母公司估值越高越好、子公司估值越低越好,小股东希望母公司估值越低越好、子公司估值越高越好。没有排除关联关系的大股东的表决权,却排除小股东的表决权,那么法理根据和实践意义何在?第三,如此重大的事项没有股东会决议,只需经过董事会,且没有规定董事会需要的表决票数,似乎有点重事轻处。

笔者认为,《公司法》本条规定的合并不仅是交易性合并,而且是关联交易性合并,对子公司的估值应当由小股东决,对母公司的估值应当由大股东决;合并不仅存在一个合不合并的问题,还存在一个公司估值多少的问题。对上市公司而言,公司的股票挂牌交易,资本有市场价格,而对非上市公司来说,他们的资本没有市场价格,只能遵循自愿原则和公平原则。

279. 关联交易性合并股东分别决

基于上述讨论,笔者将控股母公司对其子公司的合并称为特殊母子公司合并;同是基于上述讨论,笔者认为这种情形的公司合并属于交易性合并,在合并中子公司的控股股东与其他股东之间存在利益冲突。在这类合并中,交易的一方主体是子公司的控股股东,另一方主体是子公司的其他股东;交易的内容是建立新的更大规模的共同投资关系和财产委托经营关系;交易的标的控股股东一方是母公司的估值(也可以说成净资产)和子公司中控股股东拥有的股权价值(控股股东的持股比例乘以子公司的估值),子公司小股东一方是子公司中其拥有的股权价值(子公司的估值乘以持股比例)。双方根据交易标的划分合并后的公司的持股比例,合并后公司的股权可以理解为参加合并各方获得的合并交易对价(当然也可以要求一部分货币对价)。

笔者认为,对这种关联交易性合并,根据《民法典》规定的平等原则、自愿原则、公平原则,应当由控股股东和小股东分别决,除非母公司和子公司都是上市公司,其资本有市场价格;如果双方就合并事项特别是标的价格(参加合并的各公司估值)达成了一致,则对方签订合并协议实施合并;如果双方不能就合并事项特别是标的价格达成一致,非上市股份公司按照《公司法》第八十条或者适用第一百六十二条进行处理,即股东会通过合并决议,小股东有权要求公司收购其股权或者股份,不能达成收购协议的司法救济。

当交易走进公司内部时,只能分别决,不能多数决,也不能不决。

280. 货币对价不超百分之十的合并

在公司交易性合并中,参加合并的公司可以要求存续公司或者新设公司支付一部分价款。说一部分价款是对公司估值而言的,如果一个公司要求支付的价款等于其公司估值,那就不是合并而是转让资产和负债了,因为要求支付价款公司的股东将不存在于合并后的公司。在公司合并过程中,公司将自己的资产和负债及权利和义务全部转入存续公司或者新设公司,主要对价是获得合并后公司的股权,如果以货币方式要求支付全部对价,合并后的公司将没有该公司股东的权益。所以在合并项目中,参加合并的各公司股东最多只能要求支付一部分货币对价。

《公司法》第二百一十九条第二款、第三款规定,公司合并支付的价款不超过本公司净资产10%的,可以不经股东会决议;但是,公司章程另有规定的除外。公司依照前两款规定合并不经股东会决议的,应当经董事会决议。

这是《公司法》关于公司合并新增加的另一项内容。《公司法》的这一规定置公司章程的规定于优先适用的位置,实务者可以考虑在公司章程中作出相关的规定。在公司合并中,参加合并的公司除得到合并后公司的股权支付外,还可能得到货币支付。根据《公司法》的这一规定,如果获得的货币支付不超过本公司净资产的10%,就可以不通过股东会决议,转而经董事会决议。《公司法》

的这一规定如何实施,提请读者关注。

281. 关于债权人的反制权问题

《公司法》第二百二十条规定:"公司合并,应当由合并各方签订合并协议,并编制资产负债表及财产清单。公司应当自作出合并决议之日起十日内通知债权人,并于三十日内在报纸上或者国家企业信用信息公示系统公告。债权人自接到通知之日起三十日内,未接到通知的自公告之日起四十五日内,可以要求公司清偿债务或者提供相应的担保。"

公司的债务有到了期限未偿还的,有未到偿还期限的,还有未约定期限的,《公司法》规定债权人可以要求公司清偿或者提供相应的担保,针对的债务是哪一种呢?还是全部呢?笔者认为,《公司法》本条规定的债务,应当包括前述三种情形在内的公司全部债务,不管债务是否已经届清偿期限或者是否约定清偿期限,只要债务人发生合并,债权人就享有要求公司清偿债务或者提供相应的担保的权利。如果债权人提出要求,债务人既不能偿还债务又不能提供相应的担保,公司就不能合并。

282. 关于公司合并的承继问题

根据《公司法》第二百二十一条的规定,公司合并时,合并各方的债权、债务,应当由合并后存续的公司或者新设的公司承继。公司合并虽然有的公司解散,甚至全部公司解散,但是公司因合并而解散不同于解散清算,因合并而解散只是将其民事权利义务转移至合并后的公司,民事权利义务关系的主体发生变更,但并不消灭;而公司解散清算的民事法律关系要全部归于消灭。

合并后公司对合并中解散的各公司债权债务的继承是法律规定,是法定事项,不以当事人是否有约定而改变。对《公司法》的这一规定应当作宽泛的理解,即合并前各公司的债权债务以及民事的、行政的、司法的、税务的、已经明确的、原因已生成但结果尚不明确的债权债务,都应当由合并后的公司承继。总之,不应因公司合并而使参加合并的各公司的权利义务关系中断或消灭。

283. 关于公司合并的意义

公司合并可能出于各种目的和需求，但就一般而论，合并的意义如下。

（1）消除恶性竞争。属于同行业的公司间进行合并的，大多与消除恶性竞争有关。从实务中看，如果两个或两个以上公司所处的行业相同，所生产或销售的产品相同，其销售市场又重叠的情况下，竞争往往是非常残酷的，公司的销售费用往往高于同行业的平均水平，产品的销售价格往往低于同行业的平均水平。竞争者之间如果是势均力敌，一方就很难在短时间内击败对手，继续竞争的结果只能是两败俱伤。在此种情况下，通过合并可以消除恶性竞争，大大降低公司的销售费用，适当提高公司产品的销售价格，从而提高公司的获利能力，实现"共赢"。实践证明，企业规模小、分散既是引起恶性竞争的原因，也是限制企业竞争能力的原因，通过合并或并购做强、做大，不失为公司发展壮大的重要途径。

（2）控制渠道，降低成本。任何生产型企业都必须拥有两个渠道，一个是原料来源渠道，另一个是产品销售渠道。对企业来说这两个渠道控制得如何，直接关系到企业的生产经营能否顺利进行，对企业的经营成本和盈利能力十分重要。为了有效地控制原料的来源和产品销售市场，公司可以通过合并或并购的方法，将上游公司和下游公司纳入自己的控制之中，从而降低购、销成本，巩固公司的生产经营规模和盈利能力。对原材料紧缺或产品销售竞争激烈的行业，通过合并或并购的方法控制供应渠道和销售渠道，意义更为重大。

（3）消除关联交易。在有些情况下，同行业的公司或上下游的公司虽由一个大股东控制，但由于这些公司是各自独立的法人，从而是独立的纳税人，他们之间的交易被认定为关联交易。他们之间的关联交易经常招致税务机关的检查甚至税务调整，这些都使得公司不能发挥应有的优势。如果将公司合并，变几个独立法人为一个独立法人，就会消除他们之间的关联交易，变几个独立的公司之间的关联交易为一个公司法人内部的"交易"，从而防避税务调整给公司带来的风险。

284. 交易性合并的操作流程

公司合并是一项系统工程，参加合并的各方都应当按照业务流程操作。关于公司合并的业务流程，《公司法》第二百二十条有这样的规定，公司合并，应当由合并各方签订合并协议,并编制资产负债表及财产清单。公司应当自作出合并决议之日起10日内通知债权人,并于30日内在报纸上或者国家企业信用信息公示系统公告。债权人自接到通知书之日起30日内,未接到通知书的自公告之日起45日内,可以要求公司清偿债务或者提供相应的担保。下面我们从实务角度将两个以上无控制关系的公司之间的交易性合并的业务流程总结如下。

第一个阶段,达成合并意向阶段。这个阶段主要是由有意参加合并的各公司的管理层或者股东首先做试探性接触和初步谈判。拟参加合并的各公司均表示合并意愿,并就合并的基本原则事项诸如合并后各方的持股比例、合并后公司的实际控制人、合并后公司的业务范围和经营目标、合并作价的方法和原则、工作流程和时间表等达成初步一致后,各方可能会订立保密协议和没有法律约束力的合并意向协议。

第二个阶段,披露调查阶段。这个阶段拟参加合并的各公司要彼此披露计价基准日的资产负债表和资产、负债明细表,同时还要彼此披露主要股东情况、公司基本业务现状、无形资产的构成、重大合同和诉讼的情况、员工构成及其他重大长期事项。也可以安排彼此进行尽职调查,以便增进拟参加合并各公司之间的彼此了解,为下一步的商业谈判创造条件。这个阶段工作的目的是为最终确定合并方案及合并作价奠定基础。

第三个阶段,评估及协商作价阶段。公司合并也是交易,其实质是参加合并的各公司股东股权的"合伙"交易,因此,要在评估的基础上对参加合并的各公司的股东权益,或者说股东的股权进行协商作价。只有参加合并的各方就其投入合并后公司的资产总值、负债总额即股东股权的价格达成一致后,才能确定各方股东在合并后公司中的持股比例以及协商的持股比例与其向合并后公司投入之间的差异。这是因为各方投入合并后公司的都是资产和负债,不作价就无法进行合并后公司的股权分配。所以合并作价是公司合并过程中的商业事务,直接关系到参加合并各方的股东的切身利益。作价高了本公司的股东就会从合并后的公司中分得较多的股权,作价低了分得的股权就会少。

第四个阶段,权力机构通过合并决议的阶段。在披露调查阶段完成且各方对合并作价达成一致之后,合并方案就可以最终得以确定。合并方案确定之后,拟参加合并的各公司就可以向公司的权力机构呈报合并方案。合并是公司的重大事项,必须经公司权力机构批准,否则公司不能合并。

第五个阶段,公告阶段。根据《公司法》第二百二十条的规定,公司应当自作出合并决议之日起10日内通知债权人,并于30日内在报纸上或者国家企业信用信息公示系统公告。《公司法》这样规定的原因如下：第一，债权债务关系具有人格的成分，债权人是基于对债务人的人格信赖，才同意赊、贷的，公司合并后，债务人的人格发生了变化或者说债务人的人格已经归于消灭；第二，公司合并后虽然公司的规模扩大了，资产增加了，但公司的偿还债务的能力不一定增加，因此，合并有可能损害债权人的利益。参加合并的各公司都需要通知债权人并公告，这是公司合并必经的法律程序。根据《公司法》第二百五十五条的规定，公司在合并时不依照《公司法》的规定通知或者公告债权人的，由公司登记机关责令改正，对公司处以1万元以上10万元以下的罚款。

第六个阶段，接收债权人回函，处理债权人事项阶段。如果债权人回函无异议，参加合并的各公司需要将债权人的回函收集整理妥当，以备报经公司登记部门核准时使用。债权人在接到通知书后30日之内，未接到通知书的在公司公告后45日内，有权要求债务人清偿债务或者提供担保。如果债权人要求公司偿还债务或者提供担保，公司就只能偿还债务或者提供相应的担保，否则公司不能合并。

第七个阶段，公司注销、登记、变更登记阶段。参加合并的各公司公告满45日，且无债权人对公司合并持异议，或者虽有异议但均按照《公司法》的规定进行了处理后，就可以根据合并方案办理有关公司的注销登记、设立登记或者变更登记了。过去根据有关规定，必须先注销因合并不再存续的公司，然后才能进行设立公司登记（新设合并）或者变更公司登记（吸收合并）以及设立分公司，使得公司合并的相关登记工作手续繁杂，程序混乱，在公司生产经营活动不停的情况下，操作起来非常困难。2011年11月28日，原国家工商行政管理总局发布了《关于做好公司合并分立登记支持企业兼并重组的意见》，该意见第四条明确规定，因公司合并申请办理公司登记的，自公告刊登之日起45日之后，申请人可以同时申请办理公司注销、设立或者变更登记。其中，不属于同一登记机关管辖的，相关登记机关应当加强登记衔接。需要层级衔接的，上级登记机关要主动协调；需要区域衔接的，先收到有关咨询、申请的登记机关要主动协调。参加合并的各公司可以同时按照合并方案办理有关公司登记的各项工作。

第八个阶段，后续工作阶段。这个阶段的工作包括各公司财务账目的合并，合并后公司行政班子的建立、行政机构的建立、员工的安排、业务的整合、市场的整合、合同的处理、债权债务关系的处理等，以及不再存续公司税务、海关、外汇事项的最后处理和工商注销工作。这些工作有的可能在合并之初就开始筹划，在合并过程中已经着手解决，但有的可能需要一直等到合并工作的收尾阶段才能最后完成。

以上是参照《公司法》的规定和实务操作提出的公司合并八个阶段所要做的工作,在实务中,公司合并是非常复杂的,前面已经说过,它涉及方方面面的利益,受到方方面面的管控,如企业资质、生产经营许可等,在实务中是非常难办的。公司应当按照合并的业务流程开展公司合并业务。

285. 关于合并后公司的类型

在一般情况下,有限责任公司与有限责任公司合并的,合并后的公司仍为有限责任公司;有限责任公司与非上市股份有限公司合并的,合并后的公司可以是股份有限公司也可以是有限责任公司;有限责任公司与上市公司合并的,合并后的公司为非上市股份有限公司;股份有限公司与股份有限公司合并的,合并后的公司为股份有限公司。根据原国家工商行政管理总局《关于做好公司合并分立登记支持企业兼并重组的意见》第三条的规定,合并后的公司可以自主选择公司的类型,只要符合《公司法》规定的条件即可。

286. 关于合并后公司的注册资本

注册资本是公司股东对公司债权人责任的限额,在公司成立之初,公司的注册资本额等于股东权益额。之后,由于公司经营业绩的不同,股东权益额与注册资本变化的方向不同:如果公司盈利,股东权益额向着大于注册资本额的方向变化;如果公司亏损,股东权益额向着小于注册资本的方向变化。因此,从规则上说,是允许由于公司经营的原因使股东对债权人的责任额小于公司注册资本额的。那么,在公司合并的情况下,应当如何处理参加合并的各公司的注册资本额与合并后公司的注册资本呢?首先,这既不是一个财务问题,也不是一个商业问题,只是一个公司法律制度问题,也就是,在公司合并的情况下,如何处理合并前各公司股东对公司债权人的责任额与合并后公司股东对公司债权人的责任额问题;其次,如果这个分析是对的,合并后公司股东对债权人的责任额就应当等于参加合并的各公司股东对债权人责任额之和;最后,在合并过程中,公司通知了债权人并且进行了公告,债权人享有了与公司减资相同的权利,即有权要求公司偿还债务或者提供相应的担保。如此说来如果合并后的公司的注册资本额,即合并后公司股东对债权人的责任额小于参加合并的各公司注册资本之和,也不能认为侵犯了债权人的利益。据此,合并后公司的注册资本额应当等于或者小于参加合并的各公司注册资本之和。

关于合并后存续或者新设公司的注册资本额,原国家工商行政管理总局在其《关于做好公司合并分立登记支持企业兼并重组的意见》第五条中明确,支持公司自主约定合并后公司的注册资本额,因合并而存续或者新设的公司,其注册资本、实收资本数额由合并协议约定,但不得高于合并前各公司的注册资本之和、实收资本之和。

287. 关于不同地点公司的合并

处于不同地点的公司,即使是生产型的公司也可以合并。在合并后如果需要继续维持原有的生产体系或经营模式,可以在因合并而注销的公司的原地址注册成立合并后的公司的分公司。这样被注销的公司的法人地位消灭了,代之以合并后的公司的分公司继续在原地址进行生产经营活动。这样做一般不会打乱原有的营业模式,合并前公司的合同、债权、债务等可由合并后的分公司继续履行。实务中我们将这种模式称为子改分,在国有企业整合中经常使用。

288. 交易性合并可能成为并购

在股权并购的情形下,如果并购方或并购方的子公司与目标公司有合并的需要和可能,就可以通过公司合并的方式实现公司之间的股权并购。在这种情形下,公司与公司之间按照《公司法》关于公司合并的规则及上述关于复杂合并的步骤进行合并,参加合并的各公司的股东之间按照事先商定的比例分配合并后公司的股份,通过找差价的方法调节各公司股东对合并后公司的投入。在实务中并购一方多采取向被并购一方支付差价的方法,减少被并购公司股东在合并后的公司中的股权比例,扩大自己的股权比例,从而实现控股的目的。比如,甲、乙为 A 公司的股东,各占股 50%;丙公司为 B 公司的股东,占股 100%。丙公司意欲对 A 公司进行股权并购,同时 A 公司与 B 公司有合并的需要或者说合并比单纯的持股更有优势。经甲、乙、丙公司三方协商同意,在合并后的新公司中甲公司占股 10%,乙公司占股 10%,丙公司占股 80%。在评估的基础上经协商 A 公司的股东权益作价 1000 万元,B 公司的股东权益作价 1500 万元。在合并完成时，丙公司向甲和乙分别支付250万元的合并差价。通过合并实现了丙公司对合并后公司的控制（相当于A、B两个公司的控制），这就是合并并购。

289. 关于公司分立的传统分类

公司分立的传统分类将公司分立分为存续分立和新设分立两种。存续分立，是指被分立公司存续，将其部分资产和负债分割出去设立一家或几家新公司。新设分立，是指被分立公司解散，将其全部资产和负债分割设立两家或两家以上新公司。

公司分立也是公司重组的形式之一，通过这种重组可以将公司的部分资产和负债从公司中分割出去；可以将公司的部分资产、负债、员工、股东从公司中分割出去；可以将公司的全部资产、负债、员工、股东进行分割。合并是将几个共同投资关系和财产委托经营关系转化成一个更大规模的共同投资关系和财产委托经营关系；分立是将一个共同投资关系和财产委托关系转化成两个以上共同投资关系和财产委托关系。

290. 关于公司分立的实操分类

存续分立和新设分立是公司分立的传统分类。笔者总结实务经验，在2007年中国法制出版社出版的《公司法实务指南》一书中提出另一种分类，即复杂分立和简单分立（从本书起更名为交易性分立和非交易性分立）。交易性分立，是指被分立公司的股东及持股比例与分立后公司的股东及持股比例不相同的分立；非交易性分立，是指被分立公司股东及持股比例与分立后公司相同的分立。在实务中，将公司分立区分为交易性分立和非交易性分立，对做好公司分立工作非常有意义。

在非交易性分立的情况下，被分立公司的股东及持股比例与分立后各公司的股东及持股比例相同，相当于将一个家庭的共有财产从一堆分成两堆，所有者没有改变，不存在利益冲突，不发生交易。在交易性分立的情况下，相当于夫妻离婚分财产，存在利益冲突，有交易的意义。实务者必须掌握公司分立的分类，对症施治，才能做好公司分立项目。

291. 非交易性分立的规则和适用

非交易性分立,是指被分立公司的股东及持股比例与分立后公司的股东及持股比例相同的分立,非交易性分立的本质特征和规则如下。

(1)被分立公司的股东之间没有利益冲突,没有交易的内容和意义。在非交易分立的情况下,无论分立后设立几家公司,无论分立后的公司获得多少资产和负债,股东之间均不存在利益冲突,因为股东之间的共同投资关系没有改变,只是将原来的一个财产委托经营关系转化成几个财产委托经营关系。不会因财产和负债的分割使被分立公司的股东之间产生利益冲突。

(2)非交易性分立不必给被分立公司进行估值。这就好比离婚分割财产需要给非货币财产估值作价,否则无法进行公平分割,而两口子把放在一处委托一个人看管的财产分放两处委托两个人看管,不必给财产估值作价一样。

(3)非交易性分立不需要遵循等价交换的规则。是交易就必须遵循等价交换的规则,不是交易就不必遵循等价交换的规则。在交易性分立的情况下,分立后公司的股东不同,如何确定每个公司应当从被分立公司分割多少资产和负债呢?必须首先对被分立公司进行估值,然后再根据被分立公司的估值和某个分立后公司股东持有被分立公司的股比,计算出应当分立给这个公司的资产和负债。在非交易性分立的情况下,不必对被分立公司估值,也不必遵循等价交换的规则,只要按照有利于生产经营和公司的成长进行分割就行。

(4)非交易性分立不必签订协议,只需权力机构批准即可。既然不是交易,没有利益冲突在其中,当然就没有签订分立协议的必要了,当然如果登记机关有相关要求当属别论。非交易性分立是一个主体内部的事情,只要股东会依法通过决议即可。

(5)非交易性分立没有违约责任问题。既然不是交易,既然没有利益冲突,当然也就没有违约责任问题。违约责任是交易中对违约一方的惩处,对守约一方的补偿,在非交易性分立中,惩处对象和补偿对象合一,违约责任没有任何意义。

(6)非交易性分立虽然不是交易,但仍需履行公司法和公司章程规定的公司分立的内部程序和外部程序。

非交易性分立主要适用于以下情形的公司分立。

(1)通过非交易性分立在企业集团内部实现分业经营,改综合性公司为综合性集团,专业型公司;

（2）为了缩小核算单位，对公司进行针对性的考核和奖惩，变大杂公司为小专公司；

（3）为了变资产转让为股权转让，在公司分立后将某个分立后公司的股权转让；

（4）为了节税策划，将公司分立，然后变公司出让股权为自然人股东转让股权；

（5）将公司一分为二，然后再将分立后的一个公司与第三方公司合并，实现资源的重组；

（6）为了消灭关联交易和同业竞争，以分立的方式将有关资产和业务剥离后，进行股权转让。

292. 交易性分立的规则和适用

在交易性分立中被分立公司的股东及持股比例与分立后公司的股东和持股比例不同，故此，被分立公司的股东之间有利益冲突，是一种交易。合并是将几个共同投资关系和财产委托经营关系合并为一个更大的共同投资关系和财产委托经营关系；分立是将一个共同投资关系和财产委托经营关系拆分为几个共同投资关系和财产委托经营关系。交易性分立的本质特征和实操规则如下。

（1）在交易性分立中被分立公司的股东之间有利益冲突，是一种交易，是他们拆分共同投资关系的交易。在这个拆分过程中，每个股东都希望从被分立公司获得更多的利益，但是在被分立公司资产、负债不变的情况下，一方多得必将导致另一方少得，这就是利益冲突所在。

（2）需要对被分立公司进行公允估值。对被分立公司进行公允估值也称分立作价，它是交易性分立交易本质属性的要求。在交易性分立的情况下，需要通过对被分立公司的估值确定每个分立后公司从被分立公司分割资产和负债的多少，只有这样才能实现交易性分立的公平性，大家才能自愿地进行分立交易。不对被分立公司进行估值，就无法确定每个股东在公司中的股权价值，分割资产和负债就没有客观依据。

（3）需要遵循等价交换的规则。等价交换是所有交易必须遵循的规则，交易性分立也不例外。前面说的对被分立公司进行公允估值就是为了贯彻等价交换的规则，等价交换规则是交易公平性的体现。在交易性分立中，等价交换规则就是根据分立后各公司股东在被分立公司中拥有的权益价值，分割被分立公司的资产和负债。

(4)需要签订分立协议。既然是交易,既然有利益冲突就应当签订分立协议,通过协议固定各方的权利义务,确定被分立公司资产和负债的分割。没有协议交易就不固定,各方的利益就无法得到法律的保护,分立交易就处于不确定状态。

(5)有违约责任问题。既然是交易,既然签订了协议,就要约定违约责任问题,以便通过违约责任的约定促进分立交易的完成。

(6)需要维持资产的效能。公司分立也必须遵循维持资产效能的原则,可以通过支付差价的方法,既贯彻这一原则,又遵循等价交换的规则。

交易性分立主要适用于以下公司分立:

(1)实现股东、公司的专业化,把一部分资产、业务、负债和股东一起从公司剥离出去;

(2)为解决股东僵局,通过分立把部分股东及资产、负债、业务从公司剥离出去;

(3)为划小核算单位,将资产、业务、负债、员工分割,各自独立经营;

(4)为实现公司与其他公司合并的目的,将资产、业务、负债、员工从公司分割出去。

293. 关于公司分立决议

根据《公司法》第六十六条的规定,有限责任公司分立必须经股东会决议,并且该决议必须经代表 2/3 以上表决权的股东通过。根据《公司法》第一百一十六条的规定,股份有限公司分立必须经股东会决议,并且该决议必须经出席会议的股东所持表决权的 2/3 以上通过。

公司分立是公司的重大事项,必须经公司的权力机构批准,否则不能进行。根据《公司法》的规定,公司分立应由公司董事会拟定分立方案,然后提请股东会批准。股东会批准公司分立的决议,与修改章程、增减注册资本、合并、解散和变更公司形式一样,是股东会的特别决议事项。

294. 公司分立的多数决和分别决

前面的讨论中笔者将公司分立区分为交易性分立和非交易性分立,无论哪种分立,根据《公司法》的有关规定,都应当经股东会2/3以上股东表决权通过。但是笔者认为,非交易性分立全体股东共进退,分立之后各公司的股东与持股比例没有改变,股东之间的共同投资关系和股东与董、监、高之间的财产委托经营关系没有改变,只是规模从大化小;故此,这种非交易性分立是股东的共益行为,出发点是为了公司的发展;因此,应当由股东多数决。

在交易性分立的情况下,股东再不是共进退了,交易走进行了公司,发生在股东和股东之间,股东被分化为交易的双方,这时再采取多数决,就有违交易的平等原则和公平原则,只能采取分别决,即交易的双方自愿进行交易。比如,甲公司由A、B、C三个股东出资设立,其中A持有70%的股权,B和C分别持有15%的股权。现在因公司僵局拟对甲公司进行交易性分立,分立后甲公司存续由A股东持股100%,新设乙公司由B和C各持有50%的股权。分不分、如何分割资产和负债?能由多数决吗?不能。只能由A作为一方,B和C作为另一方,双方协商。这就是交易性分立的股东分别决。

其实,《公司法》也已经意识到了这个问题,比如《公司法》第八十九条第一款、第二款规定,有限责任公司"有下列情形之一的,对股东会该项决议投反对票的股东可以请求公司按照合理的价格收购其股权:(一)公司连续五年不向股东分配利润,而公司该五年连续盈利,并且符合本法规定的分配利润条件的;(二)公司合并、分立、转让主要财产的;(三)公司章程规定的营业期限届满或者章程规定的其他解散事由出现,股东会会议通过决议修改章程使公司存续的。自股东会会议决议通过之日起六十日内,股东与公司不能达成股权收购协议,股东可以自股东会会议决议通过之日起九十日内向人民法院提起诉讼"。《公司法》第一百六十一条对股份有限公司也有基本相同的规定。这里《公司法》对股权的收购价格并没有采取股东多数决的方法处理,而是交由双方协商,协商不成的给予司法救济。足见《公司法》涉足股东与股东之间的交易,意识到即使是股东与股东之间的交易也应当遵循交易的基本规则。

295. 债权人有知情权没有反制权

根据《公司法》第二百二十二条的规定,公司分立,其财产作相应的分割。公司分立,应当编制资产负债表及财产清单。公司应当自作出分立决议之日起10日内通知债权人,并于30日内在报纸上或者国家企业信用信息公示系统公告。公司分立,是指一个公司依照《公司法》和有关法规的规定,通过一定的法律程序分立成两个或两个以上公司。公司分立可以采取存续分立和解散分立两种形式。存续分立,是指在公司分立时,被分立公司仍然存续,同时新设立一个或几个新公司。解散分立,是指在公司分立时,被分立公司解散,同时设立两个或两个以上新公司。公司分立无论采取哪种形式,均需对本公司的资产、权利、负债、义务以及全体员工作相应的分割。这种分割构成了公司分立的实质内容,基于分割的需要应当编制资产负债表及财产清单。也正是基于这种分割影响到被分立公司债权人的利益,所以《公司法》规定,公司应当自作出分立决议之日起10日内通知债权人,并于30日内在报纸上公告。

应当指出的是,《公司法》没有规定债权人在公司分立时可以要求公司偿还债务或提供担保的权利,或者说公司分立无须征得债权人的同意,通知只是作为一种告知义务而已,公司的债权人对公司分立没有反制权。这是因为,根据《公司法》的规定,分立后的各公司对被分立公司的债务承担连带责任,因此,不会因公司分立影响债务人的偿债能力,也不会影响债权人实现自己的权利。

296. 分立前债务的连带责任及除外

《公司法》第二百二十三条规定,公司分立前的债务由分立后的公司承担连带责任。但是,公司在分立前与债权人就债务清偿达成书面协议另有约定的除外。

公司分立前的债务由分立后的公司承担连带清偿责任。第一,保证了债权人的利益不因公司分立而受到损害;第二,可以有效地防止某些公司借分立之名行逃避债务之实;第三,使公司分立变得容易、简单、便利。这里公司分立前的债务可扩展解释到尚未履行完结的合同中的义务和公司分立前行为所致的民事的、行政的义务。但是,如果在公司分立之前,债权人与债务人就公司分立后由哪家公司偿还其债务达成书面协议的,债权人将不享有主张各公司连带偿还责任的权利。这里的债务清偿协议必须是债务人与债权人就公司分立后由谁来偿还债务的协议,而不能是在债权人不知道债务人将分立情况下的偿债协议,更不能是债务人自行安排的债务分配协议。尽管公司在分立时必须根据资产和权利的分割,对负债和义务作相应的分配,但是这种分配的意义主要在于财务账目的处理上,如果债务人不能及时履行义务,债权人就可以向分立后存续或新设的任何一家公司或多家公司同时主张权利,要求他们偿还债务。

连带责任只及于分立之前公司的债务,对于分立后产生的新债务,则分立的各公司之间无连带责任之说,只能是各还各的。

297. 交易性分立的业务流程

非交易性分立公司虽也分割资产和债务,但股东之间并不真正"分家",所以这种分立在程序上也比较简单,原则上不需要对公司的资产进行评估和协商作价。而交易性分立则是股东之间真正的"分家",就像夫妻离婚分割家庭共有财产一样,要对公司的资产和负债进行估值和协商作价。如果作价或者分割不公,就会伤及某些股东的利益。下面我们从实务角度对公司交易性分立的业务流程总结如下。

第一个阶段,达成分立意向阶段。这个阶段主要是由公司股东就分立公司首先做试探性沟通和初步谈判。各方表示愿意分立公司,并就分立的基本原则事项,诸如分立成几家公司、每个公司的股东人数、资产范围和经营范围、分立作价的方法和原则、工作流程和时间表等达成初步一致,各方可能会订立没有法律约束力的公司分立意向协议。

第二个阶段,评估及协商作价阶段。交易性分立是股东之间的"分家",因此,要在评估的基础上对拟分割给分立后各公司的资产和负债进行协商作价,只有在各方股东对公司资产总值、负债总额及拟分配给各方股东的资产和负债的价格达成一致后,股东之间才可能对分立公司达成协议。分立作价是公司分立过程中的商业事务,直接关系到各方股东的切身利益。在这个阶段需要解决的另一个问题是分立差价问题。公司分立过程中在公司的总资产和总负债经评估作价后就可以确定每个股东应当从公司分得的资产额和负债额,即"净资产"额,各方股东应当努力争取按照各方应当分得的净资产额分割公司的资产和负债,但是由于资产完整性和业务分配的需求,很难做到各方股东拟从公司分得的资产额和负债额正好等于其应当分得的"净资产"额,这就需要各方股东之间用货币或者其他财产找差额。

第三个阶段,通过分立决议并签署分立协议阶段。在各方股东对公司分立作价达成一致之后,应当由公司权力机构批准分立并由各方股东签署分立协议。

第四个阶段,公告阶段。根据《公司法》的规定,公司应当在作出分立决议之日起10日内通知债权人,并于30日内在报纸上公告。请注意,根据《公司法》的规定,公司分立只需要通知债权人和公告,不需要向债权人偿债或者提供担保。

第五个阶段,公司登记、变更登记阶段。公司公告满 45 日后,就可以根据分立方案和协议办理有关公司的注销登记、设立登记或者变更登记了。2011 年 11 月 28 日,原国家工商行政管理总局发布了《关于做好公司合并分立登记支持企业兼并重组的意见》,该意见第四条明确规定,因公司分立申请办理公司登记的,申请人可以同时申请办理公司注销、设立或者变更登记。其中,不属于同一登记机关管辖的,相关登记机关应当加强登记衔接。需要层级衔接的,上级登记机关要主动协调;需要区域衔接的,先收到有关咨询、申请的登记机关要主动协调。

第六个阶段,后续工作阶段。这个阶段的工作包括分立后各公司财务账目的建立、行政班子的建立、员工的安排、业务的整合、市场的整合、合同的处理、债权债务关系的处理等,以及各公司税务、海关、外汇事项的最后处理等。这些工作有的可能在分立之初就开始筹划,在分立过程中已经着手解决,但有的可能需要一直等到分立工作的收尾阶段才能最后完成。

以上是参照《公司法》的规定和实务操作提出的公司分立六个阶段所要做的工作,在实务中公司分立是非常复杂的,它涉及方方面面的利益,受到方方面面的管控,如企业资质、生产经营许可等,在实务中都是非常难办的。公司应当按照分立的业务流程开展公司分立业务。

298. 分立后各公司的注册资本

分立后各公司的注册资本额之和应当等于被分立公司的注册资本额。根据对公司资产和负债的分割情况将分立前公司的注册资本在分立后存续或新设的各公司之间进行分配。公司分立过程中注册资本的这一分配规则体现了公司资本不变的原则,也符合注册资本为股东责任限额的规则。不管被分立的公司的净资产的情况如何,公司分立都应当按照这一原则分配和处理注册资本,因为只有遵循这一原则,才符合公司资本不变、股东责任不变的规则。也正是根据这一规则才引申出分立后的公司对分立前的债务承担连带责任的法律规定。原国家工商行政管理总局《关于做好公司合并分立登记支持企业兼并重组的意见》第五条第二款明确规定,因分立而存续或者新设的公司,其注册资本、实收资本数额由分立决议或者决定约定,但分立后公司注册资本之和、实收资本之和不得高于分立前公司的注册资本、实收资本。

299. 关于分立后各公司的类型

分立后公司的类型视其符合《公司法》规定的哪种类型公司的条件,由分立后公司的股东决定,既可以是有限责任公司,也可以是股份有限公司。对此,原国家工商行政管理总局《关于做好公司合并分立登记支持企业兼并重组的意见》第三条明确,支持公司自主选择重组公司类型。分立后存续或者新设的公司,只要符合《公司法》规定的条件,可以选择有限责任公司或者股份有限公司类型。

300. 公司分立与对外投资的区别

公司分立是将一个公司分割成两个公司,一个公司的财产和负债分割为两个实体的财产和负债,分立后公司要对分立前公司的负债承担连带责任。公司对外投资,是指公司又作为一个投资的主体,对外履行出资义务。从表面上看,无论是公司分立,还是公司对外投资,都表现为公司直接占有的财产减少,似乎没有什么区别,但从实质上说,两者是有重大差异的。在公司分立的情况下,分立后公司对分立前公司的债务承担连带责任,而在公司对外投资的情况下,接受投资的公司却不对投资公司的债务承担连带责任。另外,从股权结构关系上说,公司分立无论分出多少个公司,其辈分是相同的,都是兄弟公司,而公司对外投资产生的公司是投资公司的子公司,两者是母子公司关系。公司分立不是公司对外投资,公司对外投资不是公司分立。

301. 关于增资的实操分类

笔者总结实务经验将公司增资分为非交易性增资和交易性增资两类。非交易性增资是全体股东按照原持股比例以相同的价格向公司增资,这种增资股东之间没有利益冲突,故称之为非交易性增资。交易性增资是个别股东或者股东以外的人向公司增资,在这种增资项目中增资股东和不增资股东、全体股东与外部增资者之间有利益冲突,故称之为交易性增资。

交易性增资包括个别股东向公司增资和股东以外的人向公司增资两种情形。非交易性增资包括公司向股东派股、公司向股东配股和一人公司股东向公司增资三种情形。

302. 非交易性增资的特征和规则

非交易增资包括公司资本公积金、盈余公积金、未分配利润转增注册资本，全体股东按照原股权比例以相同价格向公司增资，一人公司的股东向公司增资三种情形。这三种增资的共同特征是，公司的注册资本增加、财产总额增加，但股东的股权比例不变；不需要对公司进行估值，不需要根据公司的估值额计算增资者的出资额，只需要根据公司对资金的需求量和股东的能力确定增资出资额。

非交易性增资的实务规则如下。

（1）不是交易，没有利润冲突在其中，是股东们的共益行为。因此，不必对公司进行估值，不必根据公司的估值和增资者投后的持股比例计算增资者的出资额，转增资根据公司资本公积金、盈余公积金、未分配利润的金额和法律规定确定增资额，配股根据股东的能力和公司对资金的需求确定增资额。

（2）不需要签订增资协议，只需要公司股东会通过相关决议即可。因为是股东的共益行为，股东们一致行动，故不需要由股东与股东或者由公司与股东签订增资协议，只需要公司股东会通过有关增资的协议，明确增资方式、增资额、出资方式和出资期限。

（3）转增资没有出资方式和出资期限问题。因为转增资是用已经存在于公司的资本公积金、盈余公积金、未分配利润转增公司的注册资本，股东不必另外向公司出资，故没有出资方式、出资期限问题。

（4）一般没有出资违约问题。在非交易性增资的三种情形中，转增资不会有出资违约问题，配股和一人公司股东向公司增资也很少有出资违约问题。

（5）非交易性增资虽然不是交易，不需要签订增资协议，不会改变股东的股权比例，但是需要修改公司章程，增加公司的注册资本额，并且需要进行工商变更登记。

303. 如何确定非交易性增资的出资额

股东增资出资额是公司增资的重要事项。在转增资的情况下，有限责任公司按照转增资额除以各公司的持股比例计算每个股东的增资出资额，相应地增加股东对公司的实际出资额；股份公司按照转增资额除以公司发行的股票价格计得几股送几股，相应地增加股东对公司的出资额。在股东按照持股比例向公司增资或者一人公司股东向公司增资的情况下，由于股东都按照持股比例向公司增资，无论增资价格高低，都不会损及股东们的利益。因此，在实务中有限责任公司的此类增资多以等于成本价进行增资，即以原始出资价格进行增资。比如，公司由甲、乙两股东各出资500万元成立，现公司拟新增注册资本200万元，甲、乙须各向公司增资100万元，甲、乙对公司的持股比例不变。对上市公司来说，这种增资的价格往往会参照公司股票的市场价格，但会略低于市场价格，因为如果过分低于市场价格会影响公司的市值，向公司的股东配股总会有所优惠。在这种股东按照持股比例向公司增资的情况下，谁也不会计较价格问题，也不会损及任何股东的利益。

综上，在有限责任公司，在实施股东按照持股比例向公司增资或者一人公司股东向公司增资的情况下，基本上是根据公司对资金的需求和股东的出资能力确定股东的出资额的，且全部出资额确认为公司的注册资本，不会产生资本公积金。

304. 交易性增资的特征和规则

交易性增资包括个别股东向公司增资和股东以外的人向公司增资两种情形。交易性增资是交易，存在利益冲突。公司的个股东向公司增资的，是公司的增资股东与不增资股东之间的交易；股东以外的人向公司增资的，是增资者与公司全体股东之间的交易。交易性增资的实操规则如下。

（1）必须对公司进行估值。在交易增资的情况下，必须通过对公司进行公允估值，按照公司的估值额和增资者投后的持股比例计算增资者的出资。公司的估值越高对增资者越不利，公司的估值越低对增资者越有利。

（2）必须遵循等价交换的规则。等价交换规则是一切交易必须遵循的规则，交易性增资也不例外。交易性增资中的等价交换规则包括对公司进行公允估值和根据公司估值及增资者的投后持股比例确定增资者的出资额。

（3）必须签订增资协议。既然是交易，就应当签订协议以资固定交易。在股东以外的投资者向公司增资的情况下，应当由投资者与公司的股东及公司签订增资协议，或者由投资者与公司签订协议报股东会批准。在个别股东向公司增资的情况下，应当由增资股东和不增资股东及公司签订增资协议。增资协议应当约定增资者的出资额、出资方式、出资期限、投后的持股比例及其他问题。

（4）有违约责任问题。既然是交易就存在一方违约的风险，交易性增资的违约主要是投资者不按照增资协议的规定履行出资义务。

（5）需要修改公司章程并进行工商变更登记。无论哪种增资都会增加公司的注册资本，交易性增资也不例外，故此，需要修改公司章程，调整股东的持股比例，并进行工商变更登记和备案。

305. 交易性增资的资本配比规则

资本配比规则是交易性增资需要遵循的一项重要规则。这一规则在实务中表现如下。

（1）有限责任公司的资本总额无论多少，股东取得股权的价格无论高低，在某一时点相同比例的股权的注册资本必须相等；股份有限公司的资本无论多少，股东取得股份的价格无论高低，但每一股票的股本必须相等。

（2）无论是有限责任公司还是股份有限公司，如果公司平价发行股权或者股票，投资者的出资额全部确认为实收资本，如果公司溢价发行股权或者股票，投资者的出资额只有一部分确认为实收资本，另一部分确认为资本公积，以便使相同比例的股权或者股份的注册资本相同。

（3）股份有限公司判断是平价发行股份还是溢价发行股份，看发行价格与股票面值或者股本的对比，发行价格等于股票股本的为平价发行，高于股本的为溢价发行。有限责任公司判断是平价发行股权，还是溢价发行股权，看目标公司估值和目标公司注册资本（实收资本）的对比，目标公司估值等于注册资本（实收资本）的就是平价，投资者的全部出资确认为实收资本，不会有资本公积产生，表明公司的资本没有升值；公司估值大于目标公司注册资本（实收资本）的就是溢价发股，投资者的出资额只有部分确认为注册资本，会产生资本公积，说明公司的资本升值了。

（4）有限责任公司发行股权的价格随公司估值的变化而变化，但在某一时点公司一定比例的股权的资本一定相等。资本公积账户就是用来解决增资者出资额大于其取得股权的注册资本额的，用来储藏多余的资本。

（5）计算增资者的出资额、新增注册资本额和新增资本公积金额的公式：

增资者的出资额 = 公司投前估值额 ÷ 投后公司原股东的持股比例（或者不增资股东的持股比例）× 增资者的持股比例；新增注册资本额 = 公司投前注册资本 ÷ 增资后原股东的持股比例（或者不增资股东的持股比例）× 增资者的持

股比例;新增资本公积金额＝增资者的增资出资额－新增注册资本额。

306. 资本配比规则示例两则

甲公司有 A、B 两个股东,其中 A 持股 60%,B 持股 40%,公司的注册资本(实收资本)1000 万元。C 有意对甲公司增资,经与 A、B 协商一致,C 以货币出资,增资后持有甲公司 65% 的股权。在评估的基础上各方同意公司估值 1000 万元,估值等于公司资本为平价发股。根据上述计算增资者出资额的公式,计得 C 的出资额 = 1857 万元(1000 万元 ÷ 35% × 65%)。

根据上述计算新增注册资本额的公式,计得 C 增资出资额 1857 万元全部确认为实收资本(1000 万元 ÷ 35% × 65%)。增资后甲公司的注册资本由 1000 万元,增加至 2857 万元,其中,C 持股 65%、A 持股 21%、B 持股 14%。这个示例表明自甲公司成立以来,股东 A 和 B 的投资并未升值。

甲公司有 A、B 两个股东,其中 A 持股 60%,B 持股 40%,公司的注册资本(实收资本)1000 万元。C 有意对甲公司增资,经与 A、B 协商一致,C 以货币出资,增资后持有甲公司 65% 的股权。在评估的基础上各方同意目标公司估值 4000 万元。根据上述计算增资者出资额的公司,计得 C 的出资额 = 7428.57 万元(4000 万元 ÷ 35% × 65%)。根据上述计算新增注册资本额的公式,计得 C 增资出资额 7428.57 万元中,有 1857 万元确认为实收资本(1000 万元 ÷ 35% × 65%)。根据上述计算新增资本公积金的公式,计得 C 的出资中有 5571.57 万元确认为资本公积金。这个示例表明自甲公司成立以来,股东 A 和 B 的投资升值了。

307. 关于增资的股东会决议

根据《公司法》第六十六条和第一百一十六条第二款的规定,有限责任公司增资必须经股东会决议,并且该决议必须经代表 2/3 以上表决权的股东通过。

公司增资是公司的重大事项,关系到股东的权利和义务,必须经公司的权力机构批准,否则不能进行。根据《公司法》的规定,公司增资应由公司董事会拟定增资方案,然后提请股东会批准。股东会批准公司增资的决议,与修改公司章程、公司合并、分立、解散和变更公司类型一样,是股东会的特别决议事项。非交易性增资和股东以外的人向公司增资,是公司股东的共益事项,他们的利益统一,多数决是唯一合理、可行的决策方法。但是在公司的个别股东向公司增资的情况下,再实行多数决的决策方法未免就有些不适当了。

308. 关于个别股东增资的分别决问题

个别股东向公司增资是交易性增资两种情形中的一种。在股东以外的人向公司增资的情况下,公司的全体股东为交易的一方,他们应当、也只能采取多数决的方法进行决策。可是在公司的个别股东向公司增资的情况下,这个交易发生在同一个公司的股东之间,发生在增资股东和不增资股东之间,如果再实行多数决的决策方法,就会与交易的公平原则、自愿原则相悖。

在个别股东向公司增资的情况下,无论哪一方享有股东会表决的控制权,实施多数决的决策方法都可能使交易变得扭曲,导致利益的不公平。只有采取分别决的决策方法,即增资的个别股东为一方,不增资的其他股东为一方,双方进行平等协商才符合交易的基本规则。公司法关于公司为控股股东或者实际控制人提供担保的,必须经股东会决议。且股东或者受实际控制人支配的股东,不得参加表决,该项表决由出席会议的其他股东所持表决权的过半数通过的规定,以及在特定情况下股东有权要求公司收购其股权,自股东会会议决议通过之日起60日内,股东与公司不能达成股权收购协议的,股东可以自股东会会议决议通过之日起90日内向人民法院提起诉讼的规定,已有通过司法解决股东之间交易的意思。

总之,在个别股东向公司增资的情况下,增资决策不能采用多数决的方法,应当采用分别决的决策方法。

309.《公司法》规定的优先增资权

《公司法》第二百二十七条规定,有限责任公司增加注册资本时,股东在同等条件下有权优先按照实缴的出资比例认缴出资。但是,全体股东约定不按照出资比例优先认缴出资的除外。股份有限公司为增加注册资本发行新股时,股东不享有优先认购权,公司章程另有规定或者股东会决议决定股东享有优先认购权的除外。

《公司法》这一条规定源自本次修订前《公司法》(2018年修正)第三十四条。《公司法》(2018年修正)第三十四条规定,有限责任公司股东按照实缴的出资比例分取红利;公司新增资本时,股东有权优先按照实缴的出资比例认缴出资。但是,全体股东约定不按照出资比例分取红利或者不按照出资比例优先认缴出资的除外。现在《公司法》(2018年修正)第三十四条被拆成两条:一条为《公司法》的第二百一十条的第四款,一条为《公司法》的第二百二十七条。

对《公司法》关于股东优先增资权的规定,笔者有两点学习体会与读者分享。

(1)《公司法》以全体股东另有约定为除外条件,而没有以公司章程另有约定为除外条件,其意在于不能采用多数决的方法修改公司章程,改变公司章程关于股东优先认缴出资权利的规定;如果要否则这项规定,必须经全体股东一致同意;

(2)股东有权优先按照实缴的出资比例认缴出资,股东的优先出资权仅限于股东实缴的出资比例,不及于其他股东出资的比例,其他股东的优先出资权由其他股东自由处置,优先出资权限于原股权比例,不及于全部增资额。

310. 股份有限公司的优先增资权

不仅有限责任公司有股东优先增资权问题,根据《公司法》第二百二十七条第二款的规定,股份有限公司股东也有优先认购权问题。

股份有限公司大致有发起设立的股份有限公司、定向募集的股份有限公司、公开募集的股份有限公司和上市公司四种类型。发起设立的股份有限公司和定向募集的股份有限公司应当有一定的人合属性。股东优先增资权的立法目的就是维护公司股东的人合属性,故此,股份有限公司的股东如果意欲维护公司股东的人合属性,就应当在公司章程中规定股东的优先增资权,甚至将优先增资权扩大至突破股权比例的限制,在公司拟增资的全额范围内股东优先于股东以外的人,而不应当是像有的判例解释的那样,股东的优先增资权仅及于股东自己的持股比例。

311. 公司增资适用的情形

(1)公司需要资金扩大生产经营规模或进行技术更新,但无法通过借贷融资或其他途径解决资金的来源时,公司只能通过增资解决资金的缺口。公司资金的来源大致有四个:其一为股东的投资(包括权益性投资和借贷性投资);其二为向银行或他人借贷;其三为发行公司债券;其四为赊购欠款。在后三种方法不能满足公司对资金的需求或无法实现时,公司就只能通过股东增资的办法解决资金短缺问题。公司扩大生产经营规模的方式主要有两种:一种是通过技术改造和加强管理,提高公司的劳动生产率和产品质量,称为内涵式扩大再生产;另一种是通过对外投资,包括并购其他企业和新建工厂,扩大公司的规模和能力,称为外延式扩大再生产。无论哪种扩大再生产,都需要投入更多的资金。

(2)调整资金结构,降低财务费用。天下没有免费的午餐,无论是向银行借贷还是发行公司债券,都需要还本付息。利息会构成公司的财务费用,特别是在利率增加时,会加重公司的负担,吃掉公司效益的大部分。因此,为了控制财务费用,特别是在利率增高时,通过增加公司注册资本的方法,适当减少公司的借贷资金,不失为提高公司盈利能力的一种方法。

(3)提高公司的融资能力和对外形象。对外融资是任何一个公司不得不为的事情,但银行从防范风险的角度考虑,会考核公司的抗风险能力和偿债能力,而这些在很大程度上取决于公司注册资本的多少。公司的注册资本过少,公司的资产负债率就会高,公司抗击风险的能力和偿债能力就表现得弱,从而融资能力就不强。适当的注册资本是构成适当的公司自有资产的物资基础,而公司自有资产的多少,也是构成公司对外形象的重要因素。

(4)利用增资不断做大公司的规模。公司发展需要一定的过程和时间,成立之初注册资本过大,往往会导致资金闲置效益下降。因此,股东可以采用增资的方法,做到既不使资金闲置,又保证对公司的资金供给。特别是在公司做大规模的过程中,需要不断地从股东那里取得资金,增资是满足公司做大对资金需求的重要途径。

在以上四种情况下,公司应当考虑通过增资的方法解决公司的资金问题,至于采取哪种增资方式,公司应当根据具体情况确定。

312. 交易性增资的实操流程

非交易性增资简单易行,而交易性增资,无论是股东以外的人向公司增资,还是个别股东向公司增资,不仅是交易,而且过程非常复杂。交易性增资的实操流程大致如下。

(1)达成初步意向阶段。在由非股东向公司增资的情况下,一般都会由公司的控股股东或公司董事会成员先与潜在的投资者接触,在潜在投资者表示投资意愿后,双方可能会签署保密协议和增资意向协议。

（2）披露调查阶段。在签署保密协议和意向协议之后,公司可能需要向潜在投资人披露公司的情况,如公司的资产总额及构成、负债总额及构成、注册资本总额及主要股东和持股比例、公司章程及验资报告等。潜在的投资人也要围绕公司进行尽职调查。披露和调查的主要目的是使潜在投资人作出向公司增资的决定,并使双方能够在平等的基础上讨论潜在投资人的出资额及所获得的股份比例。必须指出的是,在许多情况下,双方首先议定的是潜在投资人对公司增资后所持有的股份比例,多数情况下,潜在投资人会要求得到较高的持股比例。其次才讨论为了持有议定的股份比例,潜在出资人需要向公司出资多少。

（3）增资定价和确定增资方案阶段。在披露调查阶段完成之后,双方就可以在意向协议和披露调查所得信息资料的基础上,最终协商确定增资方案,包括投资人的出资额、所获得的股份比例或公司向其增发的股份数等内容。这是一个商业谈判阶段,关系到各方的利益,需要在平等协商的基础上确定增资价格,即投资人的出资额和所获得的股份。

（4）权力机构批准方案阶段。公司吸收股东以外的人向公司增资,需要将增资方案报公司权力机构批准,如果投资人是一家公司,也需要将增资投资方案报公司权力机构批准。

（5）签署增资协议和有关法律文件阶段。在双方的权力机构批准了增资方案后,双方就可以签署增资协议,并可以根据需要对公司章程作出相应的修改。增资协议可以由公司与投资人签署,也可以由公司的全体股东与投资人签署。公司或公司的部分股东与投资人签署投资协议的,必须经上述公司权力机构的批准并取得授权,公司全体股东签署增资协议的,可以不经上述公司权力机构的批准和授权。

（6）出资阶段。在增资协议签署后,投资人就应当按照增资协议的规定向公司履行增资的出资义务。

（7）工商变更阶段。在公司完成验资后,有限责任公司应当履行公司变更登记,将投资人登记为公司股东。

313. 关于公司减资的实操分类

减资就是公司依照法定程序减少注册资本。由于公司减资表现为公司责任财产和股东责任限额的减少,这与公司资本不变原则相悖,所以公司减资必须遵循严格的法律程序。

笔者在总结实践经验的基础上,提出减资的实操分类,将公司减资分为四种:名义减资、实际减资、交易性减资和非交易性减资。名义减资,是指公司的注册资本虽然减少,但股东不从公司取得减资对价。实际减资,是指公司的注册资本减少,减资股东从公司取得减资对价。交易性减资,是指只有个别股东从公司减资,其他股东不从公司减资,减资后公司的股东及持股比例发生变化。非交易性减资,是指公司的全体股东按照其持股比例以相同的价格从公司减资,减资后公司的股东及持股比例不变。

了解公司减资的实操分类,对掌握各种减资的特征和实操规则,做好公司减资实务工作非常必要。

314. 名义减资的特征与适用

名义减资,是指股东不从公司取得减资对价的减资,即减资的价格为零的减资。因此这种类型减资的特征为:不需要对公司进行估值,不需要为减资股权作价;虽然公司的注册资本减少,但公司的财产并不减少。

名义减资主要适用于以下情形。

(1) 通过减资消灭股东已经认缴但尚未届缴付期限的出资,减少股东的出资义务和出资风险。这种情形的减资只减少公司的注册资本,公司的实收资本不变,股东不能从公司取得减资的对价。股东的持股比例是否发生变化不一定,多数情况下公司的全体股东都进行名义减资,股东的持股比例不发生变化。

(2) 根据《公司法解释(三)》第十七条的规定,公司股东会通过决议解除未履行出资义务股东的股东资格后,公司对相关股权进行减资处理,公司进行的也是名义减资。这种情形的减资也是只减少公司的注册资本,公司的实收资本不变,股东不能从公司取得减资的对价。股东的持股比例肯定发生变化,留存股东的持股比例会增厚。

(3) 在公司有大额亏损,估值小于实收资本的情况下,出于满足外部增资的需要,全体股东按照持股比例减资。这种情形的减资公司只减少注册资本和实收资本,股东不从公司取得减资的对价,公司的资产总额并不减少。这种情形的减资股东的持股比例不变,公司财务账簿上的亏损被消除。

名义减资不涉及减资价格问题,不需要对目标公司进行估值,是非交易性减资的一种。

315. 为消灭出资义务减资的示例

甲和乙出资设立 A 公司,A 公司的注册资本 1000 万元,其中甲认缴 600 万元,乙认缴 400 万元。公司章程规定,在公司取得营业执照的 1 个月内,股东以货币缴付认缴出资额的 50%,在公司取得营业执照的 13 个月之内,股东以货币缴付认缴出资额的其余 50%。

公司取得营业执照后 1 个月之内,甲和乙分别按照公司章程的规定向公司实际缴付出资 300 万元和 200 万元。在公司成立 13 个月前,甲按照公司章程的规定向公司实际缴付出资 300 万元,而乙却一直没有缴付,后经了解原来乙的家庭出现变故,的确没有能力履行出资义务。

经甲与乙协商,乙愿意对认缴尚未实缴的 200 万元出资以名义减资方式撤出,随后甲和乙签订了名义减资协议、签署了减资股东会决议并进行了公告,对公司章程进行了修改,将公司注册资本从 1000 万元减至 800 万元,甲持有 75%,乙持有 25%。公告期满进行了工商变更登记。乙的 200 万元出资义务被消灭。

316. 名义减资需要履行减资程序

名义减资公司的财产不减少,注册资本不减少,股东不从公司取得任何支付,那么,公司是否还需要按照公司法的有关规定履行通知债权人及公告义务,债权人是否还享有要求公司偿还债务或者提供相应担保的权利呢? 笔者认为,在公司注册资本认缴制度下,名义减资公司也需要履行通知债权人和公告的义务,债权人仍享有要求公司偿还债务或者提供担保的权利。

这是因为,在公司注册资本认缴制度的情况下,股东享有实缴资本的期限利益,债权人享有对股东认缴资本的依赖利益,既然股东已经认缴,就不能自由自在地撤缴;否则,股东认缴注册资本将失去任何意义,股东的认缴和债权人的依赖将被动平衡。所以,即使是名义减资公司也应当履行通知和公告义务,债权人也享有要求公司偿还债务或者提供担保的权利。

公司在履行名义减资的通知和公告义务时,可以向明示公司进行的是名义减资,股东不从公司取得减资对价,公司的财产不减少,以防止债权人提出偿还债务或者提供担保的要求。

317. 实际减资的特征与适用

实际减资,是指减资股东从公司取得减资对价,公司的财产减少的减资。在实际减资的情况下,公司的注册资本、实收资本、股东权益和资产总额均减少,公司的责任资产和偿债能力降低,因此,公司必须履行通知和公告义务,债权人依法享有要求公司偿还债务或者提供担保的权利。

实际减资主要适用于以下情形。

(1)公司有大额资金长期闲置,股东会通过减资决议,将闲置资金作为减资对价支付给各股东。这种情形的实际减资公司的注册资本、实收资本、股东权益和资产总额均减少,但股东的股权比例不变,是一种非交易性实际减资。

(2)个别股东经股东会决议通过减资退出公司。这种情形的减资在明股实债、股债融合及基金投资的退出机制中经常使用,也适用于个别股东从公司退出。个别股东通过实际减资退出公司,公司的注册资本、实收资本、股东权益和资产总额均减少,且股东的持股比例也会发生变化,是一种交易性实际减资。

(3)通过减资股东从公司取得特定的财产。在有些情况下,股东意欲从公司取得某项特定财产,可以通过转让的方式实现,但是税收负担比较重,可以通过减资的方法实现,且税收负担比较轻,国家有税收优惠政策。这种情形的减资,公司的注册资本、实收资本、股东权益和资产总额均减少,且股东的持股比例也会发生变化,是一种交易性实际减资。

318. 交易性减资的特征和规则

交易性减资,是指公司的个别股东进行实际减资,公司其他股东不减资的一种减资情形。在这种减资的情况下,不仅公司的注册资本、实收资本、股东权益和资产总额均减少,而且股东的持股比例发生变化。我们之所以将这种情形的减资称为交易性减资,是因为在这种减资中存在利益冲突,是减资股东和不减资股东之间的一种特殊交易。减资股东希望减资的价格越高越好,不减资股东希望减资的价格越低越好。交易性减资实际是个别股东退出共同投资关系、与其他股东进行的退出共同投资关系的交易。

在实务中交易性减资应当遵循以下规则。

（1）需要对减资公司进行估值。既然是交易就应当有价格，而且价格应当公允，这是交易性减资必须遵循的实操规则。交易性减资的价格只能通过对减资公司的估值产生，目标公司的估值乘以减资的股权比例等于减资对价。当然，如果减资公司是上市公司，减资价格不用对减资公司的估值来确定，就是公司收购股票的价格。

（2）需要遵守等价交换的规则。是交易就必须遵循等价交换的规则，也就是民法上说的公平原则，否则交易无法进行。上面说的对减资公司进行估值，根据估值计算减资对价的过程就是贯彻等价交换原则的过程。

（3）需要订立减资协议。是交易就应当签订协议，只有签订协议才能固定交易，才能防控交易风险，交易性减资应当由减资股东与其他股东及公司签订减资协议。

（4）有违约责任问题。是交易就可能有违约问题，既然已经签订协议，就应当对违约责任作出约定。

（5）需要权力机构批准。交易性减资和其他减资一样，都需要履行公司减资的内部程序，报经股东会批准。

（6）需要履行减资的法定程序。在操作交易性减资过程中，必须履行通知债权人和公告义务，否则存在被认定抽逃出资的风险。

319. 个别股东从公司减资的示例

甲公司由 A、B、C 三个股东出资设立，其中 A 是国企，持股 60%，B 和 C 均是厂办大集体，分别持股 20%。减资基准日公司注册资本 1 亿元、实收资本 1 亿元、资本公积 2000 万元、盈余公司 3000 万元、未分配利润 5000 万元。

根据上级文件要求 A 需要退出甲公司，为了节税，也为了防范价款风险，各方拟定 A 以减资方式退出甲公司，在评估的基础上经各方协商，并报上级批准，A 对甲公司 60% 的股权减资作价 1.2 亿元，由 A 与 B 和 C 签订了减资协议，甲公司也在减资协议上加盖了公章。甲公司召开股东会通过了 A 通过减资方式退出公司的决议，然后甲公司通知了已知债权人，并在报纸上公告，同时由 B 和 C 签署了公司章程修正案，甲公司的注册资本和实收资本均变更为 0.5 亿元，其中 B 和 C 各占 50% 的股权。

在公告满 45 天后，公司向工商机关进行公司变更登记和备案，甲公司按照减资协议分 4 次在一年之内向 A 支付了全部减资对价。

320. 非交易性减资的特征和规则

非交易性减资,是指全体股东按照持股比例以相同的价格从公司减资,是实际减资中的一种。非交易性减资虽然股东从公司获得减资对价,但是全体股东同时从公司减资,而且按照持股比例进行减资,减资的价格也相同,减资后股东的持股比例不发生变化。故这种减资股东之间没有利益冲突,没有你多我少的问题,只需要处理好股东、公司与公司债权人之间的关系,履行通知和公告义务,满足债权人关于偿还债务或者提供担保的要求即可。非交易性减资属于实际减资,故公司的注册资本、实收资本、股东权益、资产总额均减少,但股东的持股比例不发生变化。

非交易性减资应当遵循以下实操规则。

(1)不需要对公司估值,不需要对减资股权协商作价。非上市公司的交易性减资必须对公司进行估值,并且在估值的基础上协商确定减资的价格,以便平衡减资股东和不减资股东之间的关系。而非交易性减资,因其不是交易,不需要对公司进行估值,也不需要在估值的基础上对减资股权作价。

(2)不需要签订减资协议。个别股东通过减资退出公司是减资股东的自益行为,是减资股东和不减资股东之间的交易,必须签订协议固定交易;而非交易性减资,不是交易,是股东们的共益行为,故不需要签订协议,只需股东会作出决议,公司和股东执行即可。

(3)没有违约责任问题。非交易性减资不是交易,不需要签订减资协议,当然也就没有违约责任问题。

(4)需要权力机构批准。非交易性减资虽然不需要签订协议,但必须经公司权力机构的批准,不经公司股东会批准股东从公司取得减资价款,可能构成抽逃出资。

(5)需要履行减资的法定程序。股东会批准是减资的公司内部程序,公司还需要履行减资的外部程序、通知债权人并公告并满足债权人关于偿还债务或者提供担保的要求。公司减资不履行外部程序更容易被认定为股东抽逃出资。

321. 非交易性减资的示例

甲公司由 A、B、C 三个股东出资设立,减资基准日公司实收资本 5000 万元,资本公积 2000 万元,未分配利润 2000 万元。股东 A 持有 50% 的股权,B 和

C各持有25%的股权。由于受市场因素的影响，公司的经营规模缩减，公司出现4000万元的长期闲置资金。为了提高公司的资金利用率，提高股东回报率，公司董事会拟定了减资方案，经股东会讨论通过了董事会的减资方案。

根据股东会决议，公司减资对价总金额为4000万元，按照持股比例，其中A取得减资对价2000万元，B和C各取得减资对价1000万元。随后公司通知了债权人并在报纸上进行了公告，在公告满45天后，公司凭股东会决议、通知和公告的样本，对公司章程修正案进行了工商变更登记。公司的注册资本由原来的5000万元变更为3000万元，其中A股东仍持有甲公司50%的股权，B和C仍分别持有甲公司25%的股权（资本公积2000万元减少至零）。在公司变更登记完成后公司向股东支付了减资对价。

322. 交易性减资的价格问题

交易性减资是个别股东从公司减资，交易性减资需要公司向股东履行支付义务，即支付减资价款。那么，交易性减资的价格如何确定呢？或者说在股东减资股权一定的情况下，如何确定公司应当向股东支付多少减资价款呢？这个问题在上市公司非常简单，就是股票的收购价格，而在非上市公司如何确定呢？

第一，不能是股东对公司履行的出资额。交易性减资的股权肯定是股东已经履行了出资义务的股权，但股东从公司撤回自己的股权，其价格却不应当是股东的出资额。因为股东的出资行为是投资行为，股东的出资是资本，资本的价值随公司的经营情况和成长性变化，可能增加也可能减少。因此，不能将减资价格理解成股东的出资额。

第二，也不能按照公司的净资产额计算。净资产是一个财务概念，指某一个财务期间结束时，公司的资产总额减去公司的负债总额的差，在金额上等于股东权益，反映公司的资产中有多少为股东所有。虽然净资产比注册资本更能反映公司的价值，但是计算净资产额的资产总额只是按照公司各种资产的购建成本结转而来的，并不能准确地反映资产的市场价值，更不能反映公司的盈利能力和成长性。公司的盈利能力和成长性是决定公司估值，即股权价格的重要指标。故此，虽然净资产比注册资本前进一步，但也不能按其计算减资的价格。

第三，按照公司估值乘减资的股权比例计算。公司估值是在某一时点公司市场价值的体现，在上市公司就是股票的价格乘以公司发行股票的总数。在有限责任公司由于其资本没有市场价格，需要通过评估或者其他方法确定公司的估值，公司估值不仅应反映公司资产总额、负债总额等指标，也要反映公司的盈利能力和成长潜力。有限责任公司股权的转让价格就是以公司估值为基础，按照公司估值乘以转让股权比例计算的。因此，对非上市股份公司而言，减资的价格应当等于公司的估值乘以减资股权的比例，也就是说转让值多少钱，减资也应当值多少钱。

比如，某公司注册资本 1000 万元，其中有甲的出资 200 万元，公司股东权益 2000 万元，现在甲拟以减资方式退出公司，其他股东也同意甲通过减资退出公司。甲应当从公司取回多少货币或者价值相等的财产呢？是 200 万元吗？不妥，因为甲的出资在公司财务账上表现的价值已经是 400 万元了，甲只收取 200 万元，结果必然是其他股东侵占甲的利益。是 400 万元吗？也不妥，因为 400 万元只是甲的出资在公司财务账上表现的价值，并不是甲拥有股权的真实价值。还有，如果公司有亏损尚未弥补，可能减资股权的价格就会低于相应的注册资本，如公司的注册资本 1000 万元，亏损 500 万元，减资股东能够从公司取得的货币或者财产的价值可能就会低于出资额。因此，只有参照股权转让的计价方法，按照公司估值乘以减资股权比例的方式计算减资的价格，是比较科学且公平合理的。

减资法律关系的本质是减资股东退出共同投资，是一种解除共同投资关系的交易，但是这种解除不是清算式的解除，是通过全体存续股东以公司为平台按份收购减资股东的股权实现的。

323. 关于公司减资决议

无论什么减资，都有一个共性就是减少公司的注册资本，不减少公司的注册资本就不能称为减资。减资涉及股东、公司、债权人的利益，属于公司的重大事项，应当依法经股东会批准。根据《公司法》第六十六条的规定，有限责任公司减资必须经股东会决议，并且该决议必须经全体股东表决权的 2/3 以上通过。根据《公司法》第一百一十六条的规定，股份有限公司减资必须经股东会决议，并且该决议必须经出席会议的股东所持表决权的 2/3 以上通过。

公司减资是公司的重大决策，必须经公司的权力机构批准，否则不能进行。根据《公司法》的规定，公司减资应由公司董事会拟定减资方案，然后提请股东会批准。股东会批准公司减资的决议，与修改公司章程、公司合并、分立、解散和变更公司类型一样，是股东会的特别决议事项。

324. 关于减资的多数决和分别决问题

从上文的讨论中我们知道公司减资可以分为非交易性减资和交易性减资，根据《公司法》的有关规定，减资应当经股东会以 2/3 以上表决权通过决议。

笔者认为，非交易性减资是股东的共益行为，股东之间不存在利益冲突，的确应当适用多数决的原则，由 2/3 以上表决权通过决议。但是对交易性减资而言，交易发生在公司股东之间，股东之间存在利益冲突，减资的无论是大股东还是小股东，都不应当适用多数决的原则，而应当由减资股东为一方，不减资股东为一方，由双方协商确定。只有这样交易才会相对公平，如果在交易性减资的情况下仍由股东多数决，势必违反交易规则，使利益失衡。在交易性减资中如果仍然适用多数决的原则，持股公司 2/3 以上股权的大股东就可以强制通过股东会决议，以显著低于市场的价格迫使小股东以减资方式退出公司，从而获得违法利益。

325. 关于对债权人利益的保护

公司的注册资本是股东对公司责任的最高限额，也是公司对债权人责任能力的基础，允许公司减资势必影响公司的责任能力，影响债权人的利益。因此，《公司法》第二百二十四条规定，公司应当自股东会作出减少注册资本决议之日起 10 日内通知债权人，并于 30 日内在报纸上或者国家企业信用信息公示系统公告。债权人自接到通知书之日起 30 日内，未接到通知书的自公告之日起 45 日内，有权要求公司清偿债务或者提供相应的担保。

根据《公司法》的这一规定，公司减资必须事先通知全体债权人，必须满足债权人对公司偿还债务或者提供担保的要求，否则公司不能减资。《公司法》的这一规定，既考虑了公司减资，资本流动的需求，又充分考虑了债权人的利益。应当指出的是，这里有权要求公司清偿债务或者提供相应担保的，不仅包括已经到期的债权，也应当包括尚未到期的债权。足见《公司法》在尊重公司股东的意志和利益的同时，也充分考虑了公司债权人的利益。

326.《公司法》新增的特殊减资

《公司法》第二百二十五条规定："公司依照本法第二百一十四条第二款的

规定弥补亏损后,仍有亏损的,可以减少注册资本弥补亏损。减少注册资本弥补亏损的,公司不得向股东分配,也不得免除股东缴纳出资或者股款的义务。依照前款规定减少注册资本的,不适用前条第二款的规定,但应当自股东会作出减少注册资本决议之日起三十日内在报纸上或者国家企业信用信息公示系统公告。公司依照前两款的规定减少注册资本后,在法定公积金和任意公积金累计额达到公司注册资本百分之五十前,不得分配利润。"《公司法》第二百一十四条第二款规定,公积金弥补公司亏损,应当先使用任意公积金和法定公积金;仍不能弥补的,可以按照规定使用资本公积金。第二百二十五条第二款规定,公司应当自股东会作出减少注册资本决议之日起10日内通知债权人,并于30日内在报纸上或者国家企业信用信息公示系统公告。债权人自接到通知之日起30日内,未接到通知的自公告之日起45日内,有权要求公司清偿债务或者提供相应的担保。这就是《公司法》新增的特殊减资规定。

用公积金弥补5年以前的亏损,其意义在于可以使公司提前具备分配利润的条件,这一点在前面的讨论中已经说过。实行特殊减资不得向股东分配(应当是不向股东支付减资对价),不用通知债权人并公告,债权人也无权要求偿还债务或者提供担保,这很好理解。但是,笔者对特殊减资不得免除股东缴纳股款的义务,是无论如何也理解不了。难道特殊减资不减少公司的注册资本吗?如果不减少注册资本是什么减资? 如果减少注册资本,为什么不免除股东的出资义务呢? 为什么还要求股东向公司履行出资义务呢? 的确,在公司有大额亏损的情况下,可以进行名义减资,即公司的注册资本减少,但股东不从公司取得减资对价。但是,这种减资公司的注册资本和亏损同时减少,又何谈不免除股东的出资义务呢?

公司实施特殊减资规定后,在法定公积金和任意公积金累计额达到注册资本50%前,不得分配利润。根据《公司法》第二百一十条第一款的规定,公司分配当年税后利润时,应当提取利润的10%列入公司法定公积金。公司法定公积金累计额为公司注册资本的50%以上的,可以不再提取。第一,在实务中公司不分配利润不提取法定公积金,分配利润时按照分配的利润额的10%提取法定公积金;第二,法定公积金累计达到注册资本50%的,可以不再提取。

笔者认为,这种特殊减资,不减少公司的注册资本,只减少公司的实收资本,要求股东二次履行出资义务,与其说是减资,不如说是一种新的财务制度。如果将其移到财务会计一章,可能更好理解。

327. 对违法减资的处理

《公司法》第二百二十六条规定,违反本法规定减少注册资本的,股东应当退还其收到的资金,减免股东出资的应当恢复原状;给公司造成损失的,股东及负有责任的董事、监事、高级管理人员应当承担赔偿责任。这是《公司法》关于违法减资法律后果的规定,是《公司法》新增加的内容。

违反本法规定减少注册资本应当包括以下行为。

(1)没有经过股东会,或者关于减少注册资本的股东会被确认无效、被撤销或者不成立;

(2)没有书面通知已知的全部债权人;

(3)没有按照债权人的要求或者与债权人协商一致,向债权人偿还债务或者提供担保。

笔者认为,有上述三种情形的,应当适用《公司法》第二百二十六条的规定,至于没有按要求进行公告的,或者没有修改公司章程减少注册资本并进行工商变更登记的,只要不同时存在上述三种情形,一般不宜适用《公司法》第二百二十六条的规定。关于董、监、高怎样承担赔偿责任,只能等待最高人民法院的司法解释了,请读者给予关注。

328. 实际减资与抽逃资本的区别

实际减资与抽逃资本有以下相似之处。

(1)都是股东在分配股利或者分配剩余财产以外从公司取得财产;

(2)公司的财产都会减少。

实际减资与股东抽逃出资有以下区别。

(1)两者的性质不同,减资是合法的,抽逃出资是违法的;

(2)减资要依法通知债权人并公告,抽逃资本是秘密进行的;

(3)减资需要满足债权人偿还债务或者提供担保的要求,抽逃出资债权人不知道;

(4)减资公司的注册资本减少,抽逃公司的注册资本不减少;

(5)减资以不对债权人造成侵害为前提,抽逃资本损害债权人利益;

(6)减资债权人不会提起诉讼,抽逃债权人可以提起补充赔偿之诉。

第十二章 | 公司解散和清算

329. 因经营期限届满解散

公司作为企业法人,有其生成的过程,也有其消亡的过程。公司解散就是公司的消亡,公司的消亡过程同其生成过程一样,也必须依法进行。公司解散是引起公司清算的缘由,公司终止是公司清算的法律结果,不经依法解散,公司不得终止其民事义务。

根据《公司法》第二百二十九条的规定,公司解散事由的第一项是:公司章程规定的营业期限届满或者公司章程规定的其他解散事由出现。公司章程可以规定公司的营业期限,也可以不规定公司的营业期限,如果公司章程规定了公司的营业期限或者公司章程规定了其他解散事由,营业期限届满或者解散事由出现时,公司应当解散。公司依据章程的规定解散的,无须公司股东会决议。之所以无须公司股东会决议,是因为公司章程关于公司营业期限的规定是在公司成立之初经全体股东协商一致约定的,对此股东和公司都应当遵守。如果公司章程在公司经营期限之外还规定了公司解散的事由,当该等事由出现时,公司也应当解散。此种情况下的解散也无须公司股东会决议,也是股东在公司成立之初约定的,股东和公司应当遵守。公司根据《公司法》本项规定而解散的,属于约定解散,约定解散不需要附加其他条件,也不需要股东会通过,只需要有约在先即可。

但是,根据《公司法》第二百三十条的规定,在约定的营业期限届满和解散事由出现时,股东可以通过股东会特别决议修改公司章程而使公司存续,故此,即使是在约定解散的情况下,公司应当提前通知全体股东,以使股东有机会通过特别决议使用公司存续。

330. 因股东会决议解散

股东是共同投资关系和财产委托经营关系的主体和发起者,因此,股东既有权设立公司,也有权终止公司。根据《公司法》第二百二十九条第一款第二项的规定,公司解散事由的第二项是股东会决议解散。这就是说,无论公司章程是否规定了公司的营业期限,公司章程规定的营业期限是否届满,公司股东会均可通过决议解散公司。

股东会是公司的权力机构,是股东行使权利的场所。即使在公司章程规定的经营期限届满前,在公司章程规定的公司解散事由未出现的情况下,公司的权力机构也有权作出解散公司的决定。根据《公司法》第六十六条和第一百一十六条的规定,这是公司权力机构的法定职权。《公司法》第二百三十条第二款规定:"依照前款规定修改公司章程或者经股东会决议,有限责任公司须经持有三分之二以上表决权的股东通过,股份有限公司须经出席股东会会议的股东所持表决权的三分之二以上通过。"由公司权力机构通过决议解散公司,我们称为决议解散,决议解散是公司权力机构意志的结果。对决议解散,不问原因,只问其决议的生成是否符合《公司法》或公司章程的规定。

331. 因合并或者分立解散

公司合并分为吸收合并和新设合并,在吸收合并的情况下,被合并公司解散,在新设合并的情况下,参加合并的各公司均解散。公司分立分为存续分立和新设分立,在新设分立的情况下,被分立公司解散。根据《公司法》第二百二十九条第一款第三项的规定,公司解散事由的第三项是公司因合并或者分立需要解散。

公司因合并或者分立而解散的,虽然也是解散,其结果也是公司这个民事主体的消亡,但不同于其他情形下的解散,无须通过清算程序。所以,公司因合并或者分立而解散的,称其解散不如称其注销更贴切。因为,虽然解散的公司作为民事主体已经不复存在,但是对他们已经生效的民事法律关系并不消灭,并且有法定的承继人。公司为了结民事关系而行的解散与公司因合并分立而行的解散,是两种完全不同的解散。

332. 因行政决定解散

根据《公司法》第二百二十九条第一款第四项的规定,公司解散事由的第四项是:依法被吊销营业执照、责令关闭或者被撤销设立登记。

被吊销营业执照,是指市场监督管理机关根据法律、行政法规的规定,对查证属实有违法行为的公司而依法采取的行政行为。例如,《公司法》第二百六十条第一款规定,公司成立后无正当理由超过6个月未开业的,或者开业后自行停业连续6个月以上的,公司登记机关可以吊销营业执照,但公司依法办理歇业的除外。营业执照是公司诞生和存续的法律凭证,在公司的营业执照被吊销之后,公司就失去了存续的法律根据,公司不可以继续从事生产经营活动,必须依法进行清算。吊销营业执照是国家行政权力强令公司解散的一种形式,公司被吊销营业执照后,必须依法进行清算,保证债权人的合法权益。责令关闭也是因公司违反法律或行政法规,或因公司设立不符合法律规定,由有关行政机关命令停止经营进行清算。撤销设立登记,是指公司登记机关根据《公司法》第三十九条的规定,对虚报注册资本、提交虚假材料或者采取其他欺诈手段隐瞒重要事实取得公司登记的,因利害关系人申请或者依职权调查属实的,撤销公司登记。

公司无论是被吊销营业执照、被责令关闭还是被撤销登记,都会引起公司解散从而进入清算程序的法律结果。公司因被吊销营业执照、责令关闭或者被撤销登记而解散的,无须公司的权力机关决议,公司必须无条件执行。

333. 因法院判令解散

根据《公司法》第二百二十九条第一款第五项的规定,公司解散事由的第五项是:人民法院依照本法第二百三十一条的规定予以解散。《公司法》第二百三十一条规定,公司经营发生严重困难,继续存续会使股东利益受到重大损失,通过其他途径不能解决的,持有公司表决权10%以上的股东,可以请求人民法院解散公司。

《公司法》的这一条款是在公司应当解散的客观情势下,由于没有达到公司章程规定的公司经营期限,又不符合公司章程规定的公司解散的事由,而公司股东会又无法通过决议解散公司的情况下,如何通过法律救济的方式解散公司,从而保护股东的合法权益的规定。在某些情况下,尽早解散公司可能对股东的利益是一种保护,在股东不能以协商的方式对解散公司达成一致的情况下,法律救济手段是十分必要的。因股东起诉法院判令公司解散的,是公司解散的特别原因。但是,根据《公司法》的规定,能够启动法律救济程序解散公司的,必须是持有公司全部表决权10%以上的股东,这可以是一个股东,也可以是多个股东,唯须所持股东表决权达到公司全部股东表决权的10%以上。

334. 股东解散公司之诉

最高人民法院在《公司法解释(二)》第一条规定,单独或者合计持有公司全部股东表决权10%以上的股东,以下列事由之一提起解散公司诉讼,并符合《公司法》第一百八十二条规定的人民法院应予受理:(1)公司持续两年以上无法召开股东会或者股东大会,公司经营管理发生严重困难的;(2)股东表决时无法达到法定或者公司章程规定的比例,持续两年以上不能作出有效的股东会或者股东大会决议,公司经营管理发生严重困难的;(3)公司董事长期冲突,且无法通过股东会或者股东大会解决,公司经营管理发生严重困难的;(4)经营管理发生其他严重困难,公司继续存续会使股东利益受到重大损失的情形。股东以知情权、利润分配请求权等权益受到损害,或者公司亏损、财产不足以偿还全部债务,以及公司被吊销企业法人营业执照未进行清算等为由,提起解散公司诉讼的,人民法院不予受理。

根据《公司法解释(二)》第六条的规定,人民法院关于解散公司诉讼作出的判决,对公司全体股东具有法律约束力。人民法院判决驳回解散公司诉讼请求后,提起该诉讼的股东或者其他股东又以同一事实和理由提起解散公司诉讼的,人民法院不予受理。根据《公司法解释(二)》第五条的规定,人民法院审理解散公司诉讼案件,应当注重调解。当事人协商同意由公司或者股东收购股份,或者以减资等方式使公司存续,且不违反法律、行政法规强制性规定的,人民法院应予支持。当事人不能协商一致使公司存续的,人民法院应当及时判决。经人民法院调解,公司收购原告股份的,公司应当自调解书生效之日起6个月内将股份转让或者注销。股份转让或者注销之前,原告不得以公司收购其股份为由对抗公司债权人。

335. 解散之诉和清算之诉

根据《公司法解释(二)》第四条的规定,股东提起解散公司诉讼应当以公司为被告。原告以其他股东为被告一并提起诉讼的,人民法院应当告知原告将其他股东变更为第三人;原告坚持不予变更的,人民法院应当驳回原告对其他股东的起诉。原告提起解散公司诉讼应当告知其他股东,或者由人民法院通知其参加诉讼。其他股东或者有关利害关系人申请以共同原告或者第三人身份参加诉讼的,人民法院应予准许。根据《公司法解释(二)》第二条的规定,股东提起解散公司诉讼,同时又申请人民法院对公司进行清算的,人民法院对其提出的清算申请不予受理。

根据《公司法》第二百三十二条的规定,公司因本法第二百二十九条第一款第一项、第二项、第四项、第五项规定而解散的,应当清算。董事为公司清算义务人,应当在解散事由出现之日起 15 日内组成清算组进行清算。清算组由董事组成,但是公司章程另有规定或者股东会决议另选他人的除外。清算义务人未及时履行清算义务,给公司或者债权人造成损失的,应当承担赔偿责任。第二百三十三条规定,公司依照前条第一款的规定应当清算,逾期不成立清算组进行清算或者成立清算组后不清算的,利害关系人可以申请人民法院指定有关人员组成清算组进行清算。人民法院应当受理该申请,并及时组织清算组进行清算。公司因本法第二百二十九条第一款第四项的规定而解散的,作出吊销营业执照、责令关闭或者撤销决定的部门或者公司登记机关,可以申请人民法院指定有关人员组成清算组进行清算。

《公司法》之所以规定公司解散必须进行清算,主要是为了保护公司债权人的利益,公司解散不清算,公司的债权人可能不会得到公平的清偿,这与股东有限责任的规则相悖。根据《公司法》的规定,公司应当在解散事由出现之日起 15 日内成立清算组,开始自行清算,否则,债权人可以向人民法院提起清算之诉,请求人民法院指定清算组进行清算,以维护债权人的合法权益。

不仅债权人可以向人民法院提起公司清算之诉,而且有关行政机关也可以向人民法院申请指定清算组对公司进行清算。行政机关向人民法院申请指定清算是《公司法》新增加的内容,对完善公司清算制度大有裨益。

336. 董事是清算的义务人

《公司法》第二百三十二条规定,公司因本法第二百二十九条第一款第一项、第二项、第四项、第五项规定而解散的,应当清算。董事为公司清算义务人,应当在清算事由出现之日起 15 日内组成清算组进行清算。清算组由董事组成,但是公司章程另有规定或者股东会决议另选他人的除外。清算义务人未及时履行清算义务,给公司或者债权人造成损失的,应当承担赔偿责任。

我国过去的公司法一直对清算义务人的规定不够明确,《公司法》首开先河,明确规定董事为公司清算义务人。但是,笔者认为不分公司类型,统而为一地将董事规定为公司的清算义务人,是否有欠客观、公平？对上市公司而言,规定董事为清算义务人绝无问题；但是对有限责任公司和发起设立的股份公司来说,强制规定董事为公司清算义务人,董事未及时履行清算义务,给公司或者债权人造成损失的,应当承担赔偿责任是似乎有些牵强,甚至有失公平。

在有限责任公司中,如果由自然人大股东本人出任董事,这条规定的执行没有问题,不清算由出任董事的自然人大股东承担赔偿责任也是公平合理的；但是,如果出任董事者不是股东,更不是公司的大股东,只是经理人,这个规定就似乎有些欠妥了。第一,这样的董事能否具有相应的权力,能否在股东不同意或者不支持的情况下对公司进行清算；第二,因为及时清算给公司或者债权人造成损失,由董事承担赔偿责任,是否存在权、责、利失衡的问题；第三,根据《公司法》本条的规定,清算组的组成有除外情形,但董事责任没有除外情形,对董事是否公平；第四,逃避清算责任,获取非法利益的多是大股东或者实际控制公司的股东,将不清算责任全部归咎于董事,可能达不到本条的立法目的。

337.《公司法解释(二)》对清算责任的规定

怠于清算,是指公司出现《公司法》第二百二十九条第一项、第二项、第四项、第五项规定的解散的事由,没有按照《公司法》第二百三十二条的规定,在解散事由出现之日起15日内成立清算组,开始清算的情形。怠于清算可能造成两种后果：一是公司财产贬值、损毁或者灭失,使公司对债权人的清偿能力降低或者消灭；二是使公司的账册、重要文件等灭失,无法进行清算。对此,《公司法解释(二)》第十八条规定,有限责任公司的股东、股份有限公司的董事和控股股东未在法定期限内成立清算组开始清算,导致公司财产贬值、流失、毁损或者灭失,债权人主张其在造成损失范围内对公司债务承担赔偿责任的,人民法院应依法予以支持。有限责任公司的股东、股份有限公司的董事和控股股东因怠于履行义务,导致公司主要财产、账册、重要文件等灭失,无法进行清算,债权人主张其对公司债务承担连带清偿责任的,人民法院应依法予以支持。上述情形系实际控制人原因造成,债权人主张实际控制人对公司债务承担相应民事责任的,人民法院应依法予以支持。

《公司法》实行之后,公司法解释的上述规定可能需要修改。

338.《九民会议纪要》对清算责任的规定

《九民会议纪要》指出,关于有限责任公司股东清算责任的认定,一些案件的处理结果不适当地扩大了股东的清算责任。特别是实践中出现了一些职业债权人,从其他债权人处大批量超低价收购僵尸企业的"陈年旧账"后,对批量僵尸企业提起强制清算之诉,在获得人民法院对公司主要财产、账册、重要文件等灭失的认定后,根据《公司法解释(二)》第十八条第二款的规定,请求有限责任公司的股东对公司债务承担连带清偿责任。有的人民法院没有准确把握上述规定的适用条件,判决没有"怠于履行义务"的小股东或者虽"怠于履行义务"但与公司主要财产、账册、重要文件等灭失没有因果关系的小股东对公司债务承担远超过其出资数额的责任,导致出现利益明显失衡的现象。需要明确的是,上述司法解释关于有限责任公司股东清算责任的规定,其性质是因股东怠于履行清算义务致使公司无法清算所应当承担的侵权责任。在认定有限责任公司股东是否应当对债权人承担侵权赔偿责任时,应当注意以下问题。

(1)怠于履行清算义务的认定。《公司法解释(二)》第十八条第二款规定的"怠于履行义务",是指有限责任公司的股东在法定清算事由出现后,在能够履行清算义务的情况下,故意拖延、拒绝履行清算义务,或者因过失导致无法进行清算的消极行为。股东举证证明其已经为履行清算义务采取了积极措施,或者小股东举证证明其既不是公司董事会或者监事会成员,也没有选派人员担任该机关成员,且从未参与公司经营管理,以不构成"怠于履行义务"为由,主张其不应当对公司债务承担连带清偿责任的,人民法院依法予以支持。

(2)因果关系抗辩。有限责任公司的股东举证证明其"怠于履行义务"的消极不作为与"公司主要财产、账册、重要文件等灭失,无法进行清算"的结果之间没有因果关系,主张其不应对公司债务承担连带清偿责任的,人民法院依法予以支持。

(3)诉讼时效期间。公司债权人请求股东对公司债务承担连带清偿责任,股东以公司债权人对公司的债权已经超过诉讼时效期间为由抗辩,经查证属实的,人民法院依法予以支持。公司债权人以《公司法解释(二)》第十八条第二款为依据,请求有限责任公司的股东对公司债务承担连带清偿责任的,诉讼时效期间自公司债权人知道或者应当知道公司无法进行清算之日起计算。

339. 清算组的职责

根据《公司法》第二百三十二条的规定,公司除因合并或者分立而解散的外,应当在解散事由出现之日起15日内成立清算组,开始清算。根据《公司法》第二百三十四条的规定,清算组在清算期间行使下列职权。

(1) 清理公司财产,分别编制资产负债表和财产清单。清理公司资产主要是弄清楚公司资产的构成和数量、公司负债的构成和数量,从而明确公司的偿债能力,确定公司的清算方案。这里要求编制的资产负债表不是公司经营期间的资产负债表,而应当是在对公司资产和负债进行实际清点后,剔除盘亏、加入盘盈的更加反映公司在宣布解散时点上资产、负债真实情况的资产负债表。编制好公司清算资产负债表,还是确定公司是依清算程序解散还是依破产程序解散的需要。如果根据清算资产负债表,公司的资产不足以偿还公司的负债,清算组就应当终止清算程序,由公司向人民法院申请破产。

(2) 通知、公告债权人。通知、公告债权人是清算过程中的重要事项。清算的本质是用公司的资产清结公司的债务,而这必须从通知、公告债权人做起。通知是指直接向债权人发出公司清算,要求其申报债权的书面形式的信函。公告是指在报纸上向不特定的债权人发出公司清算,要求其申报债权的公告。根据《公司法》第二百三十五条的规定,清算组应当自成立之日起10日内通知债权人,并于60日内在报纸或者国家企业信用信息公示系统上公告。

(3) 处理与清算有关的公司未了结的业务。公司一旦宣布解散就不得从事经营业务,但是须了结有关存续的业务。比如,归还租借的财产;终止有关合同并确定由此而生的债权、债务;返还委托加工的原材料和产成品等。这类业务在公司不解散的情况下,公司是要作为民事主体继续履行下去的,但公司一旦宣布解散就必须了结,一般不能继续履行。

(4) 清缴公司所欠税款以及清算过程中产生的税款。公司所欠税款也是公司的债务,也必须依法由公司资产偿还。必须指出的是,虽然《公司法》将清缴公司所欠税款以及清算过程中产生的税款作为清算组的一项职权在本条单独规定,但这并不意味着公司所欠税款可以优先清偿或者单独清偿。

(5) 清理债权、债务。清理公司的债权、债务,是指向公司的债务人主张、追收公司的债权资产,向公司的债权人清理、登记公司的负债。债权也是公司的资产,追收公司的债权资产,是清算组的一项重要责任。清算组可以自行追收,也可以通过中介公司追收,还可以通过向人民法院提起诉讼追收。以公司资产偿还公司的债务,这是公司对其债权人承诺的兑现,也是公司清算过程中清算组的一项重要职能。

(6)分配公司清偿债务后的剩余财产。剩余财产是指公司全部财产清偿公司全部债务后剩余的部分,这部分财产属于公司财产中公司全体股东共同拥有的部分,应当由清算组在股东中间进行分配。清算组、股东必须在公司已经偿还全部债务后方可分配剩余财产,不得在清偿公司债务之前,或者与之同时分配公司的剩余财产。公司偿还完债务后的剩余财产,按照股权比例或者公司章程的规定在股东之间分配。

(7)代表公司参与民事诉讼活动。在公司清算期间公司的民事主体资格仍然存在,但公司的民事诉讼活动由清算组代表。

340. 债权人申报债权

《公司法》第二百三十五条规定:"清算组应当自成立之日起十日内通知债权人,并于六十日内在报纸上或者国家企业信用信息公示系统公告。债权人应当自接到通知之日起三十日内,未接到通知的自公告之日起四十五日内,向清算组申报其债权。债权人申报债权,应当说明债权的有关事项,并提供证明材料。清算组应当对债权进行登记。在申报债权期间,清算组不得对债权人进行清偿。"

清算组通知、公告债权人的目的是让债权人及时申报债权,以便掌握公司债权的构成和数量。为了使公司的清算工作能够顺利进行,《公司法》对债权人申报债权规定了要求,债权人必须按照《公司法》的要求申报债权,否则将丧失受偿的权利。根据《公司法》本条的规定,接到清算组书面通知的债权人必须在自接到通知书之日起30日内向清算组申报债权,未接到通知书的债权人必须在清算组在报纸上或者国家企业信用信息公示系统公告之日起45日内向清算组申报债权。债权人申报债权除应当满足时限要求外,还应当说明有关事项并提供证明材料。如果清算组对债权人申报的债权有异议的,双方可以核对或协商。如果债权人申报债权逾期或者证据不足的,清算组将不予登记和安排清偿。清算组对真实的债务应当予以登记,以便准确地了解公司的负债,同时作为清偿的根据。

341. 补充申报债权的处理

补充申报债权,是指债权人在申报期限届满后清算程序终结前申报的债权。根据《公司法》的规定,债权人应当自接到清算组关于申报债权的通知书之日起 30 日内,未接到通知书的自公告之日起 45 日内,向清算组申报债权。对于债权人补充申报的债权,《公司法解释(二)》第十三条和第十四条明确规定,债权人在规定的期限内未申报债权,在公司清算程序终结前补充申报的,清算组应予登记。债权人补充申报的债权,可以在公司尚未分配财产中依法清偿。公司尚未分配财产不能全额清偿,债权人主张股东以其在剩余财产分配中已经取得的财产予以清偿的,人民法院应予支持;但债权人因重大过错未在规定期限内申报债权的除外。债权人或者清算组,以公司尚未分配财产和股东在剩余财产分配中已经取得的财产,不能全额清偿补充申报的债权为由,向人民法院提出破产清算申请的,人民法院不予受理。

342. 清算方案制订与批准

根据《公司法》第二百三十六条的规定,清算组在清理公司财产、编制资产负债表和财产清单后,应当制订清算方案,并报股东会或者人民法院确认。公司财产在分别支付清算费用、职工的工资、社会保险费用和法定补偿金,缴纳所欠税款,清偿公司债务后的剩余财产,有限责任公司按照股东的出资比例分配,股份有限公司按照股东持有的股份比例分配。清算期间,公司存续,但不得开展与清算无关的经营活动。公司财产在未依照前款规定清偿前,不得分配给股东。

清算组在清理公司财产、编制资产负债表和财产清单后,应当制订清算方案,并报股东会或者人民法院确认。清算组只能在对公司资产包括债权资产进行全面清理,并在债权人申报债权期限届满并对公司债务确认无疑后,方可最终编制完成公司的资产负债表和财产清单。只有在公司的资产负债表编制完成后,清算组才能提出公司的清算方案。清算方案应当包括公司资产的构成和总值、公司负债的总额、公司清算费用的构成和总额、公司资产变现的方法或分配方案、预计公司剩余财产总额及向股东分配的方法等内容。公司清算方案应当提交股东会确认,只有经股东会确认后方可实施。如果在公司清算的资产负债表编制完成后,发现公司的资产不足清偿公司全部债务的,清算组应当将资产负债表提请人民法院确认,以便提起破产程序。根据《公司法解释(二)》第十五条的规定,公司自行清算的,清算方案应当报股东会或者股东大会决议确认;人民法院组织清算的,清算方案应当报人民法院确认。未经确认的清算方案,清算组不得执行。执行未经确认的清算方案给公司或者债权人造成损失,公司、股东、董事、公司其他利害关系人或者债权人主张清算组成员承担赔偿责任的,人民法院应依法予以支持。

343. 对债权人清偿的开始

根据《公司法》第二百三十五条第三款的规定,在申报债权期间,清算组不得对债权人清偿。以公司资产偿还公司所负债务是公司清算组的主要责任事项,但是,清算是以公司的全部资产对公司的全部债务进行清偿,而不可以像在公司经营期间那样进行随机清偿。因此,从公司进入解散时起至公司清算方案经股东会确认时止,清算组不得清偿公司的任何债务,只有公司在清算过程中发生的费用不受此限。故此,《公司法》规定,在申报债权期间,清算组不得对债权人清偿。这主要是考虑给全体债权人一个公平的受偿机会。如果允许清算组在债权人申报债权期间对其进行清偿,倘若公司资产不足清偿公司的债务,那么,先行受偿的债权人和以后受偿的债权人就无公平可言。只有公司资产负债表编制完成,并确认公司的资产可以使公司通过自行清算而解散,且清算方案经股东会或股东大会确认后,清算组才可以对公司的债权人依法定顺序进行清偿。

344. 公司负债的清偿顺序

《公司法》第二百三十六条第二款、第三款规定,公司财产在分别支付清算费用、职工的工资、社会保险费用和法定补偿金,缴纳所欠税款,清偿公司债务后的剩余财产,有限责任公司按照股东的出资比例分配,股份有限公司按照股东持有的股份比例分配。清算期间,公司存续,但不得开展与清算无关的经营活动。公司财产在未依照前款规定清偿前,不得分配给股东。

根据《公司法》的规定,公司对负债的清偿顺序如下。

第一顺位:清算费用、职工的工资、社会保险费用和法定补偿金。其中,清算费用,是指公司自宣布清算以来的各项费用,包括财产维持费用、员工工资或生活补助、通信费、交通费、诉讼费及清算组的各项花销;职工工资,是指公司在宣布清算前拖欠员工的工资和奖金;社会保险费用,是指公司在宣布清算前拖欠员工的依法应当缴纳的各项社会保险费用;法定补偿金,是指公司因解散而终止与员工的劳动合同,依照法律、行政法规的规定应当给予员工的经济补偿。

第二顺位:缴纳所欠税款。所欠税款应当包括公司在宣布清算前应缴未缴的各项税金以及公司在清算过程中发生的应缴税金。

第三顺位:清偿公司债务。

第四顺位:在公司股东之间分配剩余财产。

上述清偿顺序是法定顺序,清算组既不得颠倒,也不得混淆,特别是在依法对前三顺位的债权人进行清偿前,不得在股东之间分配剩余财产。

345. 清算组成员的赔偿责任

《公司法》第二百三十二条第三款规定,清算义务人未及时履行清算义务,给公司或者债权人造成损失的,应当承担赔偿责任。《公司法解释(二)》第十一条规定,公司清算时,清算组应当按照《公司法》的规定,将公司解散清算事宜书面通知全体已知债权人,并根据公司规模和营业地域范围在全国或者公司注册登记地省级有影响的报纸上进行公告。清算组未按照前述规定履行通知和公告义务,导致债权人未及时申报债权而未获清偿,债权人主张清算组成员对因此造成的损失承担赔偿责任的,人民法院应依法予以支持。

(1)清算组是工作机构,不是法人,没有自己的财产,故赔偿责任由其成员承担;

(2)因清算组工作失职,致公司财产损失,给公司、股东造成损失的,应当承担赔偿责任;

(3)因清算组未按照规定履行对债权人的通知义务,致使债权人因未能及时申报债权遭受损失的,债权人有权要求赔偿。

346. 清算期间公司的主体资格

根据《公司法》第二百三十六条第三款的规定,清算期间,公司存续,但不得开展与清算无关的经营活动。《公司法》第二百三十四条清算组的职权第三项规定,处理与清算有关的公司未了结的业务;第七项规定代表公司参与民事诉讼活动。公司宣布清算后,公司作为民事主体的资格并没有立即消灭,只是公司的行为能力受到了法律的限制,即公司不再可以从事与清算无关的经营活动。同时,公司有限的民事活动将全部由公司清算组负责,而不再是由公司自己的法定代表人代表。公司在清算期间可以从事的民事活动主要包括:了结有关业务、处理尚未履行完毕的合同、向人民法院提起诉讼或者应诉、清收公司债权等。《公司法解释(二)》第十条规定,公司依法清算结束并办理注销登记前,有关公司的民事诉讼,应当以公司的名义进行。公司成立清算组的,由清算组负责人代表公司参加诉讼;尚未成立清算组的,由原法定代表人代表公司参加诉讼。

347. 关于公司由清算转破产

《公司法》第二百三十七条规定,清算组在清理公司财产、编制资产负债表和财产清单后,发现公司财产不足清偿债务的,应当依法向人民法院申请破产清算。人民法院受理破产申请后,清算组应当将清算事务移交给人民法院指定的破产管理人。

破产是公司清算不能的法律救济程序。公司应当以自己的资产偿还自己的债务,股东对公司的负债只在出资范围内承担责任。公司的资产不足以偿还公司的债务时,不可以要求股东填补(尚未出资的或者抽逃出资的除外),只能由债权人依法分担损失。在债权人的债权不能全额受偿的情况下,清算组不能也无权要求债权人部分受偿,只有法院依法律程序才能裁定债权人部分受偿。因此,在清算组对公司的资产和负债进行清理后,确定公司资产不足以清偿公司的负债时,就应当启动公司清算的法律救济程序,按破产程序进行清算和对债权人进行清偿。因此,只要公司的财产足以偿还公司的债务,即使无剩余财产可向股东分配,公司也应当依照清算程序进行清算;只要公司的资产不足以清偿公司的负债,公司就只能依企业破产程序进行清算。当然,如果公司能够与债权人达成和解的当属例外。

348. 关于清算过程中的和解

根据《公司法解释(二)》第十七条的规定,人民法院指定的清算组在清理公司财产、编制资产负债表和财产清单时,发现公司财产不足清偿债务的,可以与债权人协商制作有关债务清偿方案。债务清偿方案经全体债权人确认且不损害其他利害关系人利益的,人民法院可依清算组的申请裁定予以认可。清算组依据该清偿方案清偿债务后,应当向人民法院申请裁定终结清算程序。债权人对债务清偿方案不予确认或者人民法院不予认可的,清算组应当依法向人民法院申请宣告破产。如果经人民法院指定的清算组在编制完资产负债表和财产清单后,发现公司的财产不足清偿债务的,原则上应当终止清算提起破产程序,但是如果能够与全体债权人协商达成清偿方案,并且清偿方案经法院批准,可以执行该清算方案,则无须提起破产程序。

349. 公司简易注销登记

《公司法》第二百四十条规定:"公司在存续期间未产生债务,或者已清偿全部债务的,经全体股东承诺,可以按照规定通过简易程序注销公司登记。通过简易程序注销公司登记,应当通过国家企业信用信息公示系统予以公告,公告期限不少于二十日。公告期限届满后,未有异议的,公司可以在二十日内向公司登记机关申请注销公司登记。公司通过简易程序注销公司登记,股东对本条第一款规定的内容承诺不实的,应当对注销登记前的债务承担连带责任。"这是《公司法》关于公司简易注销登记的规定,是《公司法》新增加的内容。

关于公司简易注销问题,2016年,原国家工商行政管理总局发布《关于全面推进企业简易注销登记改革的指导意见》(工商企注字〔2016〕253号),对领取营业执照后未开展经营活动、申请注销登记前未发生债权债务或已将债权债务清算完结的有限责任公司、非公司企业法人、个人独资企业、合伙企业,由其自主选择适用一般注销程序或简易注销程序。企业在申请简易注销登记时只需要提交以下材料。

(1)《申请书》;
(2)《指定代表或者共同委托代理人授权委托书》;
(3)《全体投资人承诺书》;
(4)营业执照正、副本。

不适用简易注销程序的企业包括以下几个。
(1)涉及国家规定实施准入特别管理措施的外商投资企业;
(2)被列入企业经营异常名录或严重违法失信企业名单的;
(3)存在股权(投资权益)被冻结、出质或动产抵押等情形的;

(4)有正在被立案调查或采取行政强制、司法协助、被予以行政处罚等情形的；
(5)企业所属的非法人分支机构未办理注销登记的；
(6)曾被终止简易注销程序的；
(7)法律、行政法规或者国务院决定规定在注销登记前需经批准的；
(8)不适用企业简易注销登记的其他情形。

企业申请简易注销登记应当先通过国家企业信用信息公示系统《简易注销公告》专栏主动向社会公告拟申请简易注销登记及全体投资人承诺等信息（强制清算终结和破产程序终结的企业除外），公告期为45日。登记机关应当同时通过国家企业信用信息公示系统将企业拟申请简易注销登记的相关信息推送至同级税务、人力资源和社会保障等部门，涉及外商投资企业的还要推送至同级商务主管部门。公告期内，有关利害关系人及相关政府部门可以通过国家企业信用信息公示系统《简易注销公告》专栏"异议留言"功能提出异议并简要陈述理由。公告期满后，企业方可向企业登记机关提出简易注销登记申请。

企业应当对其公告的拟申请简易注销登记和全体投资人承诺、向登记机关提交材料的真实性、合法性负责。企业在简易注销登记中隐瞒真实情况、弄虚作假的，登记机关可以依法做出撤销注销登记等处理，在恢复企业主体资格的同时将该企业列入严重违法失信企业名单，并通过国家企业信用信息公示系统公示，有关利害关系人可以通过民事诉讼主张其相应权利。对恶意利用企业简易注销程序逃避债务或侵害他人合法权利的，有关利害关系人可以通过民事诉讼，向投资人主张其相应民事责任，投资人违反法律、法规规定，构成犯罪的，依法追究刑事责任。

350. 强制注销公司登记

《公司法》第二百四十一条规定，公司被吊销营业执照、责令关闭或者被撤销，满3年未向公司登记机关申请注销公司登记的，公司登记机关可以通过国家企业信用信息公示系统予以公告，公告期限不少于60日。公告期限届满后，无有异议的，公司登记机关可以注销公司登记。依照前款规定注销公司登记的，原公司股东、清算义务人的责任不受影响。

这是《公司法》规定的强制注销公司登记程序，是《公司法》新增加的内容。特别提请读者注意，在强制注销登记的情况下，不能消除公司股东和清算义务人的责任。

第十三章 外国公司的分支机构

351. 外国公司的分支机构

根据《公司法》第二百四十三条和第二百四十四条第一款的规定,外国公司,是指依据外国法律在中华人民共和国境外设立的公司。外国公司在中国境内设立分支机构,必须向中国主管机关提出申请,并提交其公司章程、所属国的公司登记证书等有关文件,经批准后,向公司登记机关依法办理登记,领取营业执照。

外国公司在中国境内设立的分支机构是外国公司在中国境内设立的不具有法人资格的机构,如分公司、销售代表处、办事处等。与外商投资企业中的中外合资公司、中外合作经营公司、外商独资公司不同。后者是中国的法人,前者不是中国的法人。《公司法》第二百四十七条规定,外国公司在中国境内设立的分支机构不具有中国法人资格。外国公司对其分支机构在中国境内进行经营活动承担民事责任。

352. 申请登记分支机构

根据《公司法》第二百四十四条第一款和第二百四十五条第二款的规定,外国公司在中华人民共和国境内设立分支机构,必须向中国主管机关提出申请,并提交其公司章程、所属国的公司登记证书等有关文件,经批准后,向公司登记机关依法办理登记,领取营业执照。外国公司在中华人民共和国境内设立分支机构,应当在中国境内指定负责该分支机构的代表人或者代理人,并向该分支机构拨付与其所从事的经营活动相适应的资金。《公司法》第二百六十一条规定:"外国公司违反本法规定,擅自在中国境内设立分支机构的,由公司登记机关责令改正或者关闭,可以并处五万元以上二十万元以下的罚款。"

外国公司在中国设立分支机构必须向中国政府主管机关提出申请,并提交公司章程和所属国的公司登记证书,经批准后办理登记领取执照。外国公司在中国境内设立分支机构,必须指定中国人为其分支机构的负责人。必须为分支机构拨付必要的经费和经营资金。

353. 分支机构遵守中国法律

根据《公司法》第二百四十八条和第二百四十九条的规定,经批准设立的外国公司分支机构,在中华人民共和国境内从事业务活动,应当遵守中国的法律,不得损害中国的社会公共利益,其合法权益受中国法律保护。外国公司撤销其在中华人民共和国境内的分支机构时,应当依法清偿债务,依照本法有关公司清算程序的规定进行清算。未清偿债务之前,不得将其分支机构的财产转移至中华人民共和国境外。

外国公司的分支机构虽非中国法人,但是其在中华人民共和国境内的一切活动必须遵守中国的法律法规,不得损害国家安全,不得损害国家、社会、公民的利益。

第十四章 法律责任

354. 对骗取登记公司的处罚

《公司法》第二百五十条规定："违反本法规定，虚报注册资本、提交虚假材料或者采取其他欺诈手段隐瞒重要事实取得公司登记的，由公司登记机关责令改正，对虚报注册资本的公司，处以虚报注册资本金额百分之五以上百分之十五以下的罚款；对提交虚假材料或者采取其他欺诈手段隐瞒重要事实的公司，处以五万元以上二百万元以下的罚款；情节严重的，吊销营业执照；对直接负责的主管人员和其他直接责任人员处以三万元以上三十万元以下的罚款。"

《公司法》加重了对骗取公司登记注册的处罚力度，对整治公司注册市场大有好处。

355. 对出资违约行为的处罚

《公司法》第二百五十二条规定："公司的发起人、股东虚假出资，未交付或者未按期交付作为出资的货币或者非货币财产的，由公司登记机关责令改正，可以处以五万元以上二十万元以下的罚款；情节严重的，处以虚假出资或者未出资金额百分之五以上百分之十五以下的罚款；对直接负责的主管人员和其他直接责任人员处以一万元以上十万元以下的罚款。"第二百五十三条规定："公司的发起人、股东在公司成立后，抽逃其出资的，由公司登记机关责令改正，处以所抽逃出资金额百分之五以上百分之十五以下的罚款；对直接负责的主管人员和其他直接责任人员处以三万元以上三十万元以下的罚款。"

这是《公司法》规定的对出资违约、抽逃出资的行政处罚，并不排斥《公司法》关于股东出资违约、抽逃出资各种责任的规定,可以打罚并施。

356. 对违反财会制度的处罚

《公司法》第二百五十四条规定:"有下列行为之一的,由县级以上人民政府财政部门依照《中华人民共和国会计法》等法律、行政法规的规定处罚:(一)在法定的会计账簿以外另立会计账簿;(二)提供存在虚假记载或者隐瞒重要事实的财务会计报告。"

《公司法》加重了对"两本账"和财务会计报告弄虚作假的处罚力度。

357. 对公司重组不履行通知义务的处罚

《公司法》第二百五十五条规定:"公司在合并、分立、减少注册资本或者进行清算时,不依照本法规定通知或者公告债权人的,由公司登记机关责令改正,对公司处以一万元以上十万元以下的罚款。"

公司合并、分立、减少注册资本必须依法通知债权人并进行公告,否则不仅应当按照《公司法》的有关规定承担民事责任,还可能被追究行政责任。

358. 对公司违法清算规定的处罚

《公司法》第二百五十六条规定:"公司在进行清算时,隐匿财产,对资产负债表或者财产清单作虚假记载,或者在未清偿债务前分配公司财产的,由公司登记机关责令改正,对公司处以隐匿财产或者未清偿债务前分配公司财产金额百分之五以上百分之十以下的罚款;对直接负责的主管人员和其他直接责任人员处以一万元以上十万元以下的罚款。"

公司清算必须依法进行,否则不仅要承担民事责任,还可能被行政处罚。